马一浮儒佛会通思想研究

MAYIFU RUFOHUITONG SIXIANG YANJIU

李永亮　著

民族出版社

目　录

绪论

一、研究之缘起

2003年，经人介绍，知有马一浮其人其学，遂至书店购得《泰和宜山会语》，后来又购得《复性书院讲录》《尔雅台答问》。初读之下，惊叹于马一浮学术之博大精深。然而由于自身学养有限，对中国传统学术所知甚少，阅读时更多的是感到理解之困难，又因为意无专志，用功不够，仅得粗行浅解之效果。

虽对马一浮学术的理解和践行很匮乏，但几年之中还在坚持，到2009年时情况有了转变。这一年，有幸至山东大学攻读博士学位，一方面调整自己的心态，另一方面有了安定的读书环境，得以优游涵泳，益于反躬体察，所谓“欲读书，先须调心，心气安定，自易领会。若以散心读书，博而寡要，劳而少功，必不能入。以定心读书，事半功倍”[①]，于是对马一浮其人其学有了进一步的理解。方知以前主要是折服于其文辞之美、典故之富和视野之广，现在则更服膺其义理之精微深纯、意境之通达圆融和用语之典雅广博，又对其为人多了几分认知：展现仁慈温粹之气

① 马一浮：《马一浮全集》第一册，102页，杭州，浙江古籍出版社，2013。（以下凡引《马一浮全集》皆出自此版本，不另详注，只标明书名、册数及页码。）

象，对学人之进德修业叮咛再三，言辞剀切[1]；具备聪明睿智之资，可谓烛幽洞微，文理密察。

在学习的过程中，体会到专精于学术的重要性。孟子曰："有为者辟若掘井，掘井九轫而不及泉，犹为弃井也。"[2]佛家亦有"一门深入"（《楞严经》）之说。由此产生了一个想法，欲将马一浮研究作为博士学位论文的课题，则有助于深入马一浮的著述，以期学术素养之提升和身心受用之增进。在阅读过程中根据感触写了相关文章，上交给导师寓目，虽因粗浅而不称师意，但尝用力于斯的状况亦为师所知。一次在课间交流时，谈及博士学位论文之事，导师指出可把马一浮研究作为主题。至此，大的研究方向确定下来。

整个马一浮研究是一个宽泛的范围，而自己力所不逮，因此需寻找适合自己的角度和切入点。考察目前学术界的研究状况，可知对马一浮的研究主要集中于其儒学思想，这抓住了重点，但是马一浮的学术中还有相当一部分佛学内容，而目前普遍对马一浮的佛学思想及儒佛会通思想研究得不足。这意味着以儒佛会通思想作为研究的切入点具有一定的学术意义。反观自身的学术基础，虽十分浅薄，但对儒佛典籍有过涉猎，也打算深入学习儒

① 关于这一点，马一浮在其著述中展现得很充分，如在《尔雅台答问》中有许多体现，聊举一例，略示体段。他在给弟子张立民的示语中说："观贤辈胸中常是迫蹙，略无宽裕之意，遇事便觉不堪，正由见地未明，总被习气缠缚。人唯重其口体而轻其心志，是以气昏，德不胜其气，则性命于气，可见气质犹未变化，总须随处用力。不但读书穷理，即日用间一机一境、一事一物，何莫非用力之地？古人所以得力，为其事事不放过，用力既久，自然触着磕着有个悟处。不知用力，总成错过。今日能从四弘誓愿做起便好。佛氏所谓发愿，即吾儒所谓立志，果能立志，气自从之。平常为气所胜、习所夺者，只是志不立耳。"（《马一浮全集》第一册，第457—458页。）

② （宋）朱熹：《四书章句集注》，335页，北京，中华书局，2011。

学、佛学。于是，研究马一浮的儒佛会通思想与个人的意愿结合起来，博士学位论文的具体角度也确定下来。

对马一浮儒佛会通思想进行研究是一件相当不容易的事。马一浮博览群书，学养深厚，曾尽阅四库全书，又几乎遍阅佛教三藏十二部，其著述融合儒佛道三家之学以及诸子之学、史学、文学等而成，因此在阅读其著述之时，需要对其中所涉及的儒佛道、诸子学等原典进行研究，难度可想而知。翻开马一浮的著述，自己对其中提到的一些书目闻所未闻，对许多书只闻其名而未曾阅览，对一些书仅读过其中的部分内容，对一些书则匆匆涉猎而不甚了了，而对其中涉及的许多具体义理、术语等，或是未曾闻见，或是闻见而不明其意。即使仅以理解儒佛思想而言，其难度也难以想象。儒家、佛家各有数千年的发展历史，孔子、佛陀及其后历代学者的著述汗牛充栋，欲对儒佛思想有一个较好的把握谈何容易。马一浮的儒佛思想虽是撷取历史上儒佛著述中切要而精粹的部分，但若不先明儒佛思想的源流，若不熟悉马一浮著述中涉及的具体义理，也无法对其儒佛会通思想进行较好的研究。

研究马一浮儒佛会通思想虽然很有难度，但正需要黾勉从事。然而，面对马一浮的著述，还会产生惭愧和惶恐的情绪。马一浮的著述在中国台湾出版时，徐复观曾为之作序，在序言中说："我把自己这种伧俗庸俚之言，写附在马一浮深纯雅厚文章的前面，真如佛头著粪，我自己会感到非常惭愧的。"[①] 这固然是徐复观的谦虚之言，但赞赏马一浮文章之深纯雅厚应是恰当的。因此，我

① 徐复观：《如何读马浮先生的书》，见徐复观：《中国知识分子精神》，53页，上海，华东师范大学出版社，2004。

在将马一浮儒佛会通思想诉诸文字时，自己感到惭愧。此外，又感到惶恐，即担心自己错解马一浮及先贤之意，进而对他人产生不利影响。由此，更要惟日孜孜，以夕惕若厉的态度为之。

2012 年，博士学位论文完成，笔者从山东大学毕业，来到西北师范大学工作。工作期间，继续进行马一浮儒佛会通思想研究，后来又获批教育部相关项目。于是，进一步扩展了马一浮儒佛会通思想的研究范围，攻读博士学位期间未曾涉及的内容得以呈现，主要是大幅增加了禅宗与儒家的会通，新增了《维摩诘经》与儒家的会通。此外，在三论宗、唯识宗、天台宗、华严宗、《楞严经》与儒家的会通方面，也增添了一些新的内容。因此，将博士学位论文和教育部项目结项论文合在一起，并加以增删，即形成了本书。

二、写作构思

对马一浮儒佛会通思想的研究包含四个方面的问题：一是会通之内涵，二是儒佛会通之根据，三是儒佛会通之内容，四是儒佛会通之意义。

（一）会通之内涵

“会通”一词见于《周易·系辞上传》，文曰：“圣人有以见天下之动，而观其会通，以行其典礼。”[①] 将会通观念运用于学术领域，可定义为：会合、疏通不同的观点、学说，使其归为一意。

① （魏）王弼注，（晋）韩康伯注，（唐）陆德明音义，（唐）孔颖达疏：《周易注疏》，355 页，北京，中央编译出版社，2013。

马一浮十分重视会通观念，在其著述中多有体现，与他的学术主张、学术态度相关。他主张以“通而不局”作为读书之道的首要方面，“通”意味着曲畅旁通而无门户之见，这也可视为他的学术主张。由会通、通而不局而展现出通达圆融的学术态度，这在马一浮的著述中非常明显。其会通、通而不局、通达圆融的突出表现就是儒佛会通。

（二）儒佛会通之根据

儒佛会通是马一浮将会通观念运用于学术中的鲜明表现，实际上他所进行的会通不限于此，他还有儒佛道三教会通的论述，也有儒家内部不同义理会通的论述。因此在探寻儒佛会通之根据时，应从更广的角度来考察。

佛教传入中国以后，中国人面临着处理外来的佛教和本土的儒、道二家关系的问题。在三教的冲突和融合中，三教会通成为不少人的选择。阐述三教会通的言论众多，兹不详引，略举几例，如唐代高僧大珠慧海在其代表作《顿悟入道要门论》中针对三教同异问题说：“大量者用之即同，小机者执之即异，总从一性上起用，机见差别成三，迷悟由人，不在教之异同。”[①] 明代高僧憨山德清说：“三教圣人，所同者心，所异者迹也。”[②] 蕅益智旭说：“自心者，三教之源，三教皆从此心施设。苟无自心，三教俱无；苟昧自心，三教俱昧。苟知此心而扩充之，何患三教不

① 石峻等编：《中国佛教思想资料选编》第二卷第四册，194 页，北京，中华书局，1983。
② （明）憨山大师著述：《憨山老人梦游集》下册，348 页，北京，北京图书馆出版社，2005。

总归陶铸也哉？"① 在三教会通的言论中，尤以对儒佛会通的论述为多。

从历史上儒佛会通的言论去探讨会通之根据，可知儒佛会通是要寻找儒佛之间的一致性，但对此一致性有各种看法，而根源性的看法则在于将此一致性归于一心，一心即自心自性，即本心本性，也即本体。马一浮亦是持这种主张。他曾对历史上包括儒佛道三家之争在内的局而不通的现象进行评判，指出应以通达无碍的态度视之。他说："欲除其病本，唯在于通。知抑扬只系临时对治，不妨互许，扫荡则当下廓然，建立则异同宛尔。门庭虽别，一性无差。不一不异，所以名如。有疏有亲，在其自得。一坏一切坏，一成一切成。但绝胜心，别无至道。庄子所谓：'恢恑憰怪，道通为一。'荀卿所谓：'奇物变怪，仓卒起一方，举统类以应之，若辨黑白。'禅家所谓：'若有一法出过涅槃，我亦说为如梦如幻。'《中庸》之言最为简要，曰：'不诚无物。'孟子之言最为直截，曰：'万物皆备于我矣。'《系辞》之言最为透彻，曰：'天下同归而殊途，一致而百虑。天下何思何虑？'盖'大量者用之即同，小机者执之即异'，总从一性起用，机见差别，因有多途。若能举体全该，用处自无差忒。"② 马一浮引用儒佛道三家的一些精义，从体用一源、异而知其通等角度进行论述，堪称精妙圆融。这段话也指出了儒佛会通的根据，即在于"一性"，也就是一心。除了马一浮所引用的言语外，考之以其他义理，也可为儒佛会通于一心之说提供证明。《华严经》曰："应观法界性，

① （明）蕅益大师著述：《灵峰宗论》，465 页，北京，北京图书馆出版社，2005。
② 《马一浮全集》第一册，108—109 页。

一切唯心造。”[①]《六祖坛经》曰：“本心生万种法。故经云：心生种种法生，心灭种种法灭。”[②]贤首法藏曰：“心通则法通。”[③]儒学是一种法，佛学是一种法，儒佛会通也是一种法，则儒佛会通源于一心，由心而生，是有典籍依据的。

与儒佛会通的根据相关的一个问题是儒佛会通的程度和层次问题。若要准确把握马一浮以及历史上其他人所作儒佛会通的程度和层次，实在是一件难事。这不仅需要深厚渊博的学识，还要有实际的修证。不少高僧在进行儒佛会通时是以一定的修证境界为背景的，后人若无相应的修证，很难真正理解其言论。而笔者力所不逮，故将此问题悬置，留待后来者进行研究。

（三）儒佛会通之内容

或许有人有疑问，认为将儒佛会通的根据归于一心之说论证不充分，且难以验知。这需深入儒佛会通的具体内容，若知此一心意蕴深广，或可释疑。作为诸法根源之一心是指本体，儒佛二家描述本体的内容众多，可用本体论名之，而关于如何体认此一心、如何证悟本体的内容亦众多，可用功夫论名之。功夫来源于本体，本体要在功夫上见，论述功夫时需涉及本体，论述本体时亦不离功夫，因此本体论和功夫论并非截然分开，按本体论和功夫论进行分类是一种表达的方便。以此两部分来阐述儒佛会通之内容，也是进一步论证儒佛会通之根据的过程。

---

① （唐）澄观：《大方广佛华严经疏》上册，692页，北京，线装书局，2016。

② 贾题韬：《贾题韬讲〈坛经〉》，251页，上海，上海古籍出版社，2011。

③ （唐）法藏：《修华严奥旨妄尽还源观》，见石峻等编：《中国佛教思想资料选编》第二卷第二册，97页，北京，中华书局，1983。

需要指出的是，儒佛义理无穷无尽，则两者的会通应有无数的表现，任何一个学者在其著述中也难以穷尽。《法华经》曰："唯佛与佛乃能究尽诸法实相，所谓诸法如是相，如是性，如是体，如是力，如是作，如是因，如是缘，如是果，如是报，如是本末究竟等。"[①] 儒佛会通作为一种法，则其相状、本性、功能、本末等难以尽述，故需择要而论。马一浮所作的儒佛会通是如此，而本书亦是选取了其儒佛会通思想中的主要部分。

儒家描述本体的词语有许多，如仁、诚、天命、天道、天理、天性、天地之性、本心、道心等；佛家亦有许多，如一心、一性、真如、真心、如来藏心、圆觉心、自性清净圆明体等，仅在《六祖坛经》中就使用过自心、自性、本心、本性、佛性、真性、实性、无二之性等。儒佛二家典籍中类似的词语还有不少，是在不同的情况下所使用的，贵在融会贯通，得意忘言，而不能拘泥于言语、名相。马一浮说："天地万物本是一体，即本此一理，本此一性，本此一命。"[②] 这即是一种融通之言。与本体论相比，儒佛二家对功夫的论述则更多。马一浮精思善择，在其著述中作了许多关于本体和功夫的会通，故以此为主线进行阐述，庶可对其儒佛会通之内容有一个较好的把握。

（四）儒佛会通之意义

儒佛会通是马一浮学术的显著特色。他进行儒佛会通贯彻了其学术宗趣，这和其整个学术思想密不可分，因此对儒佛会通意义的探讨应还原到对其整体学术思想意义的探讨。马一浮以儒为

① （明）智旭：《法华经会义》，108页，北京，线装书局，2016。
② 《马一浮全集》第一册，144—145页。

宗，阐扬圣贤之教，传承孔孟儒学以至宋明儒学的精神，又吸取佛家等学术的精义，强调通过功夫证悟本体，以本体论和功夫论为其学术的主要内容，此为儒佛等学术的根本，亦具有永恒的价值。探讨马一浮学术思想的意义应从此处入手，这对现代社会尤为重要。现代人往往不识心性根本，轻易批判、否定圣贤，淡化学术的教化功能，导致许多令人忧虑的现象出现，如德性价值的没落，如诚信品格的缺失，如尊师重道精神的沦丧等。考察儒佛等学术的真精神，可为应对上述现象提供一些参考和借鉴，下面以尊师重道精神为例来说。

儒家、佛家在很大程度上传承着尊师重道的精神，相关事例不胜枚举。从儒家来看，孔子可谓中国历史上最伟大的教师[①]，乃圣之时者，集诸圣之大成，是传道授业解惑的典范，有弟子三千，贤者七十二人。弟子对孔子的尊重亦无以言表，且不论《论语》《孟子》等经典中颜回、子贡、有若等人对孔子的敬仰、赞叹，单以《史记・孔子世家》的记载就可见一斑："孔子葬鲁城北泗上，弟子皆服三年。三年心丧毕，相诀而去，则哭，各复尽哀；或复留。唯子赣庐于冢上，凡六年，然后去。弟子及鲁人往从冢而家者百有余室，因命曰孔里。鲁世世相传以岁时奉祠孔子冢，而诸儒亦讲礼乡饮大射于孔子冢。"[②]除记载孔子弟子对孔子的尊重之情以外，司马迁也表达了自己对孔子的敬仰："《诗》有之：'高山仰止，景行行止。'虽不能至，然心向往之。余读

① 宋朝诸儒对孔子之为人师表做出了很高评价，如邵雍在其诗《首尾吟》中说："庖牺可作三才主，孔子当为万世师。"［（宋）邵雍：《邵雍集》，533 页，北京，中华书局，2010。］周敦颐在《通书・孔子下》中说："道德高厚，教化无穷，实与天地参而四时同，其惟孔子乎！"［（宋）周敦颐：《周敦颐集》，42 页，北京，中华书局，2010。］

② （汉）司马迁：《史记》，330—331 页，北京，中华书局，2013。

孔氏书，想见其为人。适鲁，观仲尼庙堂车服礼器，诸生以时习礼其家，余祗回留之不能去云。天下君王至于贤人众矣，当时则荣，没则已焉。孔子布衣，传十余世，学者宗之。自天子王侯，中国言六艺者折中于夫子，可谓至圣矣！"[①] 佛家在许多方面也表现出尊师重道的精神，如《华严经》善财童子五十三参，如赵州从谂禅师八十犹行脚，到处参访善知识就是为寻访明师；又如玄奘法师西行求法，备受千辛万苦，经历九死一生，往返十七年，行程五万里，可谓舍身求法的典范，彰显了对佛道的重视。

儒家、佛家历史上尊师重道的体现说到底彰显了"道"之尊崇。从终极意义上的"道"来看，孔子说："朝闻道，夕死可矣"[②]，儒家又有穷理尽性至命、尽心知性知天等说，佛家有见道修道证道之说。虽儒佛二家表述的言语、角度不尽相同，但谈及道与心性，均不离本体和功夫。马一浮把握了儒佛学术的核心，予以继承和发扬，因此探讨其学术思想的意义也应从这里着手。

三、文献综述

儒佛会通是马一浮学术的一大特色，阅读过其著述的学者对此均有一定的认知。马一浮的儒佛会通思想主要表现为众多具体义理的会通，反映在《泰和宜山会语》《复性书院讲录》《尔雅台答问》等著述中。而对儒佛会通之名称，他也有相关表述："欲观其会通，要在求其统类。若定以儒摄佛，亦听以佛摄儒。"[③] 除

① （汉）司马迁：《史记》，331 页，北京，中华书局，2013。

② （宋）朱熹：《四书章句集注》，北京：中华书局，2011 年，第 70 页。

③ 《马一浮全集》第二册，446—447 页。

自撰外，他的儒佛会通思想亦为弟子记录下来，形成语录。《马一浮全集》第一册有《语录类编》，系弟子王培德、刘锡嘏多年之间所记录，又经乌以风、丁敬涵编次，其中第七部分为儒佛篇，而儒佛会通是儒佛篇的重要组成部分。这些是对马一浮儒佛会通思想进行研究时需要依据的原著。

马一浮的著述出版之后，其儒佛会通的特色为学术界认可，一些学者做出了评价，这可看作马一浮儒佛会通思想研究的部分内容。马一浮的著述最早于 1939 年至 1942 年之间由复性书院刻书处以木刻本印行，当在社会上流通之后，引起了学者的重视，从贺麟的观点可以略见一斑。

20 世纪 40 年代，贺麟写了《五十年来的中国哲学》，其中对马一浮给予了较高评价，他说："马一浮兼有中国正统儒者所应具备之诗教、礼教、理学三种学养，可谓为代表传统中国文化的仅存的硕果。其格物穷理，解释经典，讲学立教，一本程、朱，而其返本心性，祛习复性，则接近陆、王之守约。他尤其能卓有识度，灼见大义，圆融会通，了无滞碍，随意拈取老、庄、释典以阐扬儒家宗旨，不惟不陷于牵强附会，且能严格判别实理、玄言，不致流荡而无归宿。"[①] 除称扬马一浮的儒学造诣外，又格外赞赏其儒释道圆融会通的特色，这也意味着指出了关于儒佛会通的论述是马一浮学术的重要部分，且表明其会通的圆融性达到了"了无滞碍"的程度。

马一浮学术的儒佛会通特色被越来越多的学者认可。1991 年，杭州师范学院马一浮研究所成立，任继愈题词曰"融会华梵，究

① 贺麟：《五十年来的中国哲学》，16 页，北京，商务印书馆，2002。

天人之际；穷理尽性，绍洙泗之源”，指出了马一浮儒佛会通的学术特点，且其学术穷究天人之际。还有学者评价说：“马一浮之为人，超凡脱俗，素位而行，不愿乎其外；马一浮之为学，在祛习复性，在超越与会通。他深明六经，融通三教，出入诸子百家，游刃有余，博约不二。”①

对马一浮儒佛会通思想的研究虽是以儒佛会通为主题，但不可避免地要涉及马一浮的生平、学术路径、学术宗趣、学术主张、学术意义等，而学术界关于这些内容有不少研究成果，可为进一步研究提供助益。因此，除考察对儒佛会通特色的评价外，还需从整个马一浮研究的角度进行略述。

谈到整体的马一浮研究，不能不提起徐复观和梁漱溟对马一浮的评价，这是学术界颇有分量的最高评价。在台湾，《复性书院讲录》《尔雅台答问》于1964年由广文书局影印出版，带动了我国港台地区对马一浮的研究。徐复观为之作序，他在序言中对马一浮及其学术做了概括，将马一浮、熊十力、梁漱溟、张君劢列为“代表着中国传统文化的活底精神”的当代四大儒者，认为马一浮“义理精纯”，并评论《尔雅台答问》说：“以书札论学者殆无过于朱元晦、陆象山。今日尚保持此种传统，而文字之美，内容之富，可上比朱元晦、陆象山诸大儒而毫无愧色者”②，对《复性书院讲录》也赞叹有加：“系镕铸六经，炉锤百代，以直显孔、孟真精神的大著”③。1980年，在为马一浮举行追悼会时，梁

① 邓新文：《马一浮六艺一心论研究》，3页，上海，上海古籍出版社，2008。

② 徐复观：《如何读马浮先生的书》，见徐复观：《中国知识分子精神》，51页，上海，华东师范大学出版社，2004。

③ 徐复观：《如何读马浮先生的书》，见徐复观：《中国知识分子精神》，51页，上海，华东师范大学出版社，2004。

漱溟发去了挽电："千年国粹，一代儒宗。"①

从20世纪40年代至70年代，关于马一浮的研究没有形成专著，仅有一些简短的文章或评论总结，而贺麟与徐复观的概括总结可看作这一时期马一浮研究的精要观点。相对于梁漱溟的高度概括而言，贺麟与徐复观则是从学术角度对马一浮其人其学给予了较为翔实的总结。

从20世纪80年代末期开始，大陆学术界对马一浮的研究开始重视起来。马一浮的书法和学术作品开始出版。1992年，毕养赛主编的《中国当代理学大师马一浮》出版。1993年，杭州师范学院举办了马一浮国际学术研讨会。1995年，滕复编的《默然不说声如雷：马一浮新儒学论著辑要》出版。1996年，《中国现代学术经典·马一浮卷》和《马一浮集》（全三册）出版。1998年，单行本《泰和宜山会语》出版。2005年，《复性书院讲录》《尔雅台答问》出版。这些推动了大陆对马一浮的研究，相关学术论著和文章不断出版、发表。2008年，纪念马一浮先生125周年诞辰暨国际学术研讨会召开，进一步扩大了马一浮学术的影响。2013年，《马一浮全集》由浙江古籍出版社出版。截至2022年，大陆共出版马一浮研究论著30多部，发表相关论文400多篇。在台湾，刘又铭、陈凯文、黄莘瑜等人对马一浮作了一定研究。

在30多部论著中，半数左右是关于马一浮的传记性作品或学术论文集。在这些论著中，还没有以马一浮儒佛会通思想作为研究主题的。不过，这些著作中也涉及了一些儒佛会通思想，如滕复《马一浮思想研究》中有一章《易简之理 调停之说 以佛证

① 梁培宽：《先父梁漱溟与马一浮先生》，见毕养赛主编：《中国当代理学大师马一浮》，112页，上海，上海人民出版社，1992。

儒 以儒融佛》，许宁《六艺圆融：马一浮文化哲学研究》提到了佛家性修不二、止观、《大乘起信论》一心二门等义理与儒家义理的会通，邓新文《马一浮六艺一心论研究》提到了佛家“双离断常二见”、性修不二、《大乘起信论》体相用三大等义理与儒家义理的会通，刘乐恒《马一浮六艺论新诠》第五章提到了儒佛会通论，刘梦溪《马一浮与国学》第七章专门论述了马一浮的儒佛会通思想。

在400多篇论文中，一半左右是关于马一浮生平、书法艺术、诗歌等内容的文章。在博士、硕士学位论文中，大多数是以马一浮的六艺论、心学、理学思想等为研究主题的，还没有将儒佛会通思想作为主题的。而在几篇学位论文中涉及一些儒佛会通的内容，如在王党辉《马一浮之心学理学融合论》中，涉及真俗二谛、四法界说、涅槃之寂灭义等与儒家义理的会通；在刘炜《马一浮的六艺论与诗学思想》中，涉及“净除现业流识”、性修不二等与儒家义理的会通；在李淑敏《马一浮与中国近现代文化保守主义思潮研究》中，涉及止观、文殊智和普贤行之说等与儒家义理的会通；在唐锦锋《马一浮“复性”思想研究》中，涉及《大乘起信论》一心二门、体相用三大等与儒家义理的会通；在孙文文《马一浮对中国传统思想的阐释》中，涉及儒佛结合的道德修养观；在彭正《马一浮圆融佛学观研究》中，涉及儒佛会通视角下的圆融佛学义理观、以缘起性空对治德行问题、转识成智会通性情的圆融修行观、天台宗教义与儒家义理融合下的圆融修行观等；在朱越《马一浮易学思想研究》中，有一章论述“以易摄佛，援佛入儒”。

在期刊论文中，有少数或以儒佛会通为主题，或将儒佛会通作为部分内容，如李明友《马一浮的儒佛会通观》，滕复《马一浮以儒融佛与调停朱陆之说评析》，陈永革《马一浮的般若会及其“知性佛学”取向》，李国红《略论马一浮以禅宗自性观念会通三教》，史怀刚《以易摄佛：马一浮易学思想探析》，韩焕忠《马一浮的佛学观》《马一浮的易佛融通论》《马一浮对〈论语〉的佛学解读》《马一浮对〈孝经〉的佛学解读》《马一浮对儒家经典的华严学解读》等。在吴光主编的《马一浮思想新探：纪念马一浮先生诞辰125周年暨国际学术研讨会论文集》中，也有几篇与儒佛会通密切相关的论文，如陈永革《马一浮对佛教心法的知性诠释：以华严禅为例》，丁敬涵、顾天德《试探马一浮先生儒佛观的形成及发展》等。

在上述关于儒佛会通的研究成果中，大多数是从微观的角度，对马一浮著述中部分的儒佛会通思想做了阐述，如有些学者论述了一些华严宗义理与儒家义理的会通，有些学者论述了《大乘起信论》义理与儒家义理的会通，有些学者论述了一些佛家义理与《周易》义理的会通。然而，还没有学者从宏观、整体的角度对马一浮的儒佛会通思想作全面而细致的论述，并且在已有的关于儒佛会通的论述中也对其意义阐发得不够。

除儒佛会通思想外，本书又牵涉到马一浮的本体论和功夫论等内容，这些方面的研究成果较多。关于本体论和功夫论的期刊论文有许宁《马一浮的本体功夫论》《心性圆融——马一浮心性论体系的建构与展开》，林安梧《马浮经学的本体诠释学》，罗义俊《学问方向之扭转与生命进路之展示——读马一浮先生〈尔雅台答问〉》《“从习气中解放出来”——马一浮儒学的系统性格及其旨要》，刘炜《马一浮功夫论初探》等。

由马一浮的自撰和其弟子的记录，以及学术界的评价和相关研究成果，可知儒佛会通思想在马一浮的著述中是不容忽视的组成部分。但是关于儒佛会通思想，马一浮并没有所谓体系性的论述，而是散见于其著述各处，这是学术界对他的儒佛会通思想研究不足的一个原因。由于学术界还没有进行较系统的梳理，一些学者仅知晓儒佛会通是马一浮学术的重要特色，但对儒佛会通的内容不甚明了，也对儒佛会通的意义认识不足。

因此，在现有一些研究成果基础上，本书以本体论和功夫论为主线，对马一浮著述中的儒佛会通思想进行细致梳理，根据佛家宗派、佛家经论与儒家相会通之视角进行阐述，这涵盖了其儒佛会通思想的主要部分。希望由此而形成较系统而翔实的研究成果，不仅可使马一浮的儒佛会通思想凸显出来，也对理解其儒学思想有助益，亦可对认识其整个学术思想提供一些参考。更重要的是，经由对儒佛会通思想等内容的论述，可以看出马一浮将通过功夫证悟本体的学术宗趣始终贯彻于其著述中，处处指点学人引归自己，笃实践行，以证悟本体为归，使圣贤之学的精义彰明于世。

第一章　马一浮的生平与学术

第一节　马一浮的生平

马一浮（1883—1967），浙江绍兴人。乳名锡铭，幼名福田，字耕余。后改名浮，取义于《庄子·刻意》“其生若浮，其死若休”[①]；字一浮，号湛翁，取义于《楞严经》“如湛巨海，流一浮沤，起灭无从”[②]。中年以后自号蠲叟、蠲戏老人，题其书斋名为“蠲戏斋”，取义于《法华经》“蠲除诸法戏论”[③]。

马一浮作为现代新儒家代表人物之一，与梁漱溟、熊十力等人齐名，在近百年的中国学术史中占有一席之地。他是儒者，诠释六经，彰显孔孟真精神，融会贯通宋明儒学，又强调知行合一，力主践行，出处语默皆以儒学为准则；他是思想家，提出六艺论，体现其思想的著述有《泰和宜山会语》《复性书院讲录》《尔雅台答问》等；他是诗人，一生创作三千多首诗，诗作辑为《蠲戏斋诗前集》《避寇集》《蠲戏斋诗编年集》等；他是书法家，各体皆备，碑帖兼取，尤精行草和隶书，有书法集流传于世。

《孟子·万章下》曰：“颂其诗，读其书，不知其人，可乎？是以论其世也。”[④]可知古人强调学术和人生的统一，研究学术时

① （清）郭庆藩撰，王孝鱼点校：《庄子集释》，480页，北京，中华书局，2013。

② （明）智旭：《楞严经文句》，159页，北京，线装书局，2016。

③ （明）智旭：《法华经会义》，266页，北京，线装书局，2016。

④ （宋）朱熹：《四书章句集注》，302页，北京，中华书局，2011。

应该了解其人当世之行事，即是把观其言和考其行结合起来。由孟子之言而形成“知人论世”之观念，即指了解人物需考察其所处之时代背景。虽然人之言行可超越时空的限制，而一些学术亦具有永恒的价值，但在进行学术研究时，考察学者的生平和社会背景仍有相当重要之意义，对理解学者的思想、学说多有裨益。

一、社会背景

马一浮的学术著述主要形成于民国时期，本书所依据的也主要是这一时期的著述，而1949年之后他主要是以诗作传世，因此这里仅考察1949年之前的社会背景。

近现代的中国处于动荡不安之中。在社会层面，清朝内政腐败，对外遭受西方列强侵略。民国成立后，仍面临内忧外患的形势，战乱不止，更有对日本十四年抗战的艰难局面。

在文化层面，延续数千年的传统文化遇到各种挑战，人们基于传统文化而形成的价值观念受到冲击而动摇，趋于消散。总结这一时期兴起的文化运动、思潮，约有以下几种：新文化运动、科学与玄学论战、疑古思潮、全盘西化思潮等。

新文化运动对中国传统的道德教化、礼乐制度等进行质疑，提出了“打倒孔家店”的口号。

科学与玄学论战又称为人生观论战，始于1923年，参加论战的人物有张君劢、丁文江、梁启超、胡适等。当时张君劢在其“人生观”的演讲中指出人生观问题不能靠科学来解决，并提倡儒家文化，主张对西方文化采取择善避害的态度。而丁文江撰文进行反驳，认为科学对人生有支配作用，而反对玄学，号召打倒“玄学鬼”。其后许多学者加入论战，使论战进一步扩大、深化。

在论战中，玄学派坚持中国传统文化的观点，科学派则大力赞扬西方文化，对传统文化进行了批判。

疑古的思想古已有之，但疑古成为一种思潮并对社会产生重大影响则是在20世纪。一种思想发展为思潮具备一些特点，《庄子·人间世》有一段话描述了事物发展的规则，可作为思想、思潮发展的说明，其言曰："以巧斗力者，始乎阳，常卒乎阴，泰至则多奇巧；以礼饮酒者，始乎治，常卒乎乱，泰至则多奇乐。凡事亦然，始乎谅，常卒乎鄙；其作始也简，其将毕也必巨。"①疑古思潮亦复如是。20世纪的疑古思潮上承清朝的疑古思想和"六经皆史"说，形成疑古派，代表人物有顾颉刚、钱玄同等。疑古派研究、考辨中国古代史的文章汇集为《古史辨》，其内容包括对《周易》《诗经》《春秋》等书的考辨，对儒、墨、道、法诸家的研究，对夏代以前古史传说、古代政治等内容的考辨和研究等。在考辨经典方面，疑古派认为孔子没有删述或制作过六经，否定经典的作用；在对待儒家所推崇的王道政治代表人物尧、舜、禹方面，疑古派进行怀疑、否定，有人提出禹是一条虫的观点。在疑古思潮中，还有人主张烧毁线装书，把线装书丢进茅厕里去，甚至主张废除汉字，采用罗马字等。过度的怀疑主义对传统文化的破坏不言而喻。顾颉刚后来对疑古思潮中的一些观点也认为有问题，他说："从现在看来也不免偏，偏在都要撕破，容易堕入虚无主义。"②

全盘西化思潮是主要流行于20世纪三四十年代的社会思潮，代表人物有陈序经、胡适等。当时一些有西方留学背景的知识分

① （清）郭庆藩撰，王孝鱼点校：《庄子集释》，147页，北京，中华书局，2013。

② 顾颉刚：《秦汉的方士与儒生》，"序"，4页，上海，上海古籍出版社，2005。

子认为中国传统文化造成了中国的落后，因此提出要全盘引进西方文化，抛弃中国传统文化。这一时期发表、出版了一些关于全盘西化的文章、著作等，其主要观点有：中国在道德、文化、经济、政治等方面远落后于西方，甚至说中国的一切都不如西方，“百事不如人”；主张全盘接受西方文化，在教育、道德、制度、日常生活诸方面实行西化；批判孔子及儒学，否定中国传统文化。

对这些运动和思潮中的一些人物，马一浮曾有过评价，如他1938年在给学生的一封信中评论梁启超、胡适时说：“王船山有言曰：‘病莫大于俗，俗莫甚于偷。’三十年前出一梁启超，驱人于俗，十余年来继出一胡适之，驱人于偷，国以是为政，学校以是为教，拾人之土苴以为宝，靡然成风，不待今日之被侵略，吾圣智之法已荡然无存矣。”[①] 马一浮评论顾颉刚时说：“清初人如顾亭林、黄梨洲、王船山所志尚大，其后考据家失之小，而讲微言大义如《公羊》学家者又失之诞。降至今日，如顾颉刚之考据孟姜女，进而为《古史辨》，则既小而诞，兼而有之矣。”[②]

这一时期，儒学自身的发展也出现不少问题，一些信奉儒学的人物对儒学的阐发有失偏颇，实则不利于儒学的发展。如康有为著《新学伪经考》，将诸多儒家经典判为刘歆伪造的文献，引发了人们对经典的怀疑、批评；又著《孔子改制考》，提出孔子改制说，称六经皆孔子所作，尧、舜皆孔子依托，经典中所述尧、舜之盛德大业为孔子之理想构造，以此为依据来推行其政治上变法维新的主张。关于康有为之偏颇，梁启超曾说：“以好博好异之故，往往不惜抹杀证据或曲解证据，以犯科学家之大忌，

① 《马一浮全集》第二册，848 页。
② 《马一浮全集》第一册，601 页。

此其所短也。”① 马一浮对康有为的《公羊》学有过评论，他说：“晚清今文学复兴，于是《公羊》何氏学盛行，黠者至傅会改制以言新法，是以私智说经，去圣人之志益远矣。”② 这也指出了康有为的不足之处。

这一时期儒学所出现的问题还有考据儒学的偏失。以清儒为代表的考据儒学过于注重考辨，忽视了对义理的开发。马一浮曾言及考据儒学的弊端：“清儒自乾嘉以后，小学一变而为校勘，单辞碎义，犹比窥观。至目录一变而为板本，则唯考论椠刻之久近，行款之异同，纸墨之优劣，岂徒玩物丧志，直类骨董市谈。”③ 考据儒学末流之弊影响深远，是所当深以为戒之处。

对于这一时期的社会背景，马一浮的弟子乌以风（1901—1989）有过描述：

> 国势衰弱，外患侵凌，民生困苦，风俗日薄。有志之士多激于义愤，或奔走革命，或变法图强，或提倡改革文学，或号召保存国粹。自门禁大开，舟车日便，而鸦片战争和甲午战争以后，由于我国战败，国人崇拜欧美物质文明，以为西方各国之所以富强，皆因其科学发达，非效法欧美不足以图存，于是西方学术随政治经济相继入侵中国。五四运动以来，新潮澎湃，遍及全国，朝野上下竞尚西学，以新奇相标榜，怪说异论一时纷然，入主出奴，无所折中。迨辛亥革命未久，军阀内讧，兵戈相继，遂至国势日非，民生益困。世

① 梁启超：《清代学术概论》，78页，上海，上海古籍出版社，2000。
②《马一浮全集》第一册，119页。
③《马一浮全集》第一册，106页。

之言学术政教者，尚权谋，毁仁义，重兵刑，轻道德，国人已丧失民族自信心，随波逐流，积习难返矣！[①]

乌以风生于那个时期，对时代背景有深切感受，并且作为马一浮的亲炙弟子，追随问学近三十年，以高材而曾担任复性书院都讲，其描述应比较真实可靠，也应比较符合马一浮对当时社会背景的感受。

社会背景如此，自对马一浮产生诸多影响。马一浮在著述中时常透露出时代环境影响的痕迹，比如他在1939年给友人的一封信中说："三十年来，学绝道丧，世之所以为教者，拾异邦殊俗之土苴以为宝，后生小子几不知圣贤为何人、经籍为何物。今因寇乱之余，当路诸贤一念之发，因得于现行学制之外，存此书院。思藉此略聚少数学子，导以经术，使返求诸义理，冀续先儒之坠绪于垂绝之交，此亦人心之同然，有不可泯灭者在也。"[②]他又说："世谓儒门淡泊，收拾不住，其言盖为信然。深愧拙劣无益于人，空有容接之心，实无裁成之力，故于诹访之伦，悉从谢却，不敢误人远来。"[③]

马一浮自有其不因社会环境而动摇的一面，具备中立而不倚的操守；其学术自不为各种思潮所左右，具有鲜明而一贯的宗旨。然而社会背景对马一浮的人生历程和学术也产生一些影响，考察这些背景，对了解马一浮其人其学大有裨益。

---

① 乌以风：《马一浮先生学赞》，见丁敬涵：《永怀集：怀念一代儒宗、舅祖马一浮》，1—2页，成都，西南财经大学出版社，2016。

② 《马一浮全集》第二册，616页。

③ 《马一浮全集》第二册，680页。

二、人生历程

1883 年农历二月二十五日，马一浮出生于四川省成都市。父亲马廷培敦敏强识，究心于法制条例、刑名、钱谷、掌故、民物等经世济民之学，曾任四川省仁寿县的知县。母亲何定珠出身于世族，自幼读书，受过良好的家教。生在这样的书香之家，马一浮五岁时开始读诵唐诗，八岁时学作诗，九岁时能诵《楚辞》《文选》。由于记忆力超群，他被人们誉为神童。

1888 年，马一浮随父母离开四川返回原籍浙江绍兴。1898 年，马一浮时年十六岁，赴绍兴县参加县试，采集古人经典中的语句成为一篇文章，浑然天成，没有依傍的痕迹，结果公布时以名列榜首而被人称颂。浙江进士汤寿潜看到他的试卷后极为欣赏，将长女许配给他。此后，马一浮受学于汤寿潜，与谢无量同列门墙。

马一浮青年时曾钻研西方文化，主要是在 1899 年至 1905 年之间。1899 年，他到上海学习英文、法文、拉丁文。1901 年，他和友人创办了《二十世纪翻译世界》杂志，翻译和介绍西方学说。1903 年，马一浮到美国圣路易斯，在驻美使馆留学生监督公署担任中文文牍。工作之余，他的时间主要用来读书。这一年他阅读了亚里士多德、黑格尔、康德、达尔文、孔德等人的著作。1904 年赴日本留学半年，学习日文与德文，到 11 月回国。1905 年，马一浮继续研究西学，以英文或日文翻译了一些西方著作，如以英文翻译了西班牙名著《堂·吉诃德》，以日文翻译了《政治罪恶论》等著作。

从 1906 年开始，马一浮治学的重点转向中国传统文化。自此之后，他潜心于儒佛道百家之学，居陋巷，甘清贫，勤学不已，乐道不倦。直到 1938 年，经历几十年的积淀之后，马一浮才开始正式的讲学活动，一是在浙江大学讲授国学，二是在复性书院主讲六艺。讲学过程中所形成的《复性书院讲录》等著述成为学术界研究马一浮所依据的主要资料，这是马一浮一生的华彩。

马一浮一生的华彩还在于其诗作。马一浮学诗、作诗、好诗、安诗，于诗用力勤、造诣深，其一生可谓在诗中度过。他自幼开始作诗，现存最早的诗是十一岁时所作的《咏菊》，稍长又开始作词，一生创作了大量诗词，据目前已出版著述统计有三千多首诗，一百多阕词。1943 年，马一浮开始编集刻印自己创作的诗词，题名为《蠲戏斋诗前集》《避寇集》《蠲戏斋诗编年集》《芳杜词賸》。1949 年之后，马一浮没有再讲学著书，他将对宇宙人生的感悟形之于诗，作诗成为他晚年的寄托。八十一岁时，他作诗《寒吃》，有句曰："送老生涯唯疾病，调神上药赖诗篇"①；八十二岁时又有诗句曰："安诗仍理窟，宴坐每云根"②。了解马一浮的思想不可忽视其诗，尤其是了解他晚年的思想离不开其诗。马一浮《语录类编》中有诗学篇，是弟子所记录的马一浮论诗之言，其中有一些内容是马一浮对自己诗作的评价，如曰："先生尝有意作《六艺论》《四学考》，日寇入侵，避乱转徙，史书荡析，喟然叹曰：后世有欲知某之为人者，求之吾诗足矣。"③又曰："诗须老而后工。吾自视四十以前之作，近多不惬，四十以后可存者多，五十以后则几乎篇篇可存。"④马一浮是谦逊而不

① 《马一浮全集》第三册，578 页。
② 《马一浮全集》第三册，583 页。
③ 《马一浮全集》第一册，637 页。
④ 《马一浮全集》第一册，646 页。

自表显的人，他的著述中极少有像这样称扬自己的话，但由此也可看出他对自己诗作的重视，也即意味着诗作在他的人生和学术中有重要地位。

抗战结束后，马一浮于1946年从四川回到浙江杭州，始居西湖葛荫山庄。1950年，他移居花港蒋庄。1952年，上海市陈毅市长到杭州，访问马一浮于蒋庄寓所。他接受礼聘担任上海市文物管理委员会委员。1957年，周恩来总理访马一浮于蒋庄寓所。1966年，红卫兵进行全国性的“破四旧”活动，马一浮被认为是“反动学术权威”，其所收藏的古籍字画被查抄、焚烧。马一浮离开了居住多年的蒋庄寓所。

1967年6月2日，马一浮因病逝于浙江杭州，终年八十五岁。辞世前他留一首绝笔诗《拟告别诸亲友》，其诗曰：“乘化吾安适？虚空任所之。形神随聚散，视听总希夷。沤灭全归海，花开正满枝。临崖挥手罢，落日下崦嵫。”① 诗之意境与马一浮之名取义相应，《楞严经》说人身“如湛巨海，流一浮沤，起灭无从”②，而人能够“了然自知，获本妙心，常住不灭”③，人死乃随顺造化而去，如大海中漂浮之水泡幻灭时归于大海，但宇宙大化生生不息，人之妙心常住不灭。马一浮可谓“知死生之说”④，可谓“尽其道而死者”⑤。

---

① 《马一浮全集》第三册，617页。

② （明）智旭：《楞严经文句》，159页，北京，线装书局，2016。

③ （明）智旭：《楞严经文句》，160页，北京，线装书局，2016。

④ （魏）王弼注，（晋）韩康伯注，（唐）陆德明音义，（唐）孔颖达疏：《周易注疏》，北京：中央编译出版社，2013年，第345页。

⑤ （宋）朱熹：《四书章句集注》，北京：中华书局，2011年，第328页。

第二节　马一浮的学术路径

自古传世名著大都需经数年至数十年之功，而大学者莫不专精于学术。《史记·儒林列传》记载汉朝大儒董仲舒治学之例曰："盖三年董仲舒不观于舍园，其精如此。"[①] 马一浮亦是专精于学术的榜样。比如1906年，他为寻找一处安心读书之处，经肇安禅师的介绍，居住在西湖边广化寺的一间禅房，阅读"文澜阁"所藏的《四库全书》，并做大量读书札记。此后几十年里，他远离仕途和时缘，专注于读书，致力于躬行，这应当是他学术、品行彰于世的重要原因。

马一浮一生都在读书，至耄耋之年仍好学不懈，可称得上是学而不厌的实例。他的治学经历可分为几个阶段，他自己曾概括说："余初治考据，继专攻西学，用力既久，然后知其弊，又转治佛典，最后始归于六经。"[②] 关于"专攻西学"的经历，上一节有略述，这里不再赘述。下面按"初治考据""转治佛典""归于六经"的顺序来考察马一浮的学术路径。

一、初治考据

马一浮生于清朝末年，而清朝的学术以考据学著称，处于这

① （汉）司马迁：《史记》，703页，北京，中华书局，2013。

② 《马一浮全集》第一册，771页。

样的时代背景下，他也受到影响，曾致力于考据学。晚清名臣张之洞曾刊行关于考据之学的书籍《书目答问》《輶轩语》。马一浮依之寻求治学门径，他说："某幼时尝依张文襄《輶轩语》求治经门径，及用力既久，方知此只是目录学，与身心了不相干也。"[①] 马一浮没有将其一生的时间倾注于考据学，是因为他认识到考据学的局限：疏于义理开发，罕言身心性命。

然而马一浮通过用力于考据学，为他一生的学术奠定了基础。在他的著述中，不时可看到他对一些字、词、典籍细致而精到的考证，但他是把考据作为手段来说明义理，而非为考据而考据。马一浮说："古之教人莫先于训诂章句，若训诂不通，章句迷昧，安望其能解义，亦不可名为读书。"[②] 考据（尤其是训诂、章句）是治学的基础，需要于此下功夫，但是又要避免考据末流烦琐而无益身心的弊端。

二、转治佛典

马一浮接触佛典的时间较早。二十岁左右他翻译西方著作时即运用佛理，其译作被称为"文章杂儒佛"，可见这之前他对佛家就有一定的了解。从马一浮的留美日记来看，即使在美国期间，他也在读佛书，如 1904 年，他曾寄信给谢无量以索取《楞严经》，又曾读《佛教原理论》。马一浮"转治佛典"的经历主要是指他 1917 年至 1927 年之间致力于佛家典籍。在这段时间里，他广泛阅读三藏十二部的典籍，息迹名山古刹，交

① 《马一浮全集》第一册，771 页。
② 《马一浮全集》第二册，84 页。

接方外之友，撰写佛家著述，组织“般若会”等。在1927年之后，马一浮对佛典着力少一些，但并未放弃，晚年时也常阅读佛典、书写佛典，更将他对佛法的体悟形之于诗，写了大量包含佛家义理的诗篇，如《题肇安禅德〈咳唾集〉》（1951年）、《啬庵惠示令弟万慧法师道影，敬题一首，并寄慧师缅甸，致问安稳》（1956年）等。

马一浮与佛教的因缘比较深厚，除早年曾寄居镇江焦山海西庵、杭州广化寺、杭州永福寺等寺庙读书外，以后又曾在杭州灵隐寺、海潮寺、地藏庵等居住过。在交接方外之友方面，马一浮与众多僧人交往，尤其与慧明禅师、楚泉禅师、肇安禅师交往较密。他的方外之友尚有弘一法师、万慧法师等。除自己钻研佛典之外，他又与友人共同研习，还曾组织过佛学团体，如1924年，他在杭州组织“般若会”，并撰《般若会约》作为章程。

在撰写佛家著述方面，马一浮一生成果较丰，虽然不少著述因战火、人祸而散失，但从现存的资料中亦可对他的佛学素养略见一斑。除创作蕴含佛理的诗篇外，马一浮曾作众多的序、铭、传、记、赞等，如《〈印光法师文钞〉序》（1920年）、《〈楞严正脉科会〉序》（1920年）、《〈楞严开蒙〉小引》（1927年）、《〈护生画集〉序》（1928年）、《重刻莲池大师〈戒杀放生文〉序》、《〈大方广佛华严经普贤行愿品〉写本自跋》（1943年）、《弘一律主衣钵塔记并铭》（1943年）、《万慧法师塔铭（并后记）》（1960年）、《唐高僧鉴真法师赞》（1963年）等。此外，尚有阐发佛法精义的短文《童蒙箴》《法界颂》（1957年）、《十二等观》（1967年）等。马一浮分量较重的佛法专著是《法数钩玄》（五卷）。在这部书中，他列举了佛法中一些按数字对教义进行分类的名相术语，对其进行奥义探寻，做出阐释。第一卷阐释的术语有三十七道品、三解脱门、三德三身、翻三染成三德、常乐我净四德、凡夫四倒、二乘四倒、四谛、十二因缘；第二卷阐释的术语有五停心、八种恶觉、八大人觉、十信、十住、十行、十回向、十地、般若十喻、楞伽五法、楞伽三自性、楞伽二无我；第三卷阐释的术语有二烦恼、见思二惑、三止三观、四安乐行、四悉檀、四食、三种三修；第四卷阐释的术语有四大、四微、五蕴五喻、四难、四不可得、四摄法、四事供养、三明、六神通；第五卷阐释的术语有五盖、十缠。在阐释时，所依据的佛家典籍计有《华严经》《佛遗教经》《楞伽经》《圆觉经》《大庄严经》《增一阿含经》《杂阿含经》《瑜伽师地论》《天台四教仪》《法华文句》《华严经随疏演义钞》《大般涅槃经玄义》《金光明经文句记》《诸经要集》《法界次第》《翻译名义集》等。

三、归于六经

有志于儒宗，这在马一浮二十五岁时的一封信中已有表露。1907 年，他在给舅父何稚逸的信中说：

> 若乃贯缀前典，整齐百家，搜访文物，思弘道艺，次献哲之旧闻，俟来者之足征，则中材菲学可勉而至也。夫仲尼周流，晚综六艺；伯阳将隐，遂草五千；子长发愤于《史记》，扬雄默守于《太玄》；董生精思于天人，平子推象于灵宪；仲淹崛起于河汾，尧夫高步于百源；司马萃力于涑水，濂洛绍统于尼山。此皆名世之业，甥何敢望焉？若中垒别录，昭明总集，班、蔡通故考文，符、充抒论正俗，郑樵博洽，端临多识，辨物比类，述者为贤。虽非至道之契，抑

亦著作之林也。今礼敝俗窳，邦献隳阙，士行回辟，贱义漓真，睢盱嗲竞，罔克由道。甥虽不敏，窃有志于二宗。欲为儒宗，著秦汉以来学术之流派；为文宗，纪羲画以降文艺之盛衰。将以汇纳众流，昭苏群惑，悬艺海之北辰，示儒术之总龟，振斯道于陵夷，继危言于将绝。体制草创，篇帙未具，并力缀辑，皓首为期。贮以铁函，藏诸石匮，亦终甘樵苏之弃，未敢希国门之悬耳。①

此段文不仅昭示了马一浮欲以先贤立言垂教后世为榜样的志向，也显示出他已有一定的学术积累，并将继续为之，白首为期。除志于儒宗外，他尚有志于文学文艺，虽然以后看来他以儒著称，但是他著述文辞的优美精妙以及在诗歌上的成就正是文学文艺素养的展现。马一浮当时有志于儒宗、文宗的发心在一定程度上奠定了他一生学术的基调。

马一浮虽有志于儒宗，但在深入阅读佛典过程中也为佛家义理所吸引。1918年，他在与友人叶左文的信中谈到他致力于佛典的原因："旧于释氏书不废涉览，以为此亦穷理之事。程子所谓'大乱真'者，庶由此可求而得之。及寻绎稍广，乃知先儒所辟，或有似乎一往之谈，盖实有考之未晰者。彼其论心性之要，微妙玄通，校之濂洛诸师，所持未始有异。所不同者，化仪之迹耳。"② 佛家在论述心性时有精妙处，应予以借鉴，这也是穷理之一事。

从"转治佛典"到"归于六经"，马一浮用了多年时间。从

① 《马一浮全集》第二册，292—293页。

② 《马一浮全集》第二册，376页。

现存资料来看，他明确提出专研六经、归宗儒家是在1927年致金蓉镜的一封信中。他说："浮年来于此事已不挂唇吻，其书亦久束阁。尚欲以有生之年，专研六艺，拾先圣之坠绪，答师友之深期。虽劫火洞然，不敢自沮。"① 此后，马一浮以儒为宗，阐扬六经，尤以在浙江大学和复性书院讲学为显著者。

在儒、佛、道三家中，除对儒、佛多所用心外，马一浮对道家亦有不少用力。他在1920年曾用以佛解道的方式撰《老子注》，可惜因病中辍，只注释了32章。他在《老子注》前言中说："此庚申年逭暑所作。以老子义印合般若、方等，于禅则与洞山为近，触言玄会，亦似通途寥廓，无有塞碍。后以病缘中辍，不复措意。维老氏之旨未必如斯，理既冥符，言象可略。如遇玄解之士，亦可相与解颐耳。"② 他又曾作《庄子笺》，可惜亦未完稿。马一浮好玄言，但道家未成为他的归宿。他曾说："吾昔好玄言，深探义海，归而求之，乃知践形尽性在此而不在彼。"③ 然而道家对马一浮的影响也很大，他在著述中不时引用玄言阐发义理，尤其在晚年的诗歌中表现为多，如《思姑射》（1963年）、《博喻》（1965年）等。

上面所述"初治考据""专攻西学""转治佛典""归于六经"的治学路径是马一浮治学的主要方面，实际上他一生涉学甚广，除归宗儒家、深探义海外，他博通诸子百家，谙熟文史辞章，精于作诗，又善书法、篆刻，对医术、天文等方技之学亦加研习。马一浮博览群书，读书数量之多，记忆内容之广，见解之深，使

① 《马一浮全集》第二册，438页。
② 《马一浮全集》第四册，47页。
③ 《马一浮全集》第一册，533页。

许多与他接触的人由衷赞叹，丰子恺曾转述其师弘一法师的话："马一浮是生而知之的。假定有一个人，生出来就读书，而且每天读两本（他用食指和拇指略示书之厚薄），而且读了就会背诵，读到马一浮的年纪，所读的还不及马一浮之多。"[①] 丰子恺也谈了他自己的感受："无论什么问题，关于世间或出世间的，马一浮都有最高远最源本的见解。他引证古人的话，无论什么书，都背诵出原文来。"[②] 弘一法师是马一浮的好友，而丰子恺也和马一浮有过不少交往，二人的话应是比较可信的。虽然后人未能亲承马一浮之音旨而切身感受其学术之博大精深，但由弘一法师和丰子恺的话，也可略得其仿佛。

第三节　马一浮的学术宗趣

程颐十八岁时曾作《颜子所好何学论》，马一浮在《泰和宜山会语》中对其文作了释义，标明了颜子之学的宗趣，也标明了程颐之学的宗趣，而这也是马一浮之学的宗趣。程颐之文曰："圣人之门，其徒三千，独称颜子为好学。夫《诗》《书》六艺，三千子非不习而通也。然则颜子所独好者，何学也？学以至圣人之道也。圣人可学而至欤？曰：然。"[③] 马一浮释义时说"学以至圣人之道"一语即为标明宗趣，具体来说，圣人之学是宗，可学而至是趣。"学以至圣人之道"是孔子、颜子、孟子乃至宋明诸

① 丰子恺著，萧画选编：《丰子恺作品精选》，117 页，武汉，长江文艺出版社，2004。
② 丰子恺著，萧画选编：《丰子恺作品精选》，117 页，武汉，长江文艺出版社，2004。
③（宋）程颢、程颐：《二程集》，577 页，北京，中华书局，2004。

儒为学的宗趣，马一浮加以继承发扬，可谓是一脉相承。在详细阐发马一浮学术宗趣之前，有必要先对“学”“学问”“学术”诸语之内涵加以考察。

一、对“学”“学问”“学术”的考察

一般人使用“学”“学问”“学术”诸语不太注重其区别，实际上先秦儒家典籍中多用“学”字，后来才多用“学问”“学术”二语。“学问”一词为组合词，由“学”和“问”二字组成，代表着学习和询问二义的组合。《周易·乾·文言》曰“君子学以聚之，问以辩之”[①]，这是“学”与“问”的区别使用。《荀子·大略》中有“学问”一语的组合使用，其文曰：“《诗》曰：‘如切如磋，如琢如磨。’谓学问也。”[②]学问联称，一般是指有系统的知识。“学术”一词亦如此，由“学”和“术”二字组合而成，联称的意义一般是指有系统且较专门的知识。

马一浮曾对学问做过释义，将“学”和“问”区别开来，认为学问虽然一理但有二事，他说：“学是自学，问是问人。自学是要自己证悟，如饮食之于饥饱，衣服之于寒暖，全凭自觉，他人替代不得。问人即是就人抉择，如迷者问路，病者求医，须是遇善知识，不然亦有差了路头，误服毒药之害。故必先学而后问。善问者必善学，善学者必善问。师资道合，乃可相得益彰。”[③]至于学问联称，马一浮认为学问之义不同于一般所谓的知

① （魏）王弼注，（晋）韩康伯注，（唐）陆德明音义，（唐）孔颖达疏：《周易注疏》，38页，北京，中央编译出版社，2013。

② （清）王先谦：《荀子集解》，491页，北京，中华书局，2012。

③ 《马一浮全集》第一册，48页。

识，他把学问和知识、才能相区别："知识是从闻见得来的，不能无所遗；才能是从气质生就的，不能无所偏。学问却要自心体验而后得，不专恃闻见；要变化气质而后成，不偏重才能。知识、才能是学问之资藉，不即是学问之成就。"① 可以说，马一浮对学问的界定突出了学问的践行性，必须实下功夫，验之于身心方可达到。而一般人把读书多、见闻广的情况称为有知识，并不强调其践行性。因此，马一浮视野中的"学""学问""学术"均是强调践行性的一面，这也符合"学"之古义。

"学"字在四书五经中多所出现，如《诗经·周颂·敬之》曰："日就月将，学有缉熙于光明"②，这里学之目标是指向光明，即对人、事、物的明了觉察，可称之为智。《尚书·说命》曰："惟敩学半，念终始典于学，厥德修罔觉"③，这里学之目标指向修德。《论语》记载了好学的内容、榜样。《论语·学而》说："子曰：'君子食无求饱，居无求安，敏于事而慎于言，就有道而正焉，可谓好学也已。'"④《论语·雍也》说："哀公问：'弟子孰为好学？'孔子对曰：'有颜回者好学，不迁怒，不贰过。'"⑤ 孔子心目中的好学侧重于言行方面的改过迁善，即是重德行修养，但是并不仅仅限于此。实际上，孔子所说的学应包括德行修养和对事物之理的探究，然而德行修养是基础，在此基础上需要进一步博学，如他说："弟子入则孝，出则弟，谨而信，泛爱众，而亲

---

① 《马一浮全集》第一册，47—48 页。

② （宋）朱熹：《诗集传》，271 页，南京，凤凰出版社，2007。

③ （宋）蔡沈：《书集传》，114 页，南京，凤凰出版社，2010。

④ （宋）朱熹：《四书章句集注》，54 页，北京，中华书局，2011。

⑤ （宋）朱熹：《四书章句集注》，82 页，北京，中华书局，2011。

仁。行有余力，则以学文。”① 孔子一生是好学的榜样，德行修养自不必言，他的博学多识亦为人称颂，如达巷党人说：“大哉孔子！博学而无所成名。”②《史记·孔子世家》记载了孔子博学多识的例子，如辨识骨节专车、楛矢等。正因为孔子有极高的德行修养，且又博学多识，所以他在鲁国当政期间，鲁国大治。

宋明诸儒继承孔孟儒学，自然对四书五经中“学”之意义加以承续，并明确提出学之宗趣在于成圣。四书五经虽没有直接提出学之宗趣在于成圣的说法，但从上面分析可看出，四书五经中“学”的内容即是成圣的要求，是在实质上对成圣做出了阐述。宋明诸儒从实质上继承孔孟儒学成圣的为学目标，也在言语诠表方面直接做出了描述。周敦颐《通书》中有《志学》一章，其言曰：“圣希天，贤希圣，士希贤。伊尹、颜渊，大贤也。伊尹耻其君不为尧、舜，一夫不得其所，若挞于市。颜渊‘不迁怒，不贰过’，‘三月不违仁’。志伊尹之所志，学颜子之所学。过则圣，及则贤，不及则亦不失于令名。”③ 张载说：“儒者则因明致诚，因诚致明，故天人合一，致学而可以成圣，得天而未始遗人。”④ 王阳明说：“人之学为圣人也，非有必为圣人之志，虽欲为学，谁为学？有其志矣，而不日用其力以为之，虽欲立志，亦乌在其为志乎？故立志者，为学之心也；为学者，立志之事也。”⑤

马一浮对孔孟儒学乃至宋明儒学中关于“学”的意义和宗趣进行了继承，将成圣作为其学术的宗趣，并多所发扬。

① （宋）朱熹：《四书章句集注》，北京：中华书局，2011 年，第 51 页。
② （宋）朱熹：《四书章句集注》，北京：中华书局，2011 年，第 104 页。
③ （宋）周敦颐：《周敦颐集》，22—23 页，北京，中华书局，2010。
④ （宋）张载：《张载集》，65 页，北京，中华书局，2008。
⑤ （明）王守仁：《王阳明全集》上册，276 页，上海，上海古籍出版社，1992。

二、以成圣作为学术宗趣

马一浮以成圣作为学术宗趣，他说："学而至于圣人，方为尽己之性"①，"学者所以学为圣人也，穷理尽性即学者分上事，不可专以属之圣人。若以为高远难几，然则圣人终不可学而至。舍穷理尽性而别有学，将所学为何事邪？从洒扫、应对、进退以至精义入神，只是一贯，圣人无二语，彻上彻下皆一理也"②。

成圣是儒家人物的理想追求，而圣人的标准如何？诸多儒家经典进行了论述，马一浮学术中的圣人标准亦是以此为依据。《孟子·离娄上》曰："圣人，人伦之至也。"③《中庸》曰："诚者不勉而中，不思而得，从容中道，圣人也。"《礼记·礼运》曰："圣人耐以天下为一家，以中国为一人。"④《周易·系辞上传》曰："圣人以此洗心，退藏于密，吉凶与民同患。"⑤马一浮在论及圣人时经常引用这些言句进行说明，足见他对儒家成圣思想的继承，比如他说："圣人吉凶与民同患，未有众人皆忧而己能独乐，众人皆危而己能独安者。万物一体，即是万物同一生命。"⑥

除儒家经典外，马一浮亦引用佛家、道家经典对圣人的论述，作为圣人的标准，而这些标准与儒家的标准是相通的。《肇论》曰："会万物以成己者，其唯圣人乎？"⑦禅宗典籍《五灯会

① 《马一浮全集》第一册，557页。
② 《马一浮全集》第一册，411页。
③ （宋）朱熹：《四书章句集注》，259页，北京，中华书局，2011。
④ （元）陈澔：《礼记集说》，176页，南京，凤凰出版社，2010。
⑤ （魏）王弼注，（晋）韩康伯注，（唐）陆德明音义，（唐）孔颖达疏：《周易注疏》，367页，北京，中央编译出版社，2013。
⑥ 《马一浮全集》第一册，5页。
⑦ （东晋）僧肇著，张春波校释：《肇论校释》，227页，北京，中华书局，2010。

元》记载了石头希迁禅师对此言的感悟："师因看《肇论》至'会万物为己者，其唯圣人乎？'师乃拊几曰：'圣人无己，靡所不己。法身无象，谁云自他？圆鉴灵照于其间，万象体玄而自现。境智非一，孰云去来？至哉斯语也。'"①马一浮以此来论述圣人。他认为圣人应符合这样的标准，他说："肇公曰：'会天地万物为自己者，其唯圣人乎？''圣人无己，靡所不己。'是故成己即所以成物，成物乃所以成己。'成己，仁也；成物，智也。性之德也，合外内之道也。'此是一成一切成，其间更无分别。'己欲立而立人，己欲达而达人。能近取譬，可谓仁之方。'良以物我无间，人己是同，于中不得安立人见我见。"②虽然马一浮的引文与原文字句略有出入，但不影响其义，这是他用佛家义理来与儒家圣人的标准相会通，亦符合儒家义理。

《庄子·逍遥游》有言："至人无己，神人无功，圣人无名"③，这种对圣人的论述亦为马一浮所采纳。他说："儒家谓之尽己私。人我诸法不成安立，然后法身真我始显，自性功德始彰。故曰：'至人无己，神人无功，圣人无名。'无己之己无所不己，是为法身，即性也；无功之功任运繁兴，是为般若，即道也；无名之名应物而形，是为解脱，即教也。是故'与天地合其德，与日月合其明，与四时合其序'"④。在这段话中，马一浮不但采用《庄子》之义，也运用佛家法身、般若、解脱之义和《中庸》性、道、教之义，以及《周易·乾·文言》中"大人"之义，对圣人的标准

①（宋）普济：《五灯会元》，255页，北京，中华书局，2015。
②《马一浮全集》第一册，93页。
③（清）郭庆藩撰，王孝鱼点校：《庄子集释》，18页，北京，中华书局，2013。
④《马一浮全集》第一册，79页。

作出了精彩阐释。

在马一浮的著述中，与成圣相通、相类似的词语有多个，如成己、成物、成德、成性、成能、成位、尽己、尽性、践形等，马一浮多有阐发，这是在研究成圣的学术宗趣时所当注意的，下面分别加以论述。

成己、成物出于《中庸》，其文曰："诚者非自成己而已也，所以成物也。成己，仁也；成物，知也。性之德也，合外内之道也，故时措之宜也。"马一浮说："今日学子只知求知，以物为外，其结果为徇物忘己；圣贤之学乃以求道，会物归己，其结果为成己成物。"[①] 成己成物乃合仁与智，是为成圣之果。

成德是儒家著述中常常出现的一个名词，如《周易·乾·文言》曰："君子以成德为行，日可见之行也"[②]，《孟子·尽心上》曰："有成德者"[③]。马一浮认为六经的重要内容即在于教人知德、修德、成德，教人学道、明道、行道。他说："先有以得圣人之用心，庶可期于知德；见圣人之行事，庶可期于明道。若用心行事一一与圣人相应，始为成德，始能行道。否则天地悬隔，无有入处。"[④] 圣人是成德之人，成圣即是要明白圣人的用心行事，并与圣人的用心行事全部相应。

《周易·系辞上传》有言："成性存存，道义之门。"[⑤] 马一浮

① 《马一浮全集》第一册，45 页。

② （魏）王弼注，（晋）韩康伯注，（唐）陆德明音义，（唐）孔颖达疏：《周易注疏》，37 页，北京，中央编译出版社，2013。

③ （宋）朱熹：《四书章句集注》，338 页，北京，中华书局，2011。

④ 《马一浮全集》第一册，189 页。

⑤ （魏）王弼注，（晋）韩康伯注，（唐）陆德明音义，（唐）孔颖达疏：《周易注疏》，352 页，北京，中央编译出版社，2013。

将成性之义与成己成物相联系而说："《易》所以崇德广业，'崇德'以成己言，'广业'以成物言。己外无物，成己成物皆所以成性也，所以顺性命之理而立人之道者也。故曰'成性存存，道义之门'。"[①]

成能、成位出于《周易·系辞》。《系辞下传》曰："天地设位，圣人成能"[②]，《系辞上传》曰："易简而天下之理得矣。天下之理得，而成位乎其中矣。"[③]马一浮把成能、成位与圣人的标准关联起来，他说："'天地设位，圣人成能'，即所谓'成位乎其中'也。'赞天地之化育'，'裁成天地之道，辅相天地之宜'，是成能；'与天地合其德'，'与天地参'，是成位。"[④]所引《中庸》"赞天地之化育""与天地参"，及《周易》"裁成天地之道，辅相天地之宜""与天地合其德"，均是成圣的标准，马一浮以之解释成能、成位，可见成能、成位亦是成圣的标准。他也有将此诸名置于一处的说法："实证此德谓之成性，亦谓之成位，亦谓之成能，即是成己、成德、成业也。"[⑤]对这些成圣标准的论述多是出现在马一浮的《易》教思想中，也可看作他对六艺之《易》教义理的继承和发扬。

尽己是儒家的一个重要观念。马一浮使用"尽己"主要表现在两个方面：一是取"尽己之谓忠"之意，二是取《中庸》"尽

① 《马一浮全集》第一册，385 页。

② （魏）王弼注，（晋）韩康伯注，（唐）陆德明音义，（唐）孔颖达疏：《周易注疏》，403 页，北京，中央编译出版社，2013。

③ （魏）王弼注，（晋）韩康伯注，（唐）陆德明音义，（唐）孔颖达疏：《周易注疏》，338 页，北京，中央编译出版社，2013。

④ 《马一浮全集》第一册，386 页。

⑤ 《马一浮全集》第一册，383 页。

其性”之意。朱熹注解《论语·里仁》“夫子之道，忠恕而已矣”时说：“尽己之谓忠，推己之谓恕。”[①]马一浮在著述中有时引用此义，而忠、恕均是圣人具备的具体德目，所以这里的尽己是成圣的具体条件。马一浮使用“尽己”一词，更多的是取《中庸》“尽其性”之意[②]，也即是尽己之性。这是对成圣标准的很好说明。马一浮对这种意义上的尽己进行发挥：“尽己必尽物，以己外无物也；知性必知天，以性外无天也。‘圣人无己，靡所不己’，故天地万物为一体，此实理也。未证此实理，则犹不免于私小，未出于流俗，不可以入于圣贤之域。”[③]

“尽性”也是儒家著述中常出现的一个词，其意为尽己之性，也即是《中庸》“尽其性”之义。《周易·说卦传》曰：“穷理尽性以至于命。”[④]马一浮对此多有引用，认为穷理尽性是人人的本分事，研究儒家经典即是穷理尽性至命之学。他说：“‘成己，仁也；成物，智也。’物我不二，仁智相成，在儒方为尽性”[⑤]，又说：“尽性者，本与天地万物浑然一体。‘圣人无己，靡所不己’。”[⑥]尽性者具备仁智，达到物我不二、与天地万物浑然一体

① （宋）朱熹：《四书章句集注》，71页，北京，中华书局，2011。

② 《中庸》曰：“唯天下至诚，为能尽其性；能尽其性，则能尽人之性；能尽人之性，则能尽物之性；能尽物之性，则可以赞天地之化育；可以赞天地之化育，则可以与天地参矣。”朱熹注曰：“天下至诚，谓圣人之德之实，天下莫能加也。尽其性者德无不实，故无人欲之私，而天命之在我者，察之由之，巨细精粗，无毫发之不尽也。人物之性，亦我之性，但以所赋形气不同而有异耳。能尽之者，谓知之无不明而处之无不当也。”[（宋）朱熹：《四书章句集注》，34页，北京，中华书局，2011。]

③ 《马一浮全集》第一册，441页。

④ （魏）王弼注，（晋）韩康伯注，（唐）陆德明音义，（唐）孔颖达疏：《周易注疏》，406页，北京，中央编译出版社，2013。

⑤ 《马一浮全集》第一册，456—457页。

⑥ 《马一浮全集》第一册，456页。

的境界，这即为圣人的境界。

“践形”一词出自《孟子》，是对圣人标准的描述，马一浮加以发挥。《孟子·尽心上》曰：“形色，天性也；惟圣人然后可以践形。”[1] 马一浮解释说：“气之凝成者为形，形之变动者为色。天性，即行乎气中之理也。如视听言动皆有其理，视极其明，听极其聪，言极其从，貌极其恭，始为尽视听言动之理，始为得耳目口体之用，是谓尽性，是谓践形。朱子曰：‘众人有是形而不能尽其理，故无以践其形；惟圣人有是形而又能尽其理，然后可以践其形而无歉也。’故知视有不明，听有不聪，则是未能践其形，即未能尽其性。”[2] 他以理气观念进行说明，要于气中见理，举例来说，耳目口体为形体，视明、听聪、言从、貌恭之理为天性，穷尽视听言动之理，将耳目口体之用发挥到极致，方称为尽性、践形，才能成为圣人。

三、成圣的根据

心性是成圣的根据，也是儒学的根本所在。心性之学在近现代备受质疑，尤其在工商业背景下的当代社会中更受人诟病，被看作空疏而无用。但学习中国哲学，心性之学是无法回避的。马一浮在讲解张载四句教时曾说：“学者立志，必当确信圣人可学而至，吾人所禀之性与圣人元无两般。孟子曰：‘圣人先得我心之所同然耳’，‘心之所同然者何也？谓理也，义也。’濂、洛、关、闽诸儒深明义理之学，真是直接孔孟，远过汉唐。‘为往圣

① （宋）朱熹：《四书章句集注》，338 页，北京，中华书局，2011。
② 《马一浮全集》第一册，100 页。

继绝学'，在横渠绝非夸词。今当人心晦盲否塞、人欲横流之时，必须研究义理，乃可以自拔于流俗，不致戕贼其天性。学者当知圣学者即是义理之学，切勿以心性为空谈而自安于卑陋也。"①义理之学即是心性之学，也即是圣人之学。心性为本，义理为本，方是成圣之途。

心性之学在中国传统学术中具有十分重要的地位，尤其以儒家和佛家对心性阐述为多。马一浮的学术以心性论为基石，其心性论吸收了儒家和佛家关于心性的论述并加以融会贯通。《大乘起信论》曰："依一心法有二种门。云何为二？一者心真如门，二者心生灭门。是二种门皆各总摄一切法。此义云何？以是二门不相离故。心真如者，即是一法界大总相法门体。所谓心性不生不灭。一切诸法唯依妄念而有差别，若离心念，则无一切境界之相。是故一切法从本已来，离言说相，离名字相，离心缘相，毕竟平等，无有变异，不可破坏，唯是一心，故名真如。"②马一浮依据《大乘起信论》一心二门的观点，认为性是心真如门，情是心生灭门；性是心之体，情是心之用。心之本体是性，也即为真如，具有不生不灭的特点。真如是佛家用来表述本体的一个概念，其同义的名词还有真心、佛性、法身、自性、实相等。他在使用这些词语时均指向本体，显示同一理。马一浮的心性论也是对儒家心性论的继承和发扬，比如他以天命来说心之本体。《周易·说卦传》有"穷理尽性以至于命"的说法，他认为其中的"命"即为天命，也即是天道、天地之性，由此他说："性即心之体，知性方见心之本体，然后能尽其用。天命即此本体，故曰性

① 《马一浮全集》第一册，6页。

② （梁）真谛译，高振农校释：《大乘起信论校释》，16—17页，北京，中华书局，2009。

外无天，知性则知天矣。”[①]

在论述本体时，马一浮的特别之处在于他常常使用自性一词。自性是佛家常用的表述本体的词语，而儒家极少运用。儒佛会通是马一浮的学术特色，他对使用佛家之名相并不避讳，使用“自性”一词也反映了他通达圆融的一面。而用自性来表述本体有深意，本体是要通过反躬内省来证悟的，自性一词恰好可以指点学人反求诸己，本体是自家本具的，不是从外面去找本体。比如使用天理来表述本体时，有人可能会误认天理是外在的，与自家没有关涉。

马一浮常说自性是人人本具的，指点学人当下体认。他说：“人人自性本来具足，但为习气缠缚，遂至汩没，不得透露。所以从上圣贤，只是教人识取自性，从习气中解放出来。习气廓落，自性元无欠少，除得一分习气，便显得一分自性。”[②]又说：“儒佛俱是闲名，自性本来具足。诚是本体，敬是功夫，‘修证则不无，污染即不得’。”[③]人们之所以不能证悟本体、识取自性，就在于习气盖覆了本体，使本体不得显露，即是“污染即不得”之义；而廓落习气是修证的过程，除习气则显自性，即是“修证则不无”之义。

马一浮对儒家、佛家一些经典著作中关于成圣根据的论述做了总结。他说：

天地人物总为一性，一尽一切尽，无欠无余，名之为

① 《马一浮全集》第一册，535 页。
② 《马一浮全集》第一册，65—66 页。
③ 《马一浮全集》第一册，427 页。

极。斯名之立，所以显大法之本原、圣人之妙用，“范围天地而不过，曲成万物而不遗”，所谓总该万法，不出一心也。曰“皇极”者，以表君德即天德也。天人合德，理绝名言，强名之曰“皇极”耳。在《易》曰“太极”，曰“乾元”、“坤元”；在《礼运》曰“太一”；在《春秋》义为“五始之元”，为“王心”；在《诗》则通于“四始”；在《大学》则曰“至善”，曰“絜矩之道”；在《中庸》则曰“至诚”，曰“大本达道”；在《孝经》则曰“至德要道”；在《论语》则曰“吾道一以贯之”，曰“从心所欲，不逾矩”；在《孟子》则曰“性善”，曰“尽心知性知天”；尧命舜之言，则曰“道心”；周子本《易》与《洪范》而作《太极图说》，则曰“人极”。一切诠表，虽有多名，其能诠之体，所诠之相，总其会归，唯是“皇极”一义。即此本来具足，当人圆证之全体大用也。（以佛义言之，则曰“真如”，曰“佛性”，曰“法身”，曰“一真法界”，曰“如来藏心”，曰“圆觉”，并是显此一理。迷则异执纷然，悟则忘言顿证。今不惜口过，不避讪谤，直为抉出，明者自知。）[①]

诸多典籍对成圣根据从不同角度、用各种名词加以描述，而马一浮直抉根源，用凝练的语言省略论证过程而指向第一义，为便于理解，需对典籍中的语句加以阐述。天地、人、物同为一性，源于本体，尽性者一尽一切尽，此为极至之理。“皇极”一词出于《尚书·洪范》，皇极为洪范九畴之一，其文曰：“建用皇

① 《马一浮全集》第一册，300—301页。

极”[①]。马一浮认为“皇”表人，“极”表法，而“皇极”即表圣王之德、天德，也即是天人合德。《易传》对“太极”“乾元”“坤元”进行了阐述，如《周易·系辞上传》曰：“《易》有太极，是生两仪，两仪生四象，四象生八卦，八卦定吉凶，吉凶生大业”[②]，《周易·乾》彖辞曰：“大哉乾元，万物资始，乃统天”[③]，《周易·坤》彖辞曰：“至哉坤元，万物资生，乃顺承天。”[④]《礼记·礼运》论述了“太一”，其文曰：“夫礼，必本于大一，分而为天地，转而为阴阳，变而为四时，列而为鬼神。”[⑤]《春秋·隐公元年》经文记述了“五始”：“元年春王正月”。五始是指：元年，一也；春，二也；王，三也；正月，四也；公即位，五也。董仲舒解释“五始之元”说：“谓一元者，大始也。……《春秋》变一谓之元。元，犹原也。其义以随天地终始也。……故元者为万物之本，而人之元在焉。”[⑥]关于《春秋》之“王心”，马一浮引董仲舒的话说：“《春秋》推见至隐，以人事反之天道，是故因行事加王心。王心者何？即道心也，天理也。”[⑦]关于《诗经》之“四始”，《诗·大序》曰：“是以一国之事，系一人之本，谓之风。言天下之事，形四方之风，谓之雅。雅者，正也，言王政之

① （宋）蔡沈：《书集传》，142页，南京，凤凰出版社，2010。
② （魏）王弼注，（晋）韩康伯注，（唐）陆德明音义，（唐）孔颖达疏：《周易注疏》，369页，北京，中央编译出版社，2013。
③ （魏）王弼注，（晋）韩康伯注，（唐）陆德明音义，（唐）孔颖达疏：《周易注疏》，20页，北京，中央编译出版社，2013。
④ （魏）王弼注，（晋）韩康伯注，（唐）陆德明音义，（唐）孔颖达疏：《周易注疏》，42页，北京，中央编译出版社，2013。
⑤ （元）陈澔：《礼记集说》，180页，南京，凤凰出版社，2010。
⑥ （清）苏舆：《春秋繁露义证》，67—69页，北京，中华书局，1992。
⑦ 《马一浮全集》第一册，118—119页。

所由废兴也。政有小大，故有小雅焉，有大雅焉。颂者，美盛德之形容，以其成功告于神明者也。是谓四始，《诗》之至也。”[①]《大学》阐述“至善”之言曰：“大学之道，在明明德，在亲民，在止于至善”；阐述“絜矩之道”之言曰：“所恶于上，毋以使下；所恶于下，毋以事上；所恶于前，毋以先后；所恶于后，毋以从前；所恶于右，毋以交于左；所恶于左，毋以交于右。此之谓絜矩之道。”《中庸》阐述“至诚”之言有多处，如曰：“唯天下至诚为能尽其性”，“至诚无息”；阐述“大本达道”之言曰：“喜怒哀乐之未发，谓之中；发而皆中节，谓之和。中也者，天下之大本也；和也者，天下之达道也。致中和，天地位焉，万物育焉。”《孝经》阐述“至德要道”曰：“先王有至德要道，以顺天下，民用和睦，上下无怨。……夫孝，德之本也，教之所由生也。”[②]《论语》记载了孔子的境界，如《论语·里仁》中孔子告诉曾子说：“吾道一以贯之”[③]，《论语·为政》中孔子自述曰：“七十而从心所欲，不逾矩。”[④]《孟子》道性善，又曰：“尽其心者，知其性也。知其性，则知天矣。”[⑤]关于“道心”的记载见于《尚书·大禹谟》，文曰：“人心惟危，道心惟微，惟精惟一，允执厥中。”[⑥]《太极图说》阐述“人极”曰：“圣人定之以中正仁义，而

---

① （汉）毛亨传，（汉）郑玄笺，（唐）孔颖达疏：《毛诗正义》，16—19 页，北京，北京大学出版社，1999。

② （唐）李隆基注，（宋）邢昺疏：《孝经注疏》，2—3 页，北京，北京大学出版社，1999。

③ （宋）朱熹：《四书章句集注》，71 页，北京，中华书局，2011。

④ （宋）朱熹：《四书章句集注》，56 页，北京，中华书局，2011。

⑤ （宋）朱熹：《四书章句集注》，327 页，北京，中华书局，2011。

⑥ （宋）蔡沈：《书集传》，24 页，南京，凤凰出版社，2010。

主静，立人极焉。”[①] 而佛家的一些词语是同体异名的表述，均指向本体，在《大般若经》《涅槃经》《华严经》《维摩诘经》《楞伽经》《楞严经》《圆觉经》《六祖坛经》《大乘起信论》等典籍中有诸多阐述。

马一浮之言揭示了成圣之学的本体、功夫、境界，以及圣人之大用，而侧重于本体之义，是为体用一源、显微无间、天人不二、理事不二的论述。

四、成圣的途径

成圣的根据在于心性，也即本体，成圣的途径则是功夫论的内容。成圣是儒家的最高追求，相对应的，佛家将成佛作为最高目标，而本体、功夫也是成佛的根据和途径。通过功夫证悟本体，这是对儒家成圣、佛家成佛的一种描述。因此，成圣的学术宗趣亦可表达为通过功夫证悟本体。关于本体、功夫的论述是马一浮学术的主体内容，而本书对其儒佛会通思想的研究也主要是基于本体、功夫而展开的。

马一浮的本体、功夫论是对儒佛本体、功夫思想的继承和发扬。从儒家来说，他认为《论语·颜渊》中“颜渊问仁”，“仁”指本体，“请问其目”指功夫；周敦颐主静，是就本体说，程颐主敬，是就功夫说；王阳明提出致良知说，良知是本体，致是功夫；诚是本体，敬是功夫；德性是本体，学问是功夫。从佛家来说，性德为本体，修德为功夫；不迁描述了本体，止定是证悟常住不迁之本体的功夫。

①（宋）周敦颐:《周敦颐集》，6 页，北京，中华书局，2010。

虽然性德本自具足，但许多人由于气禀有所偏，又易溺于习染，使性德遮蔽而不显，由此需要复性、知性、尽性，这即是功夫问题，也是成圣的途径所在。马一浮说：“儒佛等是闲名，心性人所同具。古来达德，莫不始于知性，终于尽性。众庶则囿于气质，蔽于习俗，不能知性，故不能率性，谓之虚生浪死。唯知性而后能率性，率性而后能践形，践形而后能尽性，如此则庶几矣。知性之功，必从敬入，聪明睿知，莫不由之，犹佛氏所言一行三昧是一切三昧根本也。”[①] 他指出“敬”是儒家根本的功夫，而“一行三昧”是佛家三昧的根本。三昧是梵语音译，其中文意义为正定、正受等。定是指心定于一处而不动。“一行三昧”即是心安住于一行而修正定之义。

儒家、佛家对功夫有诸多论述，马一浮对其多有吸取，他说：“儒谓之向内体究，禅谓之回光反照；儒谓之反躬，禅谓之就己；儒谓之复，禅谓之转。”[②] 指出了儒佛二家关于功夫的一些概念，具有一定的代表性，也是对儒佛的会通。马一浮的著述中对儒家功夫阐发为多，其次是对佛家功夫的阐发。

儒家强调在人伦日用的言行中做功夫，要笃实践行。言行是日常生活中所不可离而又容易体会的，经典中直接描述言行之处比比皆是，如《中庸》曰：“庸德之行，庸言之谨，有所不足，不敢不勉，有余不敢尽。言顾行，行顾言，君子胡不慥慥尔！”这显示了言行之重，并教人应当言行谨慎。马一浮说：“庸言庸行，人最易忽，不知此乃是入圣之要门。圣人吃紧为人处，便教

① 《马一浮全集》第四册，28—29 页。

② 《马一浮全集》第四册，98 页。

汝谨其言行。”[①] 那么，如何可称作言行谨慎，如何是言行的准则呢？《论语·卫灵公》中孔子说：“言忠信，行笃敬，虽蛮貊之邦行矣；言不忠信，行不笃敬，虽州里行乎哉？”[②] 则“言忠信，行笃敬”即是准则，即是日常生活中的入手处。从忠信笃敬实下功夫，便可入德，可让人气清而志明，可让人虚静和乐，产生沉著痛快的效验。马一浮曾用“忠信笃敬”和“沉著痛快”对功夫和效验做了描述：“沉者，如巨石落水，块块到底；著者，如好手发箭，箭箭中的；痛者，如吃棒受刃，透骨彻心；快者，如痼疾新除，久渴得饮，脉畅筋舒，神清气爽。如此方形容得此四字意味。然此是效验，不是功夫。功夫乃是‘忠信笃敬’，须是实到此田地，方能觉得效验如此真切。若言功夫，更无一毫不尽，才是忠；更无一毫不实，才是信；真积力久，无一息间断，才是笃；精严缜密，无一线走作，才是敬。‘忠信’四字，于功夫见本体；‘沉著’四字，于效验见功夫。”[③]

言行在经典中多是并举的，但有时则侧重行，强调行优先于言，如《论语·为政》曰：“先行其言而后从之”[④]，《论语·宪问》曰：“君子耻其言而过其行”[⑤]，《论语·里仁》曰：“古者言之不出，耻躬之不逮也”[⑥]。这是因为言行有时并不相应，说到而做不到的情况屡有发生。不少经典描述了言行不相应的情况，如《论语·公冶长》曰：“始吾于人也，听其言而信其行；今吾于人也，

① 《马一浮全集》第一册，359 页。
② （宋）朱熹：《四书章句集注》，152 页，北京，中华书局，2011。
③ 《马一浮全集》第一册，456 页。
④ （宋）朱熹：《四书章句集注》，58 页，北京，中华书局，2011。
⑤ （宋）朱熹：《四书章句集注》，146 页，北京，中华书局，2011。
⑥ （宋）朱熹：《四书章句集注》，72 页，北京，中华书局，2011。

听其言而观其行。”[①]《论语·先进》曰：“论笃是与，君子者乎？色庄者乎？”[②]《论语·宪问》曰：“有德者必有言，有言者不必有德。”[③]《礼记·曲礼》曰：“鹦鹉能言，不离飞鸟；猩猩能言，不离禽兽。”[④]佛家也有说食不饱、数宝不富的说法，表明行的重要性，只言说圣贤之教而不切实践行则于身心无实益，就像《礼记·学记》所言：“虽有嘉肴，弗食，不知其旨也；虽有至道，弗学，不知其善也。”[⑤]马一浮有对佛家“行”之意义的论述，他说：“释氏古制，三分科经，流通一分每言功德，此亦权说，后学当知。书写读诵，讲说赞叹，有何利益？所言功德，乃重在行。行得一句两句，真实不虚，便可出生一切诸佛，其功德乃真不可思议耳。”[⑥]指出佛经中所说的功德重在行，依教奉行方有不可思议的功德，而仅书写读诵、讲说赞叹佛经却未切实践行则不能产生真正的功德。可以说，依教奉行才是真正的成圣、成佛的途径。

言行分开来说时有相应、不相应两种情况，而在言行相应的情况下“言”为“行”所摄，“言”是“行”的一部分，因此重视言行说到底是重视“行”，则践行、笃行的重要性不言而喻。“言忠信，行笃敬”的准则可简化为“敬”。“敬”是儒家功夫论的核心概念之一，先儒论述颇多。马一浮把握了此核心，亦重点进行阐发。复性书院有四条学规，而“主敬为涵养之要”是第一

① （宋）朱熹：《四书章句集注》，76—77 页，北京，中华书局，2011。
② （宋）朱熹：《四书章句集注》，121 页，北京，中华书局，2011。
③ （宋）朱熹：《四书章句集注》，140 页，北京，中华书局，2011。
④ （元）陈澔：《礼记集说》，3 页，南京，凤凰出版社，2010。
⑤ （元）陈澔：《礼记集说》，283 页，南京，凤凰出版社，2010。
⑥ 《马一浮全集》第二册，120 页。

条，可见他对“敬”的重视。他说：“须知‘敬’之一字，实为入德之门，此是圣贤血脉所系，人人自己本具。德性之知元无欠少，不可囿于闻见之知遂以为足，而置德性之知任其隐覆，却成自己辜负自己也。圣人动容周旋莫不中礼，酬酢万变而实无为，皆居敬之功也。常人‘憧憧往来，朋从尔思’，起灭不停，妄想为病，皆不敬之过也。程子有破屋御寇之喻，略谓：前后左右，驱去还来，只缘空虚，作不得主，中有主则外患自不能入。此喻最切。主者何？敬也。故唯敬可以胜私，唯敬可以息妄。私欲尽则天理纯全，妄心息则真心显现。尊德性而道问学，必先以涵养为始基。及其成德，亦只是一敬，别无他道。故曰：敬也者，所以成始而成终也。”①

言行既可收摄为行，也可散开而为视听言动，如孔子答颜渊“非礼勿视，非礼勿听，非礼勿言，非礼勿动”②，为人们提出了实际生活中言行的准则。视听言动四个条目以礼为准则，而礼的实质是敬，即是以敬为准则。敬是贯彻始终的，礼也是贯彻始终的。马一浮说：“《礼运》曰：禹汤文武成王周公，‘此六君子者，未有不谨于礼者也’。学至圣人，也只是个‘谨于礼’，才有不谨，即便放倒，如何能立？故曰立身，曰立事，曰立政，皆谓确乎不拔，不为外物之所摇动，必有刚大之气，乃可语于立。子有‘未见刚者’之叹。如曾子在孔门可谓刚者，观其言可见，而曾子最谨于礼。仲弓宽弘简重，亦谨于礼者，许其可使南面。”③将敬、仁、礼贯通起来，言行全体是忠信笃敬，言行全部合于礼，

① 《马一浮全集》第一册，90 页。
② （宋）朱熹：《四书章句集注》，北京：中华书局，2011 年，第 125 页。
③ 《马一浮全集》第一册，142 页。

即是合于仁，可及于圣人之境界。

“言忠信，行笃敬”是每一个人切近可以去做的，平常人需要这样做，圣人同样也如此做，“言忠信，行笃敬”是彻上彻下的。践行无止境，践行需达到笃行的程度。马一浮说：“行之不笃，即是不诚，不诚则无物。一有欠阙，一有间断，便是不笃。行有欠阙，即德有欠阙；行有间断，即德有间断。故虽曰性德无亏，亦须笃行到极至处始能体取，所以言笃行为进德之要也。”①《孟子·离娄上》曰：“规矩，方圆之至也；圣人，人伦之至也。”②圣人在人伦日用中笃行，其功夫达到了极致处。

佛家关于功夫的阐述众多，按宗派来说，如律宗强调持戒，密宗重视持咒，净土宗强调念佛法门，三论宗有中道观等观法，唯识宗强调转识成智，天台宗强调止观，华严宗强调法界观，禅宗以无门为法门，而强调直指人心，当下便是。至于具体的修行法门则无穷无尽，有所谓八万四千法门之说。如《华严经》曰：“菩萨住在三昧中，种种自在摄众生，悉以所行功德法，无量方便而开诱。或以供养如来门，或以难思布施门，或以头陀持戒门，或以不动堪忍门，或以苦行精进门，或以寂静禅定门，或以决了智慧门，或以所行方便门，或以梵住神通门，或以四摄利益门，或以福智庄严门，或以因缘解脱门，或以根力正道门，或以声闻解脱门，或以独觉清净门，或以大乘自在门，或以无常众苦门，或以无我寿者门，或以不净离欲门，或以灭尽三昧门。随诸众生病不同，悉以法药而对治；随诸众生心所乐，悉以方便而满

---

① 《马一浮全集》第一册，100页。

② （宋）朱熹：《四书章句集注》，259页，北京，中华书局，2011。

足；随诸众生行差别，悉以善巧而成就。”[1]表明法门众多之意，而又指出应病与药，当机者胜，各人的根机不同，关键是寻求应机的法门，并持之以恒去修行，则证悟本体可期。

马一浮谙熟佛家的功夫论，将佛家的各种修行法门形之于著述中，有时表现为儒佛功夫论的会通，有时则是针对有佛学根底之人，以佛家法门示之，指明修行之途。前者是其儒佛会通思想的主要内容之一，后者体现于答问、示语、书信等著述中。《尔雅台答问》记载了马一浮回答任君之语，是对禅宗法门加以指示之一例：“达摩一宗，只是指归自性，别无他法。自大鉴下，有南岳、青原两派，下开五宗，源流具在灯录。五宗不可优劣，唯大机大用自推临济，沩仰间以境语接人，曹洞、法眼颇近义路，云门亦直下巉绝。若论门庭施设，各有长处，学者得其一言半句，皆可悟入。然‘从门入者，不是家珍’，纤毫犹带情识，俱非究竟。古德机缘，自当遍览，但遇情识所不能到、没奈何、会不得处，便是好消息也。般若如大火聚，不巢蚊蚋。切忌依言语作解会，自以为得，此是不治之症。”[2]不仅略述了禅宗的源流，又对临济、沩仰、曹洞、法眼、云门五宗的功夫作了精约的概括，更指出功夫之核心在于去除情识，由此而证悟本体，这也即是禅宗指归自性的殊胜处。

---

① （唐）澄观：《大方广佛华严经疏》上册，509 页，北京，线装书局，2016。

② 《马一浮全集》第一册，436—437 页。

第二章　马一浮儒佛会通思想的渊源

作为一位儒者，与宋明儒辟佛老不同，马一浮主张儒释道会通，尤其进行了大量的儒佛会通，这与他的人生经历有关。马一浮幼存方外之志，爱诵包含佛义之诗，勤读佛学典籍，几乎遍阅三藏十二部，形成了深厚的佛学积淀。在清末民初佛学复兴的氛围中，他与不少僧人、居士交游，受益颇深，尤其受到慧明、楚泉、肇安三位禅师的很大影响。

在学佛的过程中，马一浮深探义海，妙悟禅宗，既精通佛家义理，又对佛法有深切体悟。他对佛学的长处了然于胸，在其著述中时有表露："先儒多出入二氏，归而求之六经。佛老于穷理尽性之功，实资助发。自俗儒不明先儒机用，屏而不讲，遂使圣道之大若有所遗。墨守之徒不能观其会通，渐趋隘陋而儒学益衰。"①佛学有系统而完整的本体论，对形而上探究独到；有详尽而周密的认识论，对世间万法洞察精准；有具体而切实的功夫论，指点学人清净身心、体悟大道。因此，马一浮认为佛学对于儒家穷理尽性之功能够起到助益启发。他又说："读儒书，须是从义学翻过身来，庶不至笼统颟顸。"②义学是佛学中阐发义理之学，在汉传佛教中指三论宗、唯识宗、天台宗、华严宗四派。义学善名理，贵谈义，重判教，体系精密，条理明晰，长于辩说，剖析入微，故马一浮认为具备义学的素养可避免读儒书笼统颟顸

① 《马一浮全集》第二册，802 页。
② 《马一浮全集》第一册，665 页。

之病，借助义学可光大儒宗。

鉴于佛学有其长处，佛学可助发儒学，马一浮在其著述中经常进行儒佛会通。他说："义学、禅宗悟道之言，亦可以与诸儒经说大义相通。"[①] 他在讲六经等儒家典籍时经常引用佛家经论和禅语相印证，如理而说，妙义迭出。他曾写诗《简香严叟仍限三字韵》："愆过疑绳侍坐三，玄同儒佛信今谈。传灯机语钳锤辣，遗泽诗书酒醴甘。一性元知无异味，绝尘宁敢望交骖？潜行密用吾何间，长幸先生为指南。"[②] 其中"玄同儒佛"即指儒佛会通之义。

与儒佛会通相对，儒佛相非是面对儒佛关系的另一种态度，宋明儒家中不少人采取了辟佛的做法。马一浮对此表达了自己的观点："先儒辟佛，只就其小乘权教一边说，如去人伦，怖生死，求福报，此殊悖于圣人，自是偏小卑陋之说，不可以是为佛法。若其大乘实教圆顿之义，岂复有别？先儒容有察之未精者，不可以耳为目也。"[③] 佛教有小乘、大乘之分，又有权教、实教之别，小乘是方便权宜之教，是不了义教，大乘圆教是如来真实之教，是了义教。小乘权教有些内容受到先儒的非议，包括去人伦、因怖畏生死而求解脱、追求种种福报。马一浮亦认为这些内容偏小卑陋，认可先儒批判这些内容。但是他同时指出，佛法还有大乘实教，包括发菩提心度化众生、生死涅槃等同一相、世间出世间不二、一真法界无一法非真等，此类内容与儒家成己成物、万物一体、万理俱实等是相应的，不应排斥、批判此类内容。

① 《马一浮全集》第一册，672 页。
② 《马一浮全集》第三册，733 页。
③ 《马一浮全集》第一册，667 页。

在中国近现代的儒者当中，马一浮是进行儒佛会通较显著的一个，其所达到的圆融程度十分突出。他怎样看待会通观念，又如何形成儒佛会通思想，这是研究中的重要问题。

第一章阐述了马一浮的生平和学术，其中关于社会背景和人生历程的内容便于从宏观的角度了解马一浮的学术，与他的儒学思想关联性大，在某些方面亦与儒佛会通思想的形成有联系，而关于学术路径和学术宗趣的内容则与儒佛会通思想的形成息息相关。本章将阐述马一浮儒佛会通思想的渊源，这是从具体细致的角度来探讨。

在佛教传入以前，中国学术中已有会通之观念，可知儒佛会通是会通的一种表现。因此先需梳理历史上的会通观念、实例以及马一浮对会通的论述，这些是儒佛会通的基础。佛教传入中国以后，借助于本有的会通观念，不少学者进行儒佛会通的论述，但也有一些学者不认可儒佛会通，则知马一浮形成儒佛会通思想既有共同性，也有个别性，可从历史渊源、时代特性、个人原因等几方面去考察。

第一节　会通之内涵

一、对会通的界定

会通之概念出现于《周易·系辞上传》，其文曰："圣人有以见天下之动，而观其会通，以行其典礼。”[①] 马一浮以比喻的方式对“会通”进行解说：“盖谓如人身之有关节，为筋脉活动之枢纽。又喻如水之众流汇合而为江河，虽千支万派，俱入于海，此所谓会通也。”[②] 此种解说强调在众多状况中观其会合处、贯通处，而又突出其归趣。这与《尚书·洪范》“会其有极，归其有极”[③] 之义是相符的。会通的意义运用较广，可用于各种事物。学术上的会通可定义为：会合、疏通不同的观点、学说，使其归为一意。

会通的观念是与同异问题紧密相连的。当有同异问题出现时，会通的可能性由此产生。马一浮论述同异问题时说：“体用一源，显微无间，睽而知其类，异而知其通。‘非天下之至精，其孰能与于此？’是故异同之故未易言也。于性（犹今言本体）未尝异，于相（犹今言现象）未尝同。一异不生（计一计异，二俱不是），则异同俱泯（同相异相，了不可得）。此乃诣极之谈，非情识所能到。”[④] 当异同俱泯时是不存在会通问题的，而只有在看到本体的相同性和现象的相异性时，才能够“异而知其通”，较好地进行会通。

然而，会通不是一件容易的事。人们往往看不到本体之同，且易被纷繁复杂的现象所迷惑，执着于各种固有的观念界限，导致不能观其会通。不能相通、不能会通是常见的情况，而会通是不多见的。如《庄子·天下》说：“天下大乱，贤圣不明，道德不一，天下多得一察焉以自好。譬如耳目鼻口，皆有所明，不能

① （魏）王弼注，（晋）韩康伯注，（唐）陆德明音义，（唐）孔颖达疏：《周易注疏》，355页，北京，中央编译出版社，2013。

② 《马一浮全集》第一册，96页。

③ （宋）蔡沈：《书集传》，145页，南京，凤凰出版社，2010。

④ 《马一浮全集》第一册，418页。

相通。犹百家众技也，皆有所长，时有所用。虽然，不该不遍，一曲之士也。判天地之美，析万物之理，察古人之全，寡能备于天地之美，称神明之容。是故内圣外王之道，暗而不明，郁而不发，天下之人各为其所欲焉以自为方。悲夫，百家往而不反，必不合矣！后世之学者，不幸不见天地之纯，古人之大体，道术将为天下裂。"①

马一浮将条理、统类等语与会通相联系，说："大凡学术有个根原，得其根原才可以得其条理，得其条理才可以得其统类。然后原始要终，举本该末，以一御万，观其会通，明其宗极，昭然不惑，秩然不乱，六通四辟，小大精粗，其运无乎不备。孔子曰'吾道一以贯之'，《大学》所谓'知本'、'知至'，便是这个道理。"② 由此段论述可知，学术会通的前提在于得其条理和统类，而最终是归于学术之根源。学术之根源即是本体，以传统学术之言来说，即为自心、自性。他说"天下无性外之理，亦无性外之事。唯其不知性，则不能观其会通"③，亦是同理。孔子说"吾道一以贯之"④，则知孔子是会通的典范。

回顾整个学术史，常见的是宗派、门户之争以及具体义理之争，真正做到会通的并不多。当然，就儒学来说，孔子之学术是集大成式的会通，是尽善尽美的会通；就佛学来说，佛陀之学术是究竟彻底的会通，是圆融圆满的会通。此外，儒家、佛家的其他一些圣贤也能做到会通，不过从形式和内容两方面进行考

① （清）郭庆藩撰，王孝鱼点校：《庄子集释》，938—939 页，北京，中华书局，2013。
② 《马一浮全集》第一册，44—45 页。
③ 《马一浮全集》第一册，303 页。
④ （宋）朱熹：《四书章句集注》，北京：中华书局，2011 年，第 71 页。

察，很好地进行学术会通的人较少，其中比较突出者如汉朝郑玄（127—200）和唐朝玄奘（602—664）等。汉朝经学今古文之争是学术史上的重大话题，大多数学者对此未能观其相通之处，而郑玄兼用今古文，遍注群经，较好地进行了学术会通。郑玄曾对自己的学术目标有过叙说："述先圣之元意，思整百家之不齐"①，这与会通的观念是密切相关的。

郑玄所做的学术会通主要是儒学范围内的，而玄奘所做的会通是在佛学范围内的。玄奘是唐代高僧，因精通经、律、论三藏典籍而被世人称为唐三藏，他一生共翻译经论 75 部 1335 卷，是中国佛教史上极为杰出的翻译家。玄奘在印度求学佛法期间，曾对中观学派和瑜伽行派进行会通。中观学派以龙树《中论》《十二门论》和提婆《百论》等典籍为依据，瑜伽行派以无著、世亲等为代表人物，以《瑜伽师地论》等典籍为依据。学者对两派往往不能融会贯通而竞起争执，玄奘则认为"圣人立教，各随一意，不相违妨，惑者不能会通，谓为乖反，此乃失在传人，岂关于法也"②，又以其通达的学识著《会宗论》三千颂进行会通。玄奘之言甚为精辟，对会通的内涵作了很好的说明。

① （南朝宋）范晔：《后汉书》，812 页，北京，中华书局，1999。

② （唐）慧立、彦悰：《大慈恩寺三藏法师传》，97 页，北京，中华书局，2000。此书详细记载了玄奘进行会通之事："时戒贤论师遣法师为众讲《摄大乘论》《唯识决择论》。时大德师子光先已为四众讲《中》《百论》，述其旨破《瑜伽》义。法师妙闲《中》《百》，又善《瑜伽》，以为圣人立教，各随一意，不相违妨，惑者不能会通，谓为乖反，此乃失在传人，岂关于法也？愍其局狭，数往征诘，复不能酬答，由是学徒渐散，而宗附法师。法师又以《中》《百论》旨唯破遍计所执，不言依他起性及圆成实性，师子光不能善悟，见《论》称'一切无所得'，谓《瑜伽》所立圆成实等亦皆须遣，所以每形于言。法师为和会二宗，言不相违背，乃著《会宗论》三千颂。论成，呈戒贤及大众，无不称善，并共宣行。"[（唐）慧立、彦悰：《大慈恩寺三藏法师传》，97—98 页，北京，中华书局，2000。]

二、会通与“通而不局”

马一浮以会通作为一种学术态度、方法。实际上，他主张学术应“通而不局”，会通可看作“通而不局”的一种表现。他认为学术应曲畅旁通而无门户之见，不能固执于一种学术观点而废弃其他观点。要做到“通而不局”，就要避免局而不通的状况。

只看到某些方面而忽视其他方面，只观一隅则有蔽，这即是局限。以局而不通的现象来看，佛家到唐朝时形成了诸多宗派，而各宗内部又有不同的派别，如禅宗有南北顿渐之分，又分为洪州宗、菏泽宗、牛头宗等。许多人被宗派之见所囿，不能观其会通而徒起纷争。裴休描述了这一状况：“虽俱为证悟之门，尽是正真之道，而诸宗门下通少局多，故数十年来师法益坏。以承禀为户牖，各自开张；以经论为干戈，互相攻击。情随函矢而迁变，法逐人我以高低，是非纷拏，莫能辨析。”[①] 这些纷争有害于个人的修学，亦有损于各宗的发展。可知学术上局而不通的现象是常出现的，而要达到“通而不局”是十分不易的。

马一浮认为做到知类，才能通达无碍，才能“通而不局”。何谓知类呢？他说：“异见纷纭，只是暂时歧路，封执若泯，则一性齐平，寥廓通涂，谁为碍塞？所以囊括群言，指归自性，此之谓知类。”[②] 面对各种言说，要透过现象见本体，归于自性，然后分辨其流别，得其条理则无所执碍。

马一浮的学术很好地体现了“通而不局”的特点。他曾对学

① （唐）裴休：《禅源诸诠集都序叙》，见（唐）宗密：《禅源诸诠集都序》，9 页，郑州，中州古籍出版社，2008。

② 《马一浮全集》第一册，110 页。

术上局而不通的现象作了分析，其言透彻而精辟，可谓“通而不局”的典范：

东汉末，郑君承贾、马之后，遍注群经，始今古文并用，庶几能通者，而或讥其坏乱家法。迄于清之季世，今文学复兴，而治古文学者亦并立不相下，各守封疆，仍失之局。而其为说之支离破碎，视说“曰若稽古”三万言者犹有过之，则又失之烦。汉、宋之争，亦复类此，为汉学者，诋宋儒为空疏，为宋学者，亦鄙汉儒为锢蔽。此皆门户之见，与经术无关。知以义理为主，则知分今古汉宋为陋矣。然微言绝而大义乖，儒分为八，墨分为三，邹、鲁之间，断断如也，自古已然。荀子非十二子，其态度远不如庄子。《天下篇》言“古之道术有在于是者，某某闻其风而说之”，故道术裂为方术，斯有异家之称。刘向叙九流，言九家者，皆六艺之支与流裔，礼失而求诸野，彼异家者，犹愈于野已，此最为持平之论。其实末流之争，皆与其所从出者了无干涉。推之儒佛之争、佛老之争，儒者排二氏为异端；佛氏亦判儒家为人天乘，老庄为自然外道；老佛互诋，则如顾欢《夷夏论》、甄鸾《笑道论》之类。乃至佛氏亦有大小乘异执、宗教分途，道家亦有南北异派。其实与佛、老子之道皆无涉也。儒家既分汉、宋，又分朱、陆。至于近时，则又成东方文化与西方文化之争、玄学与科学之争、唯心与唯物之争，万派千差，莫可究诘，皆局而不通之过也。大抵此病最大，其下三失随之而生。既见为多歧，必失之杂；言为多端，必失之烦；意主攻难，必失之固。欲除其病本，唯在于通。知抑扬只系临时对治，不妨互许，扫荡则当下廓然，建立则异

> 同宛尔。门庭虽别，一性无差。不一不异，所以名如。有疏有亲，在其自得。一坏一切坏，一成一切成。但绝胜心，别无至道。庄子所谓："恢恑憰怪，道通为一。"荀卿所谓：奇物变怪，仓卒起一方，举统类以应之，若辨黑白。禅家所谓："若有一法出过涅槃，我亦说为如梦如幻。"《中庸》之言最为简要，曰："不诚无物。"孟子之言最为直截，曰："万物皆备于我矣。"《系辞》之言最为透彻，曰："天下同归而殊涂，一致而百虑。天下何思何虑？"盖"大量者用之即同，小机者执之即异"，总从一性起用，机见差别，因有多途。若能举体全该，用处自无差忒。①

学术史上今古文之争、儒佛之争、佛老之争、汉学与宋学之争、朱陆之争、东方文化与西方文化之争、玄学与科学之争等，在马一浮看来，均是局而不通的表现，是需要避免的过失。他从人之本性、自性出发，人之本体是同，但起用不同，显现为千差万别的现象，因此要观其会通，并举儒家、佛家关于通达无碍之理的表述以证明，是阐发义理的典范。这里实际上也指出了儒佛会通的根据，即在于一性，也即是本体。另外也表明儒佛之争是一种学术局限，是学术之过，而儒佛会通是应该采取的正确态度。儒学、佛学作为两种主要的学术，在有同有异的情况下应进行会通，则儒佛会通即是"通而不局"观念的突出表现。"通而不局"是学术的标准，树立此标准可减少门户之争、意气之争等状况。

① 《马一浮全集》第一册，107—109页。

以会通、“通而不局”为基础，马一浮的学术进一步达到精通的程度。他曾说：“通则曲畅旁通而无门户之见，精则幽微洞彻而无肤廓之言”[①]，学术之精通实属不易。梁漱溟所说“千年国粹”，徐复观所言“义理精纯”，对马一浮学术之精给出了很高评价。也有学者评价说：“马一浮的确是千年国粹，他是当代中国最精通国学的人物之一。他精通理学、佛学、道学，对书法、篆刻、古诗亦造诣极深，为行家所首肯，而且他还能写出音韵铿锵、优美典雅的四六骈文，这些当时人不可企及，恐怕再过上几百年也难有人敢望其项背。……马一浮先生是通才式人物，他不仅是通，而且通到哪就精到哪，这何止是空前，可谓绝后。”[②] 马一浮这样的通才式人物为学术史上所罕见。在强调学术分科的现代学术背景下，学者确实很难达到马一浮那种精通程度，这也成为认识其学术价值和意义的一个瓶颈。

第二节　马一浮儒佛会通思想之形成

马一浮是一个通儒，虽以儒为名，但他学术上的“通而不局”、圆融会通是超越名言之限制的。他说：“儒佛老庄，等是闲名；生灭真常，俱为赘说。达本则一性无亏，语用则千差竞起。随处作主，岂假安排？遇缘即宗，不妨施设。若乃得之象外，自然应乎寰中。故见立则矫乱纷陈，法空则异同俱泯矣。”[③]

---

① 《马一浮全集》第一册，106页。

② 颜炳罡：《当代新儒学引论》，58—59页，北京，北京图书馆出版社，1998。

③ 《马一浮全集》第二册，415页。

儒佛老庄等学说均描述了人所同具的心性，若认识到体用一源，不为纷繁的现象所惑，不固执于各种一偏之见，则异同俱泯，通达无碍。

虽然儒佛俱为闲名，但未证悟本体之前，名言又是不可或缺的，人们可以藉名言去证悟本体。马一浮重视学术的会通，也是以证悟本体为归的。他学术中的会通思想明显地表现为儒、佛、道的会通，而尤以儒佛的会通为卓著者。

马一浮采取学术会通，主要在于他认识到会通可开发义理，使学术广大而显扬。然而，马一浮的儒佛会通取向有多种原因，下面从儒佛会通的源流、佛学之近代复兴、他所接触的师友、他的个人特质等方面进行探讨。

一、儒佛会通源流概述

佛教产生于印度，其传入中国的时间存有争议。史籍记载有几种说法，常见的一种说法是认为在东汉明帝永平年间。当时明帝派遣使者寻求佛法，公元 67 年，使者迎请两位印度僧人摄摩腾和竺法兰返回洛阳，带来一些经书和佛像。其中一部分佛经被翻译为中文，并流通起来。可以说，佛教得到政府的崇信，并有正式的记载，是始于汉明帝时。

佛教传入中国之后，产生了本土儒、道等思想与佛教思想的冲突与融合问题。在佛教传入早期，佛教仅为很少一部分人所知晓，而大部分人并不理解，进而指责、排斥，因此佛教与本土文化的冲突较多。随着外国来华僧人的增多，及佛教典籍的进一步传入、翻译，更多的人看到佛教与本土文化融合的一面，一些人开始撰文阐述儒佛会通的思想。最早记载此类思想的著作当为东汉末年的《牟子理惑论》。其后，东晋孙绰撰《喻道论》，认为："周孔即佛，佛即周孔，盖外内名之耳。故在皇为皇，在王为王。佛者，梵语，晋训觉也。觉之为义，悟物之谓。犹孟轲以圣人为先觉，其旨一也。应世轨物，盖亦随时，周孔救极弊，佛教明其本耳。共为首尾，其致不殊。"[①] 这些儒佛会通的思想对后世产生了重大影响。

经过几百年的发展，到隋唐时期，佛教大放异彩。这一时期，虽然儒佛冲突的现象依然存在，但儒佛的融合与会通现象较前更为普遍，许多僧人在阐释佛理时常引用儒家思想，而不少儒者也在吸收佛教思想。韩愈、李翱作为唐朝著名的儒者，虽然崇儒排佛，但他们的学术思想亦受到佛教的影响。韩愈提出道统说、李翱著《复性书》，可以说与佛教有一定关系。韩愈在被贬潮州之后，与大颠禅师有过交往。对此事，周敦颐有诗《题大颠壁》云："退之自谓如夫子，原道深排佛老非。不识大颠何似者，数书珍重更留衣。"[②] 李翱曾向药山惟俨禅师问法，《五灯会元》记载其事曰："鼎州李翱刺史，向药山玄化，屡请不赴，乃躬谒之。山执经卷不顾。侍者曰：'太守在此。'守性褊急，乃曰：'见面不如闻名。'拂袖便出。山曰：'太守何得贵耳贱目？'守回拱谢，问曰：'如何是道？'山以手指上下，曰：'会么？'守曰：'不会。'山曰：'云在青天水在瓶。'守忻惬作礼，而述偈曰：'炼得身形似鹤形，千株松下两函经。我来问道无余说，云在青天水在瓶。'"[③] 韩愈、李翱是唐朝排佛较为激烈的儒者，然而他们亦与佛

① （梁）僧祐：《弘明集》，80 页，北京，中华书局，2011。
② （宋）周敦颐：《周敦颐集》，67 页，北京，中华书局，2010。
③ （宋）普济：《五灯会元》，278 页，北京，中华书局，2015。

教有上述因缘，可知在一般接触过佛教的儒者当中，儒佛的融合与会通也是相当普遍的。

经历隋唐时期的兴盛之后，佛教在宋朝的发展有所减弱，而儒学则弘扬光大，理学产生，成为儒学的重要组成部分。宋朝时，佛教发展的大事之一是大藏经的编纂刻印。宋太祖开宝年间，开始将流传的佛教典籍编集为全藏，是为第一部木版雕印的大藏经。之后又有续刻，宋朝共刻印大藏经五次。这一时期，儒佛的融合与会通也较前为显著。在佛教人物中，北宋名僧契嵩著《辅教篇》《中庸解》等文，大力提倡儒佛一致之说，被宋仁宗赐号为明教大师；禅宗法眼宗第三代祖师、净土宗第六代祖师永明延寿著《宗镜录》，常引用儒家思想来阐释佛理。在儒家人物中，邵雍、周敦颐、张载、程颢、程颐、朱熹、陆九渊等大儒均出入二氏，受到佛教的影响。马一浮曾评论宋儒说：

> 濂洛关闽诸贤所以直接孔孟者，为其穷理尽性，不徒以六艺为教，敷说其义而止也。其兼综条贯，为群经传注，有近于义学，视汉唐说经之轨范为进。若乃酬机接物，不主故常，其言行足以动天地、通神明，则与禅宗大德同功而异位。此未易为执言语、泥文字者道也。如明道似禅而伊川则邃于义，朱子谈义特精而象山长于用禅。其实，门庭施设则义为大，入理深谈则禅为切。所谓“始条理者，智之事；终条理者，圣之事”，岂有二哉？儒佛相非，禅义相薄，此皆临机对治、一期药病之言。心性无外，得其一,万事毕，冥符默证，唯此一真，大用现前，不存轨则，岂名言所能域？将何名为义，何名为禅？世之纷然持异同者，不解古人机用

之妙耳。[1]

宋儒虽诋斥佛教，但在马一浮看来，宋儒也受到佛教的影响，在心性之根本上是一致的，而儒佛相非之处是临机对治、一期药病之言，是一种权巧方便之运用。宋儒在儒佛关系方面的言论存在争议，不少佛教人物对宋儒有微词，而马一浮的评论可谓是倾向于儒家立场的融通之论。

元明清三代，在儒佛融合与会通方面着力较多者有：元朝高峰原妙禅师，明朝憨山德清大师、蕅益智旭大师等。高峰原妙禅师是临济宗雪岩祖钦禅师最著名的弟子，为临济宗第十八世，他在进行教化时根据弟子的根机而注重儒佛的会通。明朝末年，佛教界出现四位名僧，即莲池袾宏、紫柏真可、憨山德清、蕅益智旭。他们都曾钻研儒家学说，后来弘扬佛教思想，主张儒佛同参，儒佛调和。憨山大师一生著作等身，关于融会儒佛的有《大学中庸直指》《春秋左氏心法》等。蕅益大师少年时好读儒书，辟佛老，十七岁时阅读莲池大师之书，始转信佛教，除撰有大量佛教著述外，又著有《四书蕅益解》《周易禅解》等，阐述了融会儒佛的思想。在几位大师中，马一浮曾赞赏蕅益大师《教观纲宗》简要，并为人推荐，亦曾为莲池大师戒杀放生文的重刻而作序。

自佛教传入中国到清朝，儒佛相非的现象一直存在，但儒佛融合与会通思想也为许多人所坚持，相关论述记载于儒家和佛家的一些典籍中。马一浮作为一个博览群书的学者，对历史上儒佛

① 《马一浮全集》第二册，31页。

会通的论述相当熟悉，他深思而精择焉，以其作为他儒佛会通思想的重要来源。

二、佛学之近代复兴

马一浮生于清朝末年，主要生活于民国年间，这两个时期佛学的发展状况对他的儒佛会通思想亦有重大影响。

佛教在清朝呈衰落态势。清初重视藏传佛教，到雍正皇帝时又推崇禅宗。雍正经常与禅僧往来，又编辑古德语录中提持向上、直指真宗之至言而成《御选语录》，并下诏弘扬禅宗。雍正年间又开始刊行大藏经，到乾隆年间完成，称为龙藏。然而清朝佛教的发展比不上前代，所出现的高僧和佛教的影响不及明代，更不及隋唐宋时期。

经由一些佛教学者居士们的努力，清末的佛学在一定程度上复兴起来。在这些学者居士中，首推杨文会先生。杨文会（1837—1911），字仁山，安徽石埭人，于1866年在南京创办金陵刻经处，从事佛典校刊。他曾随曾纪泽出使英、法等国，在伦敦认识日本僧人南条文雄，了解到中国唐宋间散佚的不少佛典尚保存于日本。归国以后，他托南条文雄在日本搜集散佚经论著述280余种，择要进行刻印。金陵刻经处前后共刻印佛典四百多种，计3000余卷，及图像多种。马一浮曾阅读金陵刻经处所刻印的佛典，亦向人推荐说："金陵刻经处有华严诸经集要，多短书，易看。"[①] 在杨文会的影响下，当时著名的学者如谭嗣同、梁启超、章太炎等都致力于佛学，而谭嗣同的《仁学》即是在杨文会的寓

① 《马一浮全集》第二册，555页。

所里写成的。

由杨文会所开启的佛学复兴不仅在清末影响颇大，更延续到民国年间。杨文会曾设立祇洹精舍，招收僧俗学生，太虚大师即是当时的优秀学生。他又曾主办佛学研究会，会员有梅光羲、欧阳渐等。这些人成为民国时期佛学方面的杰出者，而尤以太虚大师和欧阳渐为著名。欧阳渐（1871—1943），字竟无，江西宜黄人，继承杨文会弘扬佛学的事业，于1922年在南京创办支那内学院，阐扬佛家的般若、唯识之学，又刻印佛典。他的弟子有出家的法师，亦有在家的学者居士，如吕澂、熊十力、梁漱溟、王恩洋、黄忏华等。欧阳渐及其弟子对以后的佛学研究影响巨大，目前不少著名学者即是他们的再传弟子或间接受其影响。欧阳渐以研究唯识著称，而当时在北方研究唯识而以佛学大师出名的还有韩清净先生，号称为“南欧北韩”。

除学者居士们研究佛学、弘扬佛学外，佛教界也出现了多位高僧，如虚云、印光、弘一、太虚等，有人将他们称为中国近代四大高僧。从马一浮的著述可以看出，印光、弘一对马一浮有某种程度的影响。

印光大师（1861—1940），陕西郃阳县人，被尊为净土宗第十三代祖师。他幼时熟读儒家典籍，以孔孟之道自任，受韩愈、欧阳修等儒者辟佛思想的影响而批判佛教，后来进一步接触佛教后回心向佛。由于大师的儒学功底较好，他出家后常以儒家道理教人，在一定程度上作了儒佛融合。时人辑录他所撰文章为《印光法师文钞》，广为刊印流行。马一浮曾为《印光法师文钞》作序说：“印光法师此宗尊宿，俯提弱丧，罄吐诚言，辞致恳恻，与莲池为近。云畾居士倡缘弘布，深植净因，远征题识，聊为赞喜。其诸大由心上士，夙志津拔修涂、游履安和者，盖必有资于是也。”[①]

弘一大师（1880—1942），原籍浙江平湖，被尊为律宗第十一代祖师。大师俗名李叔同，于1918年在杭州虎跑定慧寺剃度为僧，出家后主要钻研戒律之学，弘扬律宗，由此成为备受尊敬的律宗大师。弘一大师圆寂后，马一浮作挽诗《哀弘一法师》曰：“高行头陀重，遗风艺苑思。自知心是佛，常以戒为师。三界犹星翳，全身总律仪。只今无缝塔，可有不萌枝？”[②]由于弘一大师和马一浮是好友，二人互相影响比较大，下文将专门进行阐述。

可以看到，在清末及民国年间，佛学复兴起来，中国学术界研究佛学的现象比较普遍，这种风气持续了几十年。应该说，马一浮生活在这样的氛围中，他融会三教，尤重儒佛合参、儒佛会通，或多或少是受到了时代背景的影响。

三、师友渊源

马一浮天资颖异，平生学问主要由自学而得，但他所接触的师友对其亦有许多助益。在进行佛学研究时，他接触过不少僧人、居士，这对他形成儒佛会通思想起到了一定的作用。

在马一浮所结交的僧人中，对其影响巨大的有三位，即慧明、楚泉、肇安三位禅师。马一浮称他们为“方外三友”，曾于1942年作诗《忆方外三友》记录交往之事。其诗曰：“慧明叹我祖师相，楚泉哂我文字禅。独有肇安旁不肯，贺予佛祖一

① 《马一浮全集》第二册，19页。
② 《马一浮全集》第三册，132页。

时捐。”[①] 诗后有附记曰：“灵隐慧明禅师初见予曰：‘好一个祖师相。’予曰：‘祖师岂有相邪？’高旻楚泉禅师谓予可学禅，从文字入，百滞能路。予答曰：‘除却文字请师道。’皆相与大笑而罢。香积肇安禅师与予交最稔，一日见过，相揖曰：‘昨见公诗，开口便道“贴颅言句比生冤”。且喜公己事已明，特来相贺。’予谢曰：‘此间不容著他闲佛祖，敢劳相贺。公幸遇我，若是古人，便呼苍天，苍天！’肇亦大笑。今三子者俱迁化已久，予尚游人间，求方外之隽如三子者，不复遇矣。壬午八月病中书。”[②]

楚泉禅师曾任扬州高旻寺住持，是清末江南宗门五老之一，而高旻寺也是当时禅宗四大丛林之一。马一浮曾讲述过楚泉禅师对他的影响：

> 民初识月霞法师。月霞初受哈同供养，办华严大学于哈同花园，僧徒从之者百数十人。既而罗迦陵生日，欲使僧众拜寿。月霞以沙门不礼王者，拂袖而去之杭州，生徒悉从焉。因假海潮寺为校址，聘教授，程演生、陈撄宁皆与焉。其后应袁氏召，入都弘法，不果而还，养疴于清涟寺，未几圆寂。封龛时，吾往吊，因识楚泉法师，听其说法脱口而出，自饶理致。诵偈有云：“水流常在海，月落不离天。”自后颇与往还，时相谈论。是时吾看教而疑禅，尚未知棒喝下事。一日，楚泉为吾言：居士所言无不是者，但说天台教是智者的，说华严教是贤首、清凉的，说慈恩教是玄奘、窥基的，说孔孟是孔孟的，说程朱陆王是程朱陆王的，都不是

① 《马一浮全集》第三册，679 页。

② 《马一浮全集》第三册，679—680 页。

居士自己的。其言切中余当时病痛，闻而爽然，至今未尝忘之。因取《五灯会元》重看，始渐留意宗门。楚泉为吾言：居士看他书尽多，不妨权且搁置，姑看此书，须是向上一着转过身来，大事便了。又云：棒喝乃是无量慈悲。当时看《五灯会元》有不解处，问之不答。更问，则曰：此须自悟，方为亲切。他人口中讨来，终是见闻边事耳。吾尝致彼小简，略云：昨闻说法，第一义天萨般若海一时显现。楚泉答云：心生法生，心灭法灭。心既不起，何法可宣？既无言宣，耳从何闻？义天若海，何从显现？居士自答。其引而不发每如此。楚泉而后，又有肇庵，见地端的。吾常觉儒门寥落，不及佛氏有人。以前所见，求如此二人者，殊不可得。[①]

马一浮结识楚泉禅师后，受其启发，对学问应指归自己、反躬自求自得之理体认深切，也从此钻研禅宗，消除了对禅宗的疑问，且悟境日深，为他以后进行儒家与禅宗会通奠定了基础。马一浮提到的月霞法师（1858—1917）是清末民初华严宗的代表人物，晚年在上海创办华严大学，后迁往杭州海潮寺，造就了一批弘扬华严宗的人才。马一浮学习华严宗应该是受到了月霞法师的一定影响，也可视为他后来进行儒家与华严宗会通的渊源之一。

肇安禅师（1872—1932），曾任杭州香积寺住持，马一浮自称与他交往尤熟。他们相识于1906年，当时马一浮与田毅侯、谢无量同游杭州虎跑寺，曾听肇安禅师讲《法华经》。二人的交往多表现于诗歌之唱和，《马一浮全集》中记录有六十多首。在

① 马一浮全集》第一册，691—692页。

与肇安禅师的交往中，马一浮的禅学素养不断在提升，这也成为他进行儒家与禅宗会通的重要原因。

马一浮接触过的僧人还有弘一法师、弘伞法师、万慧法师等，其中以弘一法师对马一浮影响为大。马一浮与李叔同是好友，二人相识于 1902 年。由于马一浮学佛较早，他对李叔同学佛起了较大作用。1917 年，李叔同在给刘质平的一封信中说："自去腊受马一浮大士之熏陶，渐有所悟。"[①] 马一浮在弘一法师受戒后，赠以《灵峰毗尼事义集要》《宝华传戒正范》等书，对他学习戒律起到了引导作用。这年年底，马一浮与弘一法师到杭州海潮寺打七。二人彼此交流学佛所得，共同参加佛教活动，马一浮从中也受益不少。弘一法师的行持赢得诸多赞叹，马一浮有诗《题弘一法师本行记》曰："僧宝空留窣堵砖，一时调御感人天。拈华故示悲欣集，入草难求肯诺全。竹苇摧风知土脆，芭蕉泫露识身坚。南山灵骨应犹在，只是金襕已化烟。"诗后有附记说："师持律为诸方所推，远绍宣律师，为中兴南山宗尊宿，人谓末法希有。"[②] 弘一法师以其学佛的成就亦对马一浮产生了影响。

除结交僧人之外，马一浮又与许多学佛的学者居士交往，或者一起学习佛法，或者通过书信切磋，这些人包括谢无量、朱镜宙、林同庄、邓伯成、龙松生、彭逊之、金香岩、洪巢林、曹赤霞、蒋再唐等。[③] 其中在 1918 年与蒋再唐的书札中，马一浮谈到了他关于儒佛会通的看法：

① 《弘一大师全集》编委会：《弘一大师全集》第八册，94 页，福州，福建人民出版社，1992。

② 《马一浮全集》第三册，135—136 页。

③ 关于马一浮的交游，可参看马镜泉：《怀念伯父》，见毕养赛主编：《中国当代理学大师马一浮》，140—141 页，上海，上海人民出版社，1992。

原夫圣教所兴，同依性具，但以化仪异应，声句殊施，故六艺之文显于此土，三藏之奥演自彼天。法界一如，心源无二，推其宗极，岂不冥符？果情执已亡，则儒佛俱泯。然诠表所寄，义相实繁。苟欲一一比而合之，二教广略靡定，隐显时别，分齐有所难析，涂虑患其不周。故忘筌之旨既得，则拂迹之谈可舍。察乎此者，交参互入，并行不碍。前贤以异端屏释，古德以外道判儒，遂若体物有遗，广大不备，其犹考之未尽密耶？尝以西来众典，义启多门；邹鲁所乘，道唯一贯。彼则一乘是实，此乃易道至神。今欲观其会通，要在求其统类。若定以儒摄佛，亦听以佛摄儒。须以本迹二门辨其同异。盖迹异故缘起有殊，本同故归致是一。就迹则不夺二宗，依本则不害一味。若迹同者，二俱不成；若本异者，一亦不立。今双立儒佛，正以同本异迹故。存迹以明非即，举本以明非离，则不失于二，不违于一，是以儒佛得并成也。二家互摄，彼依五教，则圆及终、顿为近；此依六艺，则《易》与《礼》《乐》为如。前义以俟彼教之哲，后义则是君子今日之志也。使广为辨释，穷劫犹病，但标举大义，亦可得而略言。[①]

这是马一浮较早地阐述他的儒佛会通思想。蒋再唐曾撰《华严札记》，意在和会儒佛，马一浮读其文后赞赏之余而有微憾，于是有感而作此文，所表述的儒佛会通思想清晰而深邃。他首先表明，在亡情执的究竟处则儒佛俱泯，无所谓会通问题；其次，

① 《马一浮全集》第二册，446—447 页。

在有言教诠表的情况下，则需观儒佛会通，求其统类，以本迹同异之理进行辨明。马一浮在文中又具体阐述了儒家和佛家义理的会通，认为儒家与佛家圆教、终教、顿教之理可以互相统摄，并举例以《诗》《书》《礼》《乐》《易》《春秋》之理与佛理进行会通。他说："如《诗》次《风》《雅》《颂》，正变得失各系其德。自彼教言之，即是彰依正之胜劣也。《书》叙帝、王、霸，虞、夏、商、周各以其人。自彼教言之，即是示行位之分圆也。《春秋》实兼《诗》《书》二教，推见至隐，拨乱反正，因行事加王心。自彼教言之，即是摄末归本，破邪显正，即俗明真，举事成理也。终、顿之义亦可略摄于此。然此是迹异门。迹中有本，本同故可摄。唯以其迹，则不见有摄义也。若《易》与《礼》《乐》则是本同门，本中亦有迹，本同故迹泯。唯以其本，故不见有不摄义也。……《礼》《乐》统于《易》，犹终、顿该于圆。《礼》《乐》以人道合天地之道，犹以一心开二门。终、顿准之。《易》以天地之道冒人道，犹以一法界总收一切法。圆教准之。'仁者见之谓之仁，智者见之谓之智，百姓日用而不知'，所谓'众生身中悉有如来智慧'也。'继之者善，成之者性'，所谓'十住初心便成正觉'也。《易》无方无体，无思无为，而盛德大业，开物成务，原始反终，穷神知化，寂而常感，感而常寂，'以言乎远则不御，以言乎迩则静而正'。孔子叹《易》之德曰：非天下之至精、至变、至神，其孰能与于此？此犹《华严》之称大方广矣。故谓圆融具德，缘起无碍，无尽法界，相即相入，如来不思议境界者，正是《易》教所摄也。"[1] 此文的许多观点为马一浮所

① 《马一浮全集》第二册，292 页。

坚持，以后在其著述中也多次阐发，可谓是他儒佛会通思想的一个基本架构。

由于刻苦攻读，悉心体究，身体力行，加之师友的熏陶，马一浮学佛的成就日益突出，受到人们的称誉。然而，名高招谤，毁随誉生，马一浮在1922年曾受人诬谤。当时，杭州有人寄发传单诬谤印光大师、谛闲法师、范古农为破坏佛法的魔王，诬谤马一浮为破坏佛性的罪魁。此事从反面反映了马一浮当时已有很深的佛学造诣。

四、个人特质

马一浮学佛、形成儒佛会通思想在根本上是与他个人特别的生命气质有关的。这种特质表现在他爱好山林，不求闻达，存方外之志，慕高洁之行，且自认与佛教有宿缘。

二十五岁时，马一浮自述说："生禀义方，夙嗜文史，弱岁孤露，沦泊江湖，性慕幽遁，肆志玄览，不名一艺。暗于当代之故，未娴人间之节。内自量省，惟当缮命岩谷，韬影丘园，橡梠自充，猿鹤为群。"[①]因此他年青时常游览山林寺庙，并有几年寄居寺庙治学的经历。马一浮又有诗《自题旧稿》评述其方外之志曰："秋虫春鸟不相知，触境逢缘在一时。方外区中俱昨梦，波流电谢有如斯。"诗后记曰："余八岁时，先妣教之学诗。一日，指庭前菊命咏，限麻字韵。应声曰：'本是仙人种，移来高士家。晨餐如可洁，岂必羡胡麻。'先妣喜曰：'儿出语似有宿根。然童幼已见山泽之志，必游于方外，非用世之资也。'今年垂八十，

①《马一浮全集》第三册，520—521页。

不违先妣记葪之言，庶可没齿无憾。……方外之慕，植自童年，且本母训，故因题记，以自勘验云尔。”[①] 从马一浮一生的经历来看，“性慕幽遁”“游于方外”在他身上有诸多表现，与汲汲于用世的人相比，他的隐逸之气稍多一些。

关于马一浮与佛教的深厚因缘，他在著述中时常流露出来，其中有一例尤为显著。马一浮幼年时跟随老师学唐诗，对诗中关于僧人的描写特别喜爱，他后来回忆此事说：“四岁就学，从何虚舟师读唐诗，多成诵。师尝问诗中最爱何句，脱口应曰：‘茅屋访孤僧。’师异之，以语先君云：‘是子其为僧乎？’今年已耆艾，虽不为僧，然实自同方外。当时甫四龄，岂知此诗意味，然竟以此对者，过去生中习气为之也。”[②] 佛教唯识宗有种子现行之说，过去生中之种子、习气在今生遇缘而起现行，显现为一定的行为，如同草木的种子在一定条件下发芽生长，马一浮以此说解释他的佛缘，又进一步举《大智度论》的记载加以阐述。他说：“《大智度论》中有佛弟子毕稜伽婆蹉为阿罗汉，尝欲渡河，呼河神为‘小婢’。河神诉之佛前，佛嘱赔礼，即曰：‘小婢，我今忏谢汝。’河神不悦，以为戏侮。佛云：‘是其心中我慢确已净尽，但彼过去五百生为婆罗门，尚有余习未尽耳。’河神不服，因喻之云：‘如以香水储瓶中，倾泻出之，涓滴无余，不可谓非净尽。但以鼻嗅之，则香气犹在，此即余习之谓也。’可见习气廓落之难。”[③] 佛教关于宿缘的记录为数不少，马一浮认为他的经历即属于这种情况。

① 《马一浮全集》第一册，630 页。
② 《马一浮全集》第一册，630 页。
③ 《马一浮全集》第二册，447—449 页。

在潜心学佛多年之后，马一浮对佛教义理多所认同，尤其倾心于圆顿教理。然而他少年时即接受儒家思想的教育，遍览儒家典籍，二十多岁时即有志于儒宗。这样就面临着如何对待儒佛关系的问题。马一浮采取了儒佛会通的圆融态度，虽后来归宗儒家，但许多佛教义理已深入其心田，成为其思想的重要组成部分。

第三章　三论宗与儒家的会通

马一浮所作儒佛会通并非按照严格的体系和次第进行，而是从胸襟自然流出的，是活鲅鲅的，表现于《泰和宜山会语》《复性书院讲录》《尔雅台答问》及书信、诗作、杂著中。这与他通过功夫证悟本体的学术宗趣有关。他的学术注重教化的效果，常常根据对象的不同程度而随机指点、因材施教，关于儒佛会通的阐述是散见于各处的，需要加以归纳总结，按一定的顺序进行梳理。为论述的方便，可将马一浮的儒佛会通思想分为两种类型，一是佛家宗派与儒家的会通，二是佛家经论与儒家的会通。需要说明的是，这种划分并非严格的分类，因为佛家经论众多，各宗派有自己所依据的主要经论，根据这些经论而形成各宗的鲜明特色，而其他经论也有可以和儒家相会通之处，但不便于划分到各宗派与儒家的会通，故而分为两种类型进行论述。

佛法传入中国以后，经过长期发展，形成了诸多宗派，汉传佛教有所谓八宗之说，即三论宗、唯识宗、天台宗、华严宗、禅宗、净土宗、律宗、密宗。在这些宗派中，马一浮的儒佛会通思想主要体现在三论宗、唯识宗、天台宗、华严宗、禅宗与儒家的会通。需要指出的是，马一浮并无宗派观念，他进行儒佛会通是着重义理的阐发，以佛家宗派和儒家的会通为视角进行论述是一种权巧方便。

在五个宗派中，三论宗、唯识宗、天台宗、华严宗属于义学的范畴。义学是关于佛教义理的学问，侧重于对名相、法数等的分析和阐述。马一浮对五宗有所评价，他说：“佛法入中国，自姚秦鸠摩罗什广译诸大乘经，始有可观。什公四大弟子并善玄言，支遁、慧远南方之秀弗如也。至隋而有天台智𫖮，判藏、通、别、圆四教，于是义学之名始立。其后有嘉祥、慈恩二宗，而华严宗特后出，法藏、澄观判小、始、终、顿、圆五教，益臻完密。故唐一代义学最盛，自后寖衰矣。达摩直指一派六传至大鉴，下开南岳、青原二支，衍为五宗。在五代及北宋，临济儿孙遍天下，名为教外别传。其真切为人，非义学家所能及。然法久弊生，其后承虚接响，唯逞机锋。北宋士大夫鲜有不好禅者，故为先儒所辟。"① 从这段文字可看出马一浮对各宗的取舍，他注重北宋以前的义学和禅宗，尤其推崇各宗的创始人。因此，他在进行儒佛会通时亦如此，很少涉及南宋以后的佛法。他又分析了先儒辟佛的一个原因，在于禅宗发展到后期出现不少弊端，形成口头禅，骛虚说而忽躬行。但是早期的禅宗则无此病，鸠摩罗什师徒的般若学和隋唐的义学也达到极高的程度，后世难以企及。

马一浮的儒佛会通思想主要表现为佛家五宗派与儒家的会通，但不是仅限于此。而不便于划分到此范围的内容中，亦有一些与本体论、功夫论紧密相关的阐述，如马一浮择取《楞严经》《维摩诘经》《涅槃经》《大乘起信论》《肇论》等典籍中的义理与儒家义理进行会通，这些内容可从佛家经论与儒家会通的视角进行论述。

佛家宗派、佛家经论与儒家的会通两种类型，可详细分为七部分，即三论宗与儒家的会通、唯识宗与儒家的会通、天台宗与儒家的会通、华严宗与儒家的会通、禅宗与儒家的会通、《楞

① 《马一浮全集》第一册，430 页。

严经》《维摩诘经》《涅槃经》与儒家的会通、《大乘起信论》《肇论》与儒家的会通。下面首先来看三论宗与儒家的会通。

三论宗是汉传佛教八大宗派之一，由吉藏大师实际创立。三论宗得名是由于此宗依据《中论》《十二门论》《百论》阐发义理，故后世以三部论著来命名此宗。三论宗由大乘中观派理论发展而来，因其教义大多依据《般若经》，此宗又名般若宗；因其阐发“诸法性空”等义理，又名空宗或法性宗。

根据学界共识，三论宗的义理渊源于龙树、提婆、罗睺罗多、青目、须利耶苏摩、鸠摩罗什、僧肇、僧朗、僧诠、法朗、吉藏等大师。在诸位大师之中，马一浮经常引用和阐述龙树、提婆、鸠摩罗什、僧肇、吉藏等人的典故和思想。

龙树和提婆是印度佛教中观学派的著名代表人物，龙树著《中论》《十二门论》《大智度论》等典籍，提婆著《百论》《四百论》等典籍，大力阐扬般若中观思想，使大乘佛教广为流传。马一浮曾说：“若通三论（或并《智度》计之，亦号四论），深悟缘生，妙解般若，龙树、提婆所以摧伏外道得无碍辩者，其道由此。”[①] 马一浮曾写诗《呓语》五首，第三首为：“早从龙树学无生，及至鳌山道始成。自出胸襟唯直指，冥搜枝叶总闲名。世情日暮余霞散，诗思江流入海平。且喜垂裳天下治，绿杨荫里看春耕。”[②] 其中涉及龙树中观学派的无生思想。

鸠摩罗什（344—413），中文意译为童寿，是中国佛教史上极为卓越的翻译家。他翻译了《中论》《十二门论》《百论》《大智度论》《法华经》《维摩诘所说经》《金刚经》《摩诃般若波罗蜜

① 《马一浮全集》第二册，555 页。
② 《马一浮全集》第三册，563 页。

经》等经论，成为三论宗依据的主要典籍。马一浮说：“佛法入中国，自姚秦鸠摩罗什广译诸大乘经，始有可观”[①]，对鸠摩罗什译经的贡献颇为首肯。马一浮曾写诗《别颂古》十首，其中一首为：“童寿翻经舌不枯，生公说法石为徒。九年面壁成何事？接得神光一臂无。”[②] 诗中运用了鸠摩罗什翻译佛经而保留舌舍利的故事，还涉及生公说法的典故，以及达摩度化神光的公案。

僧肇（384—414），鸠摩罗什的得意门生，被誉为罗什门下“四圣”之一，罗什曾称赞说：“秦人解空第一者，僧肇其人也”[③]，有《肇论》《注维摩诘经》流传于世，成为中国佛教史中的重要典籍，乃至在中国哲学史中亦有重要地位。马一浮说：“姚兴供养鸠摩罗什，徒众三千余人，而高足弟子不过生、肇、融、睿四人。”[④] 马一浮非常重视僧肇，在其著述中经常引用和阐发《肇论》和《注维摩诘经》中的义理。

吉藏（549—623），又称为嘉祥大师，这是因其常住浙江绍兴嘉祥寺而得名。吉藏一生致力于研究和弘扬三论，所作三论注疏成为关于三论注解最有代表性的典籍。马一浮比较重视三论和吉藏的注疏，他说：“众生业力难思，三毒所感，苦报不可胜言。以今观之，对治法门当以三论为要，而《百论》破外见尤切，嘉祥疏亦以《百论》为最精。下劣所执，不堪一击，惜贤辈俱未能致思耳！”[⑤] 马一浮在给汤孝佶的信中说：“《起信》直抉性相，三

① 《马一浮全集》第一册，430 页。
② 《马一浮全集》第三册，221 页。
③ （隋）吉藏：《百论疏》，见《大正藏》第四十二册，232 页，台北，新文丰出版公司，1983。
④ 《马一浮全集》第一册，680 页。
⑤ 《马一浮全集》第二册，787 页。

论推明法空。足下般若气分甚深，必可由此证入。”[1]指出三论的核心要义之一在于阐明法空，具有般若气分则适合由三论而入佛法之门。

三论宗依据的经论很多，其主要者有四经四论。四经指《华严经》《摩诃般若经》《法华经》《涅槃经》，四论指《大智度论》《中论》《十二门论》《百论》。马一浮对四经四论很重视，曾说学习三论宗应先阅读四论及吉藏注疏，他说：“三论宗须先看《大智度论》《中观论》《十二门论》《百论》，皆有嘉祥疏义”[2]。

三论宗的主要义理有缘起性空、中道实相、真俗二谛、八不中道等，马一浮以其中一些义理与儒家义理进行会通，包括缘起性空与儒家义理的会通、真俗二谛与儒家义理的会通、八不中道与儒家义理的会通。

第一节　缘起性空与儒家义理的会通

缘起性空是佛教的一项重要基本理论。该理论认为，宇宙间一切事物都是缘起而生的，而缘起的事物本身是无自性的，无自性即是性空。三论宗的典籍对缘起性空阐述颇多，如《中论·观四谛品》说：“众因缘生法，我说即是空，亦为是假名，亦是中道义。”[3]《十二门论》说：“众缘所生法，是即无自性。若无自性

① 《马一浮全集》第二册，511 页。

② 《马一浮全集》第二册，555 页。

③ 中国佛学院三论学教研组编：《〈中论〉基础教程》，176 页，北京，宗教文化出版社，2013。

者，云何有是法？”[①] 可知缘起性空，是说宇宙万法（即一切事物）是由众多因缘和合而产生的，也就是说是由众多因素、条件组合而成的，这称为缘起；而由众多因缘和合而产生的事物是没有自身固定不变的特性的，这称为无自性，或称性空。

马一浮以缘起性空理论作为一种变化气质的方法，以去除矜伐骄慢这类病痛，这就是功夫论的内容。他首先引用儒家典籍中关于矜、伐的说法，如《论语·公冶长》云：“颜渊曰：‘愿无伐善，无施劳。’”朱熹注释曰：“伐，夸也。善，谓有能。施，亦张大之意。劳，谓有功，《易》曰‘劳而不伐’是也。”[②]《尚书·大禹谟》中舜命禹曰：“汝惟不矜，天下莫与汝争能；汝惟不伐，天下莫与汝争功。”[③] 马一浮对矜伐作了解说：“曰善曰能，是居之在己为矜；曰劳曰功，是加之于人为伐”[④]，认为矜伐纯为恶德，须去除尽净。而遣去功、能之相是去除矜伐的方法，他以缘起性空理论进行说明：

> 若以佛说推勘，当知功、能之相实不可得，庶几废然知返。为对治此类病，故略明缘起性空，使知非己所得而有，亦是一期药病之言耳。何谓缘起性空？欲明此义，须究大乘般若、方等诸经论，至约亦须明三论。今只能略举其一端。《肇论》云：“一切诸法，缘会而生。缘会而生，则未生无有，缘离则灭。如其真有，有则无灭。以此而推，故知虽今

① （印度）龙树：《十二门论》，见《大正藏》第三十册，159 页，台北，新文丰出版公司，1983。

② （宋）朱熹：《四书章句集注》，81 页，北京，中华书局，2011。

③ （宋）蔡沈：《书集传》，24 页，南京，凤凰出版社，2010。

④ 《马一浮全集》第一册，73—74 页。

现有，有而性常自空。”此谓诸法从缘故不有，缘起故不无也。《十二门论》云：“众缘所生法，即是无自性。若无自性者，云何有是法？”①

学者当知，所言功、能者，亦是因缘所生法，云何得成？若谓能是能成之缘，功是所成之法，而此能者即众缘也。是则功无自性，缘所成故；能亦无自性，体即缘故。此缘不从自生，为不孤起故；亦不从他生，缘不定二故；亦非自他共生，诸缘各住自位故。辗转推勘，皆不可得。能成既无，所成何有？是故功、能及我皆空。②

根据缘起性空理论来看功、能，则功、能均是各种因素、条件聚合而成，并无固定不变的特性，功、能之相为空，不可得，则不应执着功、能之相而矜伐。当去除矜伐之后，方可深刻领会圣贤境界，如孔子说：“若圣与仁，则吾岂敢？抑为之不厌，诲人不倦，则可谓云尔已矣”③，如颜子“以能问于不能，以多问于寡，有若无，实若虚，犯而不校”④。

人为何产生矜伐？马一浮用《百法明门论》六种根本烦恼、二十种随烦恼加以阐释：“人何故有矜？今更以佛说显之。此在根本烦恼中，是痴、慢二法所摄。《百法》云：‘无明者（无明即痴），于诸理事，迷暗为性，能障无痴，一切杂染所依为业。’‘慢者，恃己于他，高举为性，能障不慢，生苦为业。’在

① 《马一浮全集》第一册，77 页。
② 《马一浮全集》第一册，78 页。
③ 《论语·述而》。
④ 《论语·泰伯》。

随烦恼中，具有覆、诳、谄、憍、害、嫉、无惭、无愧八法，亦是贪瞋二分所摄。《百法》云：‘覆者，于自作罪，恐失利誉，隐藏为性，能障不覆，悔恼为业。’‘诳者，为获利誉，矫现有德，诡诈为性，能障不诳，邪命为业。’‘谄者，为罔他故，矫设异仪，谄曲为性，能障不谄，教诲为业。’‘憍者，于自盛事，深生染著，醉傲为性，能障不憍，染依为业。’‘害者，于诸有情，心无悲愍，损恼为性，能障不害，逼恼为业。’‘嫉者，殉自名利，不耐他荣，妒忌为性，能障不嫉，忧戚为业。’‘无惭者，不顾自法，轻拒贤善为性，能障于惭，生长恶行为业。’‘无愧者，不顾世间，崇重暴恶为性，能障于愧，生长恶行为业。’盖心存矜伐者，务以胜人，不见己恶，其流必至于此。上蔡所谓‘按伏得这个罪过，方有向进处’。学者须是先识得矜之过患，然后方知克治除遣之法。”[①] 从根本烦恼的角度来说，矜伐之人痴、慢的烦恼习气比较重。痴即无明，对诸法不明了而迷惑。佛家讲诸法性空，儒家讲“天何言哉？四时行焉，百物生焉。天何言哉”[②]，“巍巍乎，舜禹之有天下也，而不与焉”[③]，就是说“天地虽并育不害，不居生物之功；圣人虽保民无疆，不矜畜众之德”[④]，若深明这些道理，则何矜伐之有？慢之产生在于有所依靠、有所凭借而比较自他之优劣，进而抬高自己，贬低他人。人若骄慢不谦虚，即表现为矜伐、夸耀、自吹自擂等。贪之产生在于对所爱乐之对象染著、执取，又称为贪爱、贪欲、贪著等。由痴、慢、贪

① 《马一浮全集》第一册，74—75页。
② （宋）朱熹：《四书章句集注》，北京：中华书局，2011年，第168页。
③ （宋）朱熹：《四书章句集注》，北京：中华书局，2011年，第102页。
④ 《马一浮全集》第一册，76页。

等根本烦恼而引发覆、诳、谄、憍、害、嫉、无惭、无愧等随烦恼，这些就是矜伐产生的原因及其危害。佛家讲去除烦恼障，使被烦恼障碍的光明自性得以显现，儒家讲克治矜伐，这些均是功夫论的内容。马一浮又以宋儒谢上蔡之例进行说明。谢上蔡切己体察，指出自己矜之病痛，实际上矜伐是许多人的病痛，尤其有才能、有功劳的人表现得更明显。对矜伐之表现、危害深思、明辨，予以克服、对治，方为切己功夫。

关于对治矜伐骄慢之病痛，儒家经典有许多论述，如《论语·泰伯》曰："如有周公之才之美，使骄且吝，其余不足观也已。"①《周易·系辞上传》曰："'劳谦，君子有终，吉。'子曰：'劳而不伐，有功而不德，厚之至也。语以其功下人者也。德言盛，礼言恭。谦也者，致恭以存其位者也。'"② 马一浮也说："世有诋心性为空谈，视义理为无用，守闻见之知，得少为足而沾沾自喜者，不足以进于知也。其或小有器能，便以功业自居，动色相矜，如此者，不足以进于能也。庄子曰：'由天地之道观惠施之能，其犹一蚊一虻之劳者也。'禅师家有德山曰：'穷诸玄辩，若一毫置于太虚；竭世枢机，犹一滴投于巨海。'有志于进德修业者，观乎此亦可以知所向矣。"③ 其中德山禅师指德山宣鉴，是青原行思禅师下四世法嗣，即六祖慧能下五世法嗣。德山禅师俗姓周，贯通性相诸经之旨趣，常讲《金刚经》，又著有关于《金刚经》的讲解《青龙疏钞》，时人称其为周金刚，他曾自负地说：

① （宋）朱熹：《四书章句集注》，101 页，北京，中华书局，2011。

② （魏）王弼注，（晋）韩康伯注，（唐）陆德明音义，（唐）孔颖达疏：《周易注疏》，358 页，北京，中央编译出版社，2013。

③ 《马一浮全集》第一册，36 页。

"一毛吞海，海性无亏；纤芥投锋，锋利不动。学与无学，唯我知焉。"[①] 后来参访龙潭崇信禅师，被折服后依止。因缘成熟后德山禅师开悟，大阐禅宗之风，以"德山棒"著称。

比较儒佛两家对治矜伐骄慢的方法，可知儒家的论述比较切近，易于一般人理解和遵行，而以缘起性空理论对治矜伐骄慢则是究竟彻底之法，但正因其究竟彻底而不易为一般人所理解和遵行。不过，如《金刚经》所说"是法平等，无有高下"[②]，两种方法各有各的适用人群，不同的人可依据自己的根机、学术背景等做出选择，当机者胜，能真实对治自己习气、病痛的方法即为好方法。

第二节　真俗二谛与儒家义理的会通

真俗二谛指真谛和俗谛。真谛又称为第一义谛，或名胜义谛；俗谛又称为世谛，或名世俗谛。真俗二谛在佛家诸经论中多有阐述，不过所用名称有不同，如在《涅槃经》和《仁王护国般若波罗蜜经》中均称为第一义谛和世谛。各宗派对二谛也有较多阐述，其中三论宗阐述尤为突出，成为该宗有代表性的教义。三论宗从多个角度对二谛进行讲解，包括三种二谛、四重二谛等，比如真谛为理，俗谛为教；真谛为理，俗谛为事等。真俗二谛的基本含义可从缘起性空去界定，真谛是指诸法性空、一切毕竟空，俗谛是指诸法因缘而生。马一浮主要是从理事的角度来谈真

① （宋）普济：《五灯会元》，北京：中华书局，2015 年，371 页。

② （唐）宗密、（明）智旭等撰，（明）朱棣集注：《金刚经注疏》，134 页，北京，线装书局，2016。

俗二谛，他说：“俗谛者，彰一性缘起之事。真谛者，显一性本实之理。”①

马一浮在其著述中经常引用和阐发真俗二谛，比如他曾写诗《喜苏盦还湖堂见示近作五言诸篇大进于前率尔奉答藉以广其恬适之趣》：“真俗信非二，静躁乃殊方。揽君感寓篇，慰我在濠梁。昔去夏木阴，今来踏春阳。时物有变易，缘会亦其常。荑柳润新绿，杂花散初芳。尚采商山芝，不羡瑶池觞。夷俗衒弧矢，世论矜耕桑。孰为建德国，树之无何乡。且复乐蕃秀，勿用忧耄荒。恬愉聊可适，和歌依沧浪。”② 他也曾写诗《褉日答诸友存问》二首，第二首为：“每念临崖别，聊为鼓缶歌。死生无二理，真俗不同科。持论长占梦，观棋早烂柯。昊天殊未旦，寤寐隔山河。”③ 他还写过一首长诗《慰金叟失子》，对真俗二谛作了深入阐发。④

---

①《马一浮全集》第一册，194 页。

②《马一浮全集》第三册，509 页。

③《马一浮全集》第三册，720 页。

④ 马一浮的友人金蓉镜，在六十余岁才有儿子，可惜四岁时早夭。对此人情难以承受之痛，马一浮给金蓉镜写了两封包含佛法内容的书信进行宽慰，又写了一首长诗，用真俗二谛等内容进一步加以慰喻：“人亦有恒言：有子万事足。先圣制《孝经》，义莫大于续。凡情计身蕴，匪能出爱欲。君子重继嗣，法尔融真俗。俗谛可违真，真谛不坏俗。二谛亦非二，乃为中道鹄。法身大父母，万物何不育？种智为子孙，善行为眷属。经籍所表显，道非自天竺。姒徽寄百男，尧明推九族。聃因流珠孕，稷则寒冰覆。是皆同法喻，匪曰矜世福。立象以尽意，数之难更仆。《易》得妾以子，《礼》有殇无服。苗秀固所悲，成人亦有目。贺者方在门，如何乃不淑。承闻嬴博思，词意何惨毒。新哀理则然，不远而可复。业幻示有生，正念无延促。子老而父少，子啐而母啄。全身既奉父，何得亦何失。色法虽无常，在性岂能夺？譬如月入水，亦如响应谷。了花即是空，是粟还生粟。涅槃非有相，般若不可触。若生如来家，三界焉得束？长者修慈忍，斯义久餍熟。愿得善游步，无为坐曲碌。继明照四方，千灯交一屋。自有众子绕，不藉封人祝。顶𩕳耀只眼，双足现轮辐。王子方诞生，寿量超盈朒。”（《马一浮全集》第三册，9—10 页。）

马一浮运用真俗二谛有时是在说明佛家的教理，有时是通过儒佛会通的方式来开发义理，关于真俗二谛与儒家义理会通的内容有：真俗二谛与《周易》“致命遂志”的会通，真俗二谛与《周易》“内文明而外柔顺”的会通，真俗二谛与《尚书》五福的会通，真俗二谛与《论语》“天何言哉”章的会通，真俗二谛与《论语》“吾有知乎哉”章的会通，真俗二谛与《孟子》天爵、人爵的会通，真俗二谛与《大学》三纲领的会通，真俗二谛与《中庸》德、位、禄、名、寿的会通，真俗二谛与《孝经》五孝的会通。

一、真俗二谛与《周易》“致命遂志”的会通

“致命遂志”源于《周易》困卦大象辞，其文曰：“泽无水，困，君子以致命遂志。”[①] 湖泽中无水，这是枯涸之象，比喻困乏之义。当君子处于困难窘迫的境地时，应该想方设法防危虑险，若竭尽全力仍不能免除困境，则可献出生命以实现自己的志向和理想。此志向、理想与道义相合，所以可推致其命以求之，正所谓杀身成仁、舍生取义。《论语·子张》说：“士见危致命，见得思义”[②]，一个士人在危难之时可以献出生命，在见到利益时当思考是否符合道义。这也正是“见利思义，见危授命”[③] 之义。《周易》困卦大象辞指出了君子在困境中的自处之道，《论语》肯定了士人“见危致命”的处世态度，马一浮曾遭遇困境，他在给学

① （宋）程颐：《周易程氏传》，210 页，北京，中华书局，2016。
② （宋）朱熹：《四书章句集注》，175 页，北京，中华书局，2011。
③ （宋）朱熹：《四书章句集注》，北京：中华书局，2011 年，第 142 页。

生李笑春的信中讲到“致命遂志”，并以真俗二谛进行会通，他说：

> 处困之道，致命遂志而已，然遂志为大。自俗谛言之，有致命而无遂志；自真谛言之，有遂志而无致命。何也？困极则致命，遂志唯心亨。古人处患难，亡身舍命而不得申其志者有矣。然得正而毙，求仁得仁，所谓遂志也。“尽其道而死者，正命也。桎梏死者，非正命也。”苟尽其道，正命常存。性自不亡，何致命之与有？故生死一如，语默一致，行藏一德，忧乐一理。志固无往而弗遂也，心固无时而弗亨也。吾唯于此理体会得亲切，故虽遭乱颠沛，尚能安定自持。[①]

马一浮认为“致命遂志”是遭遇困境时的自处之道，而且遂志更为可贵，其意义重于致命。从世间法因缘聚散的俗谛来讲，人们遇到顺境和逆境都是正常的，而遭遇困境时难以施展抱负，甚至献出生命都很难达成志向乃至无法达成志向。从真谛来讲，也就是从超越因缘条件的本性之理来看，人们可达成志向而无致命。马一浮从真谛、俗谛两方面去分析“致命遂志”，俗谛方面容易理解，但真谛方面则不易领会，他接着又进行详细阐释。从俗谛角度来看，当人们困顿到极点而无法生存下去，确实会失去生命，古人在患难之中亡身失命却无法发扬其志向的事例也是有的。但从真谛角度看，真正实现志向在于心之亨通。这种志向与

① 《马一浮全集》第二册，815—816页。

道相合、与理同行、与仁相应，所谓“志于道”“志于仁”是也。曾子“得正而毙”①，即使在病重之时也要易箦，在合于正礼的情况下而去世；伯夷、叔齐“求仁得仁”②，义不食周粟，最后饿死于首阳山，他们追求仁而得到仁，心安理得，并无怨言。马一浮认为这两种情况都是“遂志”的典范。《孟子·尽心上》说：“尽其道而死者，正命也。桎梏死者，非正命也。”③若能尽其道，平时存心养性以修身，则为正命，此正命之理常在。人之本性不亡，性灵永恒，这是真谛之理，而俗谛方面的寿命长短乃至献出生命则顺受其正。从真谛角度来说，生死、语默、行藏、忧乐均为一理，而符合本性之志向在各种情况下均可实现，人心也可随时随地而亨通。马一浮说他对上述之理体会得亲切，故虽遭遇动乱、处于颠沛流离之中而能安定，以理自持。

马一浮写这段话是在1939年年初，当时处于抗日战争期间，他从家乡浙江出发，经江西而辗转来到广西宜山。时局剧烈变化，广西桂林、柳州等地常遭到轰炸，他所驻足之地亦不安全。在此情境之下，马一浮给学生李笑春回信，谈论时局，勉励学生

① “得正而毙”出自《礼记·檀弓上》，原文为：“曾子寝疾，病，乐正子春坐于床下，曾元、曾申坐于足，童子隅坐而执烛。童子曰：‘华而睆，大夫之箦与？’子春曰：‘止！’曾子闻之，瞿然曰：‘呼！’曰：‘华而睆，大夫之箦与？’曾子曰：‘然。斯季孙之赐也，我未之能易也。元，起易箦。’曾元曰：‘夫子之病革矣，不可以变，幸而至于旦，请敬易之。’曾子曰：‘尔之爱我也不如彼。君子之爱人也以德，细人之爱人也以姑息。吾何求哉？吾得正而毙焉，斯已矣。’举扶而易之。反席未安而没。”［（元）陈澔：《礼记集说》，44页，南京，凤凰出版社，2010。］

② “求仁得仁”出自《论语·述而》，原文为：“冉有曰：‘夫子为卫君乎？’子贡曰：‘诺。吾将问之。’入，曰：‘伯夷、叔齐何人也？’曰：‘古之贤人也。’曰：‘怨乎？’曰：‘求仁而得仁，又何怨？’出，曰：‘夫子不为也。’”［（宋）朱熹：《四书章句集注》，93页，北京，中华书局，2011。］

③ （宋）朱熹：《四书章句集注》，328页，北京，中华书局，2011。

从习气中解放出来，摄心住于义理，读书体究，又以真俗二谛来会通《周易》“致命遂志”之理。他的话阐释了《周易》困卦之义，也符合儒家求仁、正命等义理，这是用佛家真俗二谛来开发儒家义理的做法，实现了对“致命遂志”创造性的解读。同时，马一浮亦是以此自处，在困境中乐天知命，心自亨通，随后在宜山讲学，写出《宜山会语》，居易俟命而非怨天尤人，践行了知行合一之理。

二、真俗二谛与《周易》“内文明而外柔顺”的会通

“内文明而外柔顺”源于《周易》明夷卦彖辞，其文曰：“明入地中，明夷。内文明而外柔顺，以蒙大难，文王以之。利艰贞，晦其明也。”[①] 明夷卦由离卦和坤卦组成，内卦为离，外卦为坤，意味着光明入于地中，光明被掩盖，是明受伤而昏暗之象。离卦象征着文明，坤卦象征着柔顺，为人应当内心光明，有文明之德，对外能柔顺处世，和光同尘。殷纣王暴虐无道，天下昏暗，正是明夷之时，而周文王内有文明之德，外能柔顺侍奉纣王，虽被纣王囚禁，遭逢大难，但内而明达圣哲，外能避免灾祸，这就是周文王所用自处之道。当遇到明夷之时，利于处艰难困厄而贞正自守，能够隐藏其明而不外显。马一浮曾讲到明夷卦“内文明而外柔顺”，并以真俗二谛进行解读：

> 《易》曰：“内文明而外柔顺。”禅宗亦曰：“随其颠倒，以缁为素。”是说真谛不失，俗谛无碍，随世间之颠倒，而

① （宋）程颐：《周易程氏传》，156 页，北京，中华书局，2016。

真谛无时无地不在流行。此之谓二谛圆融。[①]

他认为可以用真谛来解说“内文明”，用俗谛来解说“外柔顺”。他又引用了禅宗大德的话：“随其颠倒，以缁为素”，这八字出自曹洞宗创派祖师洞山良价禅师《宝镜三昧歌》，原文较长，其中与“内文明而外柔顺”密切相关的内容是：“外寂中摇，系驹伏鼠。先圣悲之，为法檀度。随其颠倒，以缁为素。颠倒想灭，肯心自许。”[②]坐禅是佛家常见的修行方式，当坐禅时，要求身心不动。很多修行人能做到外在身体不动，却无法管理好自己的内心，导致心念纷飞，动摇不止，就像拴在柱上的马驹不停地跳动，像隐踪伏藏的老鼠偷心不死。鉴于这种情况，过去成就的佛菩萨和祖师们悲悯众生，以大慈悲而行法布施，用各种方法进行教化。面对颠倒众生，先圣会用各种善巧方便去救度，以四摄法[③]中的“同事”去摄化，随众生的颠倒，以黑为白，但最终目

① 《马一浮全集》第一册，736 页。

② （宋）普济：《五灯会元》，784—785 页，北京，中华书局，2015。

③ 四摄法是指佛家摄化众生的四种方法：布施、爱语、利行、同事。马一浮曾引用《法界次第》对四摄法进行解释，他说：“摄谓摄受。谓菩萨欲化导众生，须以四法摄受，使其依附，然后可导以大乘正法也。一、布施摄。谓财法二施，随众生所乐，以此摄之，众生蒙益，因生亲爱。二、爱语摄。谓随顺众生根性，善言慰喻，使之乐闻，因生亲爱，得受道也。三、利行摄。谓身、口、意三善行，利益一切众生，令生亲爱，依附受道。四、同事摄。谓菩萨以法眼明见众生根性，随其所乐，分形示现，同其所作，使各沾利益，依附受道。”（《马一浮全集》第四册，159 页。）

的是度化众生，使其获得解脱。《涅槃经》中的“黄叶止啼”[①]和《维摩诘经》中的“先以欲钩牵，后令入佛智”[②]，就是在讲这个道理。当众生得到度化，妄想颠倒心息灭，而真心现前，此时众生会自己认识到心性本体，认可真心，回归自性。

在引用《周易》和禅宗的话之后，马一浮说在真谛方面，人之真心自性本来光明，若能不被妄想习气染污，就可以保有光明，而呈现文明之德，如同太阳不被乌云遮盖时而能明照，这就是“真谛不失”。在俗谛方面，世间因缘生法千差万别，并无固定的形相，若坚持自己认可的形相而否定其他形相，则处处窒碍。因此在世间法中不妨随缘，乃至随顺世间之颠倒，即为“外柔顺”，以柔顺的方式做人处世，从而做到圆融无碍。但随缘、随顺、柔顺是有原则的，要保有自己的心性光明，具备文明之德，自利利他，保全自己，利益百姓，度化众生，此即“真谛无时无地不在流行”之义。既真谛不失，又俗谛无碍，这就是二谛圆融。真俗二谛圆融是佛家极高的境界，马一浮以此来解读《周易》“内文明而外柔顺”，既契合明夷卦彖辞的本义，也提升了儒家义理的高度，拓展了儒家义理的广度。

① “黄叶止啼”出自《涅槃经·婴儿行品第九》，原文为：“又婴儿行者，如彼婴儿啼哭之时，父母即以杨树黄叶而语之言：莫啼莫啼，我与汝金。婴儿见已，生真金想，便止不啼。然此杨叶实非金也。木牛木马、木男木女，婴儿见已，亦复生于男女等想，即止不啼。实非男女，以作如是男女想故，名曰婴儿。如来亦尔，若有众生欲造众恶，如来为说三十三天常乐我净、端正自恣，于妙宫殿受五欲乐，六根所对无非是乐。众生闻有如是乐故，心生贪乐，止不为恶，勤作三十三天善业。实是生死，无常无乐无我无净，为度众生，方便说言常乐我净。”［（南朝宋）道生等撰：《大般涅槃经集解》下册，133 页，北京，线装书局，2016］

② （后秦）僧肇等撰：《注维摩诘经》，250 页，北京，线装书局，2016。

三、真俗二谛与《尚书》五福的会通

《尚书》提出了著名的五福，为后世广泛运用。《尚书·洪范》说："五福：一曰寿，二曰富，三曰康宁，四曰攸好德，五曰考终命。"[①] 五种幸福即指寿命长久、富裕多财、健康安宁、喜好善德、尽享天年。这代表了中国古人的幸福观。五福观念对后人影响至深，尤其民间将"五福临门"视为幸福美好生活的象征。

马一浮在复性书院曾专门讲解《尚书·洪范》而成《洪范约义》，除序说外，分十一个部分来阐述：序分、总叙九畴、别释五行、别释五事、别释八政、别释五纪、别释皇极、别释三德、别释稽疑、别释庶徵、别释五福六极。其中，最后一部分阐释五福六极。针对人们多从俗谛角度认识五福的情况，马一浮用真谛之理来解读五福：

> 此五种胜相，皆不可以俗谛言。凡《诗》中颂德之辞多言福禄寿考，亦准此。盖福者，即是德相，德不具不可以言福，故五相中唯"攸好德"备摄诸胜相。俗以长年为寿，而不知可尽者非寿也；以多财为富，而不知有待者非富也；以强健无疾为康宁，而不知"安处善，乐循理"乃真坦荡荡也；以尽其天年为考终命，而不知"尽其道而死者"乃正命也。故非拨无世谛。以有"攸好德"，则四者皆备；否，则四者皆非。盗跖不寿于颜回，夷齐无憾于衰命，然后知操行不轨而逸乐富厚者非福也。[②]

① （宋）蔡沈：《书集传》，149页，南京，凤凰出版社，2010。

② 《马一浮全集》第一册，330页。

马一浮认为《尚书》中的五福和《诗经》中的福禄寿考均应从真谛之理去把握。他指出，福即是德相的表现，具备德行的人才有真正的福，五福中“攸好德”可以统摄其他四福。从世俗来说，人们把寿命长久视为“寿”，但长命百岁亦是有限的，是可尽的，而“泽流后世”才是真正的“寿”，是长远无尽者，可称为真谛之理。世人把财物众多视为“富”，但获取财富靠各种条件，是有待的，而无待自足者才是真正的“富”。世人把强壮健康、没有疾病视为“康宁”，但此为身体之福，相对于心灵而言还属于外在，而心灵的坦荡荡才是真正的“康宁”，将心安住于“安处善，乐循理”方为真谛之理。世人把尽享其自然的寿命视为“考终命”，但此亦为形体之福，而“尽其道而死者”是性分层面，能尽其道、尽其性方能“与天地参”，体现了真谛之理。“盗跖不寿于颜回，夷齐无憾于衰命”是马一浮依据真俗二谛对《史记·伯夷列传》相关记载的阐释。盗跖为恶横行而富厚寿终，颜回好学力行而贫困早夭，夷齐积仁洁行而无食饿死，此为俗谛之事，人们对此感到难以理解。但依真谛之理来说，“泽流后世谓之寿”，颜回好学、安贫乐道，是“安处善，乐循理”的典范，虽然短命，但其精神传扬后世，成为世人的标杆，做到了“泽流后世”，实现了真正意义上的“寿”，盗跖则否，是引以为戒的例子。伯夷、叔齐积仁洁行，是圣之清者，义不食周粟，是“尽其道而死者”，虽然饿死而安之若素，所谓“求仁而得仁，又何怨”[①]，并且伯夷、叔齐也为世人树立了标准，其精神可传于后世，他们的风范使“顽夫廉，懦夫有立志”[②]，做到了“泽流后世”。

① （宋）朱熹：《四书章句集注》，北京：中华书局，2011年，第93页。

② （宋）朱熹：《四书章句集注》，北京：中华书局，2011年，第293页。

马一浮运用真谛之理对五福做出了精彩阐释，与此同理，他也以真谛之理来解说《诗经》《论语》等典籍中关于福禄的记载。《诗·大雅·旱麓》曰："岂弟君子，干禄岂弟"[①]，《论语·为政》曰："子张学干禄。子曰：'多闻阙疑，慎言其余，则寡尤；多见阙殆，慎行其余，则寡悔。言寡尤，行寡悔，禄在其中矣'"[②]，《论语·卫灵公》曰："学也，禄在其中矣"[③]。马一浮说：

> 《诗》曰："岂弟君子，干禄岂弟。"干禄即自求多福之意，非如后世之干进求禄利也。凡《诗》言福禄者皆准此。禄是言受用，言行无尤悔，是真实受用。"学也，禄在其中"亦是此义，非设官授禄之禄。先儒误以俗谛解之，子张高明，何致慕禄仕邪？[④]

以受用来解释"禄"，此为真谛之义。做到言行无尤悔，在各种处境、遭遇中均有真实受用，如孔子"不怨天，不尤人"[⑤]，这是内圣功夫的效验，是求之在己的。子张以高明之资，虽多见多闻而不免有疑惑之处、不安之处，即意味着未得真实受用，其学干禄是要求得受用。孔子对症下药，告以"多闻阙疑，慎言其余"，"多见阙殆，慎行其余"，可知多见多闻而不疑不殆时才算真实受用。将学干禄解释为求利禄、求仕宦，因为利禄、仕宦的获得是各种因缘聚合而产生的，故此为俗谛之解。马一浮认为

①（宋）朱熹：《诗集传》，212页，南京，凤凰出版社，2007。
②（宋）朱熹：《四书章句集注》，59页，北京，中华书局，2011。
③（宋）朱熹：《四书章句集注》，156页，北京，中华书局，2011。
④《马一浮全集》第一册，520—521页。
⑤（宋）朱熹：《四书章句集注》，北京：中华书局，2011年，第148页。

子张具高明之资，不至于羡慕利禄、仕宦，这在《论语》中可找到根据。《论语·先进》曰：“子贡问：‘师与商也孰贤？’子曰：‘师也过，商也不及。’”[①]而子张论及交往之道时说：“君子尊贤而容众，嘉善而矜不能。我之大贤与，于人何所不容？我之不贤与，人将拒我，如之何其拒人也？”[②]表明子张（姓颛孙，名师）志向高远，气象广阔，有高才，但也有过高之病，故孔子说他“师也过”。以此高明之资，应不会为利禄所动而内心不安定。《论语》中还有不少子张和孔子之间的问答，也可对马一浮所说“子张高明，何致慕禄仕邪”作出说明，兹不详述，观《论语》可思绎其义。

四、真俗二谛与《论语》“天何言哉”章的会通

“天何言哉”出自《论语·阳货》中的一章，全章原文为：“子曰：‘予欲无言。’子贡曰：‘子如不言，则小子何述焉？’子曰：‘天何言哉？四时行焉，百物生焉。天何言哉？’”[③]此章是《论语》中十分重要的一章，表明了孔子对于天道体用的体认。孔子在平时的教学中，感到弟子们多以他的言语作为学习对象，而很少去体察言语后面的天道天理，因此说出“予欲无言”以警醒弟子。子贡正是只取孔子言语而缺乏体道的弟子，当他听到老师“我想不再言说”之言，就说：“如果老师不言语，则后生晚辈如何传述呢？”孔子予以回应：天并无言说，但春夏秋冬四时自然

① （宋）朱熹：《四书章句集注》，120页，北京，中华书局，2011。
② （宋）朱熹：《四书章句集注》，175页，北京，中华书局，2011。
③ （宋）朱熹：《四书章句集注》，168页，北京，中华书局，2011。

运行交替，世间各种生物自然生长。马一浮以真俗二谛对此章进行解读，他说：

> “天何言哉”是真谛，“四时行，百物生”是俗谛，真俗双融，理行气中，即真而俗，即俗而真，是中道第一义谛。[①]

“天何言哉”表达了真谛之理，天没有言说，而真谛之理指出本体无形无相，亡言绝虑，两者可以会通相应。四季交替、百物生长是自然界运行演化的现象，而俗谛指出世间万事万物因缘聚散、生灭变化，两者亦可会通相应。在分别以真俗二谛解读“天何言哉”章之后，马一浮又从真俗二谛消融的不二之理来阐释。上天无言代表“理”之形而上性，四季交替、百物生长代表“气”之流行变化，理蕴含于气中，由气之流行而见理。因真谛而显现俗谛，由俗谛而见到真谛，真俗双融，这是中道第一义谛。中道第一义谛又称中谛，是天台宗所立三谛之一，指不离真俗、空有二边，亦不即真俗、空有二边的中正绝待、圆融无碍之理。

马一浮在复性书院讲学时，曾专门阐释《论语》大义，其中也涉及“天何言哉”一章，可以用来加深理解“天何言哉”章与真俗二谛的会通。他说：“再举‘予欲无言’一章，以显性体本寂而神用不穷。离于言说，会者当下即是，不会者只在言语边取，如子贡曰：‘子如不言，则小子何述焉？’孔子不惜眉毛，即就现前与之点破，可惜子贡无后语，故谓‘夫子之言性与天道，

① 《马一浮全集》第一册，596页。

不可得而闻’。不知‘四时行’、‘百物生’即此全是天道，岂别有一个性与天道？又岂假言说方显邪？”[①]“天何言哉”显示了性体本寂，符合真谛之理；“四时行焉，百物生焉”显示了神用不穷，是俗谛的展现。这段话也探讨了性道与文章问题，“性与天道”无形无相，不可见闻，属于真谛之理；“夫子之文章”有形有相，可见可闻，属于俗谛之事。真谛之理需要契悟，不能拘泥于俗谛方面的语言文字。

五、真俗二谛与《论语》“吾有知乎哉”章的会通

“吾有知乎哉”出自《论语·子罕》中的一章，全章原文为：“子曰：‘吾有知乎哉？无知也。有鄙夫问于我，空空如也，我叩其两端而竭焉。’”[②]马一浮在其著述中多次引用和阐发此章，比如他说：“圣人知周万物而道济天下，然其自以为无知无能如此，非故为谦辞也，其心实如是也。鄙夫云者，执其一端之见而汰然以自多者也。”[③]他又对此章从真俗二谛和中道第一义谛的角度进行解读：

> “吾有知乎哉”是真谛（圣人无知，故无所不知，如其有知，必滞一隅），“叩其两端而竭焉”是俗谛（竭两端便是一贯之道），无知而无不知是中道第一义谛。[④]

---

① 《马一浮全集》第一册，159 页。

② （宋）朱熹：《四书章句集注》，105—106 页，北京，中华书局，2011。

③ 《马一浮全集》第一册，97 页。

④ 《马一浮全集》第一册，596 页。

从真谛来看，万法皆空，能所双亡，能知所知消融，而孔子自言无知，故可归为真谛。马一浮又指出，孔子的无知并非一无所知，是无知而无所不知，若言有知则执着于所知的内容，只知某些方面而难以知其他方面。马一浮这种会通是受到了《肇论》的影响。《肇论》中有一篇《般若无知论》，僧肇在引用《放光般若经》“般若无所有相，无生灭相”和《道行般若经》“般若无所知，无所见”的记载后，提出这是讲般若智慧观照的作用，般若无相而能知，般若不知而能照，又说：“夫有所知，则有所不知。以圣心无知，故无所不知。不知之知，乃曰一切知。故经云：圣心无所知，无所不知。”[①] 佛家以佛陀为圆满的圣人，认为佛陀彻证缘起性空之理，无所住，不执着，而又是一切知者，故“圣心无所知，无所不知”。马一浮以此理来谈孔子的境界，认为孔子无知故无所不知。

从俗谛来看，鄙夫来请教孔子，孔子并不是准备许多知识专门等待鄙夫之问，也不是直接告诉其答案，而是就所问之事的两端叩问鄙夫，且竭尽事情的两端，使事情的本末终始无所不尽，鄙夫也因此对所问之事有所了知。这种穷尽事情两端的方法彻上彻下，正是孔子一贯之道的展现。佛家把这种探索万事万物因缘条件的方法称为探究缘起，是俗谛的表现，故马一浮说“‘叩其两端而竭焉’是俗谛”。

从中道第一义谛来看，真俗双融，不偏向一边，孔子无知而无不知，既不偏向真谛无相无知的一边，也不偏向俗谛探究缘起无不知的一边，兼顾两边，故说“无知而无不知是中道第一义

① （东晋）僧肇著，张春波校释：《肇论校释》，68—69 页，北京，中华书局，2010。

谛”。马一浮以真俗二谛和中道第一义谛来会通孔子的境界，是对孔子的尊崇，也是对儒家义理的深度发挥。

六、真俗二谛与《孟子》天爵、人爵的会通

《孟子》提出了天爵、人爵，成为中国哲学讨论的重大话题。《孟子·告子上》有言：“有天爵者，有人爵者。仁义忠信，乐善不倦，此天爵也；公卿大夫，此人爵也。”[①]马一浮依据真俗二谛进行解说：

> 以佛义通之，人爵是俗谛，天爵是真谛。[②]

人爵是人所授予的爵位，用来指代人间的爵位、官职，意味着世间的功名利禄。在春秋战国时期，公侯伯子男和公卿大夫士代表着爵位、职位、俸禄，是富贵的标志。而富贵非凭空而来，是由因缘而产生的。古代往往按照道德、才华、贡献来授予爵禄，如《礼记·王制》说：“司马辨论官材，论进士之贤者以告于王，而定其论。论定然后官之，任官然后爵之，位定然后禄之。”[③]此为俗谛缘起之事。天爵是天赋的爵位，是尊贵的象征。孟子认为人最尊贵的是道德，而“仁义忠信”等德目是天所赋予人的，是人人本有的，可称为人的本性之德，此为儒家之实理。佛家认为人人皆有佛性，佛性即人之本性，包含有无量性德，此

① （宋）朱熹：《四书章句集注》，314页，北京，中华书局，2011。

② 《马一浮全集》第一册，194页。

③ （汉）郑玄注，（唐）孔颖达疏：《礼记正义》，410页，北京，北京大学出版社，1999。

为佛家真谛之理。

在提出天爵、人爵之后，《孟子·告子上》又说："欲贵者，人之同心也。人人有贵于己者，弗思耳。人之所贵者，非良贵也。赵孟之所贵，赵孟能贱之。"[①] 其中的"良贵"是天爵，也即真谛；而赵孟所能掌握的使人贵贱之事是人爵，也就是俗谛，虽为人们所欲所求，但孟子强调"饱乎仁义"更值得人们追求。

与天爵、人爵同理，《孟子·尽心上》提出了所欲、所乐、所性等概念："广土众民，君子欲之，所乐不存焉；中天下而立，定四海之民，君子乐之，所性不存焉。君子所性，虽大行不加焉，虽穷居不损焉，分定故也。君子所性，仁义礼智根于心。其生色也，睟然见于面，盎于背，施于四体，四体不言而喻。"[②] 马一浮认为其中的所欲、所乐是俗谛，所性是真谛。开疆拓土，拥有众多民众，此为君子所想要的；道行于天下，四海的民众皆安居乐业、各得其所，此为君子所乐的。但是这些外王的事业均是有待的，靠各种因缘条件聚合而成，按佛家义理来说，即为俗谛之事。然而仁、义、礼、智是人本性之德，由心而发，乃人之性分，不因穷达而有改变，按佛家义理来说，即为真谛之理。

七、真俗二谛与《大学》三纲领的会通

《大学》开篇说："大学之道，在明明德，在亲民，在止于至善"，这即是《大学》的三纲领。"明明德"指彰明光明的性德；"亲民"指自己彰明光明的性德，又亲爱于民，推以及人，使他

① （宋）朱熹：《四书章句集注》，314 页，北京，中华书局，2011。
② （宋）朱熹：《四书章句集注》，332 页，北京，中华书局，2011。

人也彰明光明的性德；“止于至善”指“明明德”和“亲民”均达到至善之境地。马一浮对此从真俗二谛和中道第一义谛的角度进行解读：

> 《大学》“明明德”是自觉，“新民”是觉他，“止至善”是觉满，亦即是此三谛，自觉是真，觉他是俗，觉满是第一义也。①

“明明德”是自己彰明光明的性德，按佛家义理来说，可称为自己觉悟佛性。《大学》原本作“亲民”，马一浮根据程子的说法提到“新民”，意指自己彰明明德之后，又推己及人，使他人去掉旧有之染污，而面目一新。佛家的觉他是使他人觉悟之意，因此可说“‘新民’是觉他”。自己彰明明德，又去帮助别人，使别人受益而面目一新，两者均达到理想的至善境地而不迁变，此为“止至善”。觉满指觉行圆满，行满果圆，是自觉和觉他两者的圆满状态。因此可说“‘止至善’是觉满”。梵语佛陀译为觉者，觉有三义：一是自觉，二是觉他，三是觉行圆满。马一浮以觉之三义来阐释《大学》三纲领，是儒佛会通的一种表现。

以自己彰明光明的性德来解释“明明德”，符合儒家义理。孟子提倡性善论，认为人性本善，具有仁、义、礼、智等德目，这些德目是本性之德的展现。佛家认为人人皆有佛性，皆可以觉悟佛性，这是佛家的真谛之理。因此“明明德”是自觉，属于真谛。“新民”涉及自己和他人的关系，需要具备诸多条件。佛

① 《马一浮全集》第一册，596 页。

家认为觉他是度化众生的事业，需要各种时节因缘，这是俗谛缘起之事。因此“新民”是觉他，属于俗谛。“明明德”和“新民”均止于理想的至善之地，相当于佛家自己觉悟和觉悟众生的圆满实现，即为觉满，达到真俗双融的中道第一义谛。因此“止至善”是觉满，属于中道第一义谛。

八、真俗二谛与《中庸》德、位、禄、名、寿的会通

《中庸》提出了德与位、禄、名、寿的关系问题：“子曰：‘舜其大孝也与？德为圣人，尊为天子，富有四海之内，宗庙飨之，子孙保之。故大德必得其位，必得其禄，必得其名，必得其寿。’”马一浮以真俗二谛进行解说，对儒家义理作了精彩发挥：

> 此亦通真俗二谛言，“德为圣人”是真谛，“尊为天子”以下四句是俗谛。“故大德必得其位”四句，以俗谛言则相违，如周公、孔子同为圣人，一穷一达，皆未尝有天下。以真谛言，则与天地参谓之位，不必天子诸侯也；衣养万物谓之禄，不必邦畿千里也；所性分定谓之名，不必令闻广誉也；泽流后世谓之寿，不必百年不死也。是则一切圣人皆同。故知爵名皆为德名，则真俗双融矣。①

舜之大孝代表了大德，其性德充分流露，被后人奉为圣人，此乃真谛之理。舜之位、禄、名、寿是多种因缘和合而成的，此乃俗谛之事。尧舜等圣人具备此类因缘，故为后人展现了以圣德

① 《马一浮全集》第一册，194—195页。

处天子之位这种德福一致的典型，而周公、孔子虽有圣德却无天子之位，出现了所谓德福不一致的状况。许多学者对此类德与位、禄、名、寿不相称的情形迷惑不解，而马一浮从真谛之理来解说位、禄、名、寿，使德福关系在真俗双融的视野中得到圆融阐释。从世俗来说，人们视天子诸侯为尊位，为大家所向往和追求，但天子诸侯之位乃因缘所成，是短暂不牢固的；从真谛而言，《中庸》的“与天地参”乃永恒长久之理。老子说“天长地久”，人若能与天地并列为三，则此种“位”既久且大。圣人德侔天地、垂宪万世即是“与天地参”的典范。从世俗来说，人们视邦畿千里为厚禄，认为是莫大的福分，可以安享富裕，但厚禄仅是一时的享用，因缘条件很快又变化；从真谛而言，《老子》中的“衣养万物”[①] 乃永恒之理。大道使万物生长发育而不推辞，成就万物而不占有，覆盖保护万物而不自以为主宰，显示了广大而悠远；而圣人立人极，化育万民，保民无疆，树立了人之所以为人的标准，传之久远，可称为对百姓永恒的禄位。从世俗来说，人们视令闻广誉为美名，认为美名传扬是人之幸事，努力追求青史留名，虽然名比位和禄长久，但名亦因缘所成，是外在的，不如性分是人之内在；从真谛而言，《孟子》的“所性分定”才是人之根本，仁、义、礼、智等性德内在于人，依之而行是人的本分，则“所性分定”之“名”彰显了内在而永恒之理。从世俗来说，人们视百年不死为长寿，以身体的健康长寿当作人生目标而注重养生保健之术，但长寿亦众缘和合，非强求而可得；从

① 《老子·三十四章》曰：“大道泛兮，其可左右。万物恃之以生而不辞，功成而不有，衣养万物而不为主。”［（魏）王弼注，楼宇烈校释：《老子道德经注校释》，85页，北京，中华书局，2008。］

真谛而言，“泽流后世”表明道德、功业、文章的影响传于后世，惠及千百年后的人，而非形体的百年不死所可比拟，中国人所推崇的立德、立功、立言之三不朽即是“泽流后世”的典范。《老子·三十三章》说：“死而不亡者寿”①，人的形体虽有死亡消散之时，而其道、其精神犹存，可传于后世。这均是说出了“寿”的真谛。在这种阐释下，表明一切圣人均具备圣德，又具有真正的位、禄、名、寿。

九、真俗二谛与《孝经》五孝的会通

马一浮曾在复性书院讲解《孝经》而成《孝经大义》，除序说外，分为六部分：一略辨今古文疑义，二释至德要道，三释五孝，四释三才，五释明堂，六原刑。在第三部分，马一浮专门阐释五孝，辨别孝之功用。五孝指天子、诸侯、卿大夫、士、庶人五种人之孝。《孝经》分为十八章，其中第二章至第六章为天子章、诸侯章、卿大夫章、士章、庶人章，此为关于五孝的五章。除以儒家义理进行解读之外，马一浮还以真俗二谛对五孝作了阐释：

> 《孝经》于五孝之外，明教孝之人亦有五号：曰先王，曰明王，曰圣人，曰君子，曰孝子。先王、明王唯限于天子，君子通前四位，孝子则该五位。圣人为先王、明王之异称，俗谛则称王，真谛唯称人，圣德是同也。君子为成德之名，孝子即成身之号。经籍中往往以君子简异众庶，如孟子

① （魏）王弼注，楼宇烈校释：《老子道德经注校释》，84页，北京，中华书局，2008。

> 言“庶民去之，君子存之”，《乐记》言“知音而不知乐者，众庶是也，唯君子为能知乐”。《孝经》特录庶人，明贵贱，是俗谛。因心之孝，虽庶人亦得与，则一性齐平，乃是真谛，亦见教义之大也。[①]

天子、诸侯、卿大夫、士、庶人五孝虽地位不同、应迹不同，但孝之理相同，皆统摄于爱敬，爱敬作为孝之根本并无差别。在《孝经》中，除五孝外，又提出五种教导孝之人的称号：先王、明王、圣人、君子、孝子，如《孝经·感应章》：“昔者明王事父孝，故事天明；事母孝，故事地察；长幼顺，故上下治。”[②]《孝经·圣治章》：“圣人因严以教敬，因亲以教爱。”[③]《孝经·广至德章》：“君子之教以孝也，非家至而日见之也。”[④]在天子、诸侯、卿大夫、士、庶人五孝中，先王、明王的称号仅限于天子，君子的称号可包含天子、诸侯、卿大夫、士四种，孝子的称号则包含天子、诸侯、卿大夫、士、庶人五种。圣人的称号有时可用来代表先王、明王，如尧舜禹等圣王，从俗谛缘起之事来讲，可称为王；从真谛本性之理来讲，则称为人，而他们都具备圣人之德是相同的。君子的称号是就成德而言，孝子的称号是就成身而言。成德即成就德行，这是君子的内在修养。成身在《礼记·哀公问》有记载：“公曰：‘敢问何谓成身？’孔子对曰：‘不过乎物。’”[⑤]孔子说成身即不过乎物，意指人身所行皆符合义理，在人

① 《马一浮全集》第一册，195 页。
② （唐）李隆基注，（宋）邢昺疏：《孝经注疏》，51 页，北京，北京大学出版社，1999。
③ （唐）李隆基注，（宋）邢昺疏：《孝经注疏》，32 页，北京，北京大学出版社，1999。
④ （唐）李隆基注，（宋）邢昺疏：《孝经注疏》，45 页，北京，北京大学出版社，1999。
⑤ （元）陈澔：《礼记集说》，393 页，南京，凤凰出版社，2010。

之性分之内，万物具备，遵行义理而不违背，如仁人止于仁，孝子止于孝。孝子以孝而行，尽孝事亲，这就是孝子之成身。在经书典籍中，常以君子和庶人作区别比较，而《孝经》专门强调庶人之孝，显示了爵位有无、高低等情况，这是因缘条件等俗谛之事。但发自内心之孝，虽平民庶人亦有之，从本性来看，庶人与天子、诸侯、卿大夫、士的孝是齐平的，这符合本性之理，即是真谛。《孝经》提出天子、诸侯、卿大夫、士、庶人五孝，包含有爵位之人和无爵位之人，体现了教义之大。

第三节　八不中道与儒家义理的会通

八不源于龙树《中论》。《中论》第一品观因缘品开篇曰："不生亦不灭，不常亦不断，不一亦不异，不来亦不出。"[①] 其中"不来亦不出"在有的版本中也表达为"不来亦不去"，两者的意思相同。八不表达了超越生灭、常断、一异、来去的中道义，是佛法的核心义理之一。佛教各宗派均对八不之义有所论述，但八不之名为大家所熟知主要归功于三论宗的弘扬。三论宗的实际创立者吉藏大师撰《中观论疏》《大乘玄论》等著述详细阐发了八不之义，使八不之名显扬后世。

根据经论所述，八不是中道，八不是实相，八不是正见。三论宗认为八不可以破除对诸法执着的不正见，通过破邪显正的方

① 中国佛学院三论学教研组编：《〈中论〉基础教程》，11页，北京，宗教文化出版社，2013。

式开显中道正见。生灭见、常断见、一异见、来出见均为不正见，需要加以破除。以常断见为例，在诸多经论中均有记载，如《涅槃经》卷二十七说：“众生起见凡有二种：一者常见，二者断见。如是二见，不名中道。无常无断，乃名中道。”① 表明要通过破除常见和断见来开显中道正见。常见是众生执着于身心常住不坏的见解，断见是众生执着于身心今世灭后再不生的断灭见解。这是常见、断见的基本含义。实际上常见、断见适用于一切有为法，马一浮即是在这种意义上来说的，比如他说：“一切有为诸法，生灭行相，逝而无住，故非常；大化无为，流而不息，不舍昼夜，故非断。法尔双离断常，乃显真常不易之实理。（断常二见之常，是刻定死常，与真常之常不同。妄计诸有不坏灭，是死常。法尔如然，无有生灭，乃是真常。）”②

马一浮在著述中经常运用不生不灭、不常不断、不一不异、不来不去等内容，有时是在说明佛家的义理，有时是在阐述儒家的义理，有时是在进行佛道会通，有时是在进行儒佛会通。比如他用八不解释《老子·二十三章》“希言自然”：“自然者，自无所自，然无所然，不生不灭，不常不断，不一不异，不来不去，非有为，非无为，非非有为，非非无为，超过一切言思境界，故圣人犹罕言之。”③ 在八不中，马一浮运用最多的是不常不断，有时也表述为非常非断，均显示了超越常见和断见的中道正见。马一浮曾写诗《诗人四德》四首，其中一首阐述了常见、断见和非常非断的中道正见，他说：“凡愚多计常，反之成断见。智者二

① （南朝宋）道生等撰：《大般涅槃经集解》下册，304—305页，北京，线装书局，2016。
② 《马一浮全集》第一册，158页。
③ 《马一浮全集》第四册，69页。

俱遣，非常亦非断。缘生即性空，功业见乎变。诗人具只眼，颇复迩正观。揽境恒屡迁，倏忽若流电。骤骥无留隙，朝花鲜夕艳。国邑随丘墟，人灵苦征战。刹那本无住，何为抱冰炭？”①

马一浮主要运用八不中的“不常亦不断”“不来亦不去”来进行儒佛会通。

一、“不常亦不断”与儒家义理的会通

“不常亦不断”可以省写为不常不断，也可写为非常非断。佛家经论中经常出现，尤其三论宗论述颇多。马一浮运用“不常亦不断”比较多，重点体现在阐释《周易》义理时，他也曾写词《西江月·禊日答东林居士惠偈存问》：“有口只堪挂壁，逢人慎莫谈玄。未妨曼衍且穷年，花落花开何限。下峥嵘而无地，上寥廓而无天。阅人成世水成川，一例非常非断。”②

马一浮所作“不常亦不断”与儒家义理的会通有几个突出的表现，一是“不常亦不断”与《周易》“生”的会通；二是非常非断与《周易》“寂”“感”的会通；三是非常非断与《太极图说》阴阳动静的会通。

首先，马一浮以“不常亦不断”与《周易·系辞上传》“生”之义进行会通：

> “天地之大德曰生”，又曰“生生之谓易，成象之谓乾，效法之谓坤”，何谓也？曰：本隐以之显曰生。谓之生者，

① 《马一浮全集》第三册，279 页。

② 《马一浮全集》第三册，783 页。

双离断常故，盖常则不生，断亦不生。“消息盈虚，天行也”，变易故非常；“天地之道，恒久而不已也”，不易故非断。以是二义，故生义得成。“原始”则无始而成始，“要终”则无终而成终。终则有始，故“不常亦不断”也。成始乃所以成终，成终乃所以成始。如昼之终即夜之始，寒之终即暑之始，惑之终即智之始。始终同时，迎之不见其首，随之不见其尾。就其隐者言之，则谓之寂；就其显者言之，则谓之生。“成象之谓乾，效法之谓坤”，理之显者也。故曰：“乾坤毁则无以见《易》”，“生生之谓易”，则于显中见隐，于气中见理，于变易中见不易。夫然后“至赜而不可恶”，“至动而不可乱”，而易简之理得矣。①

马一浮在复性书院讲学时为阐释《周易》而作《观象卮言》一卷，这段话即出自《观象卮言》。他以十种大义论述《易》道，第三大为德大。《周易》论德之处颇多，其中讲到天地之大德，表现为生，又说“生生之谓易”。从隐微的状态到显现的状态，这即为生，这种界定破除了常断二见，涵盖了变易和不易，原始要终，无始无终，成始成终，终则有始，展现了“不常亦不断”之义。以双离断常、于显中见隐、于气中见理、于变易中见不易来解说生之义，可谓是一种娴熟发挥儒佛义理的表现。

其次，在阐述《周易》义理时，马一浮又运用非常非断与“寂”“感”进行会通。《周易·系辞上传》说：“易无思也，无为

① 《马一浮全集》第一册，379 页。

也，寂然不动，感而遂通天下之故。”[①] 表明《易》没有思虑，没有造作，自然而然，寂静无声，没有动静，但有感必应，能够通达天下万事万物之缘故。马一浮说：

> 《易》言“寂”、“感”，寂谓真常绝待，故非断；感谓缘起无碍，故非常。喻如镜体不动而能现诸相，诸相无常而镜体自若。凡夫谬见，以寂为断，以无常为常，真颠倒见也。又法喻难齐，不可执碍，此亦假彼明此，不得已之言。[②]

《周易》提到“寂”和“感”，“寂”意味着真实常住，纯一独存，绝诸对待，超越一切彼此相对相待的状态，因此并非断灭更不再生的见解；“感”意味着凭借各种条件而产生，且这种待缘而起是通达无碍的，因此并非常住更不变坏的见解。就像镜子不晃动时能够显现各种形相，各种形相起灭变化、并不常住而镜子本身依然如故。凡夫常见的错误见解，就是把寂静当成断灭，把无常变化当成常住不变，这才是真正颠倒的见解。用比喻来说明道理难以齐全，不要因此执着而产生障碍，这是假借彼方而明白此方的办法，也是不得已之言。

可知，马一浮认为《周易》的寂和感表达了无思无为、寂然不动、有感有应、通达无碍的状态，这是儒家超越有无两边的见解。八不中道中的“不常亦不断”表达了不落于常见、不落于断见的状态，这是佛家超越常断两边的见解。无思无为、

① （魏）王弼注，（晋）韩康伯注，（唐）陆德明音义，（唐）孔颖达疏：《周易注疏》，364页，北京，中央编译出版社，2013。

② 《马一浮全集》第一册，353页。

寂然不动意味着并非断见，有感有应、通达无碍意味着并非常见，所以《周易》“寂”“感”与八不中道中的“不常亦不断”可以进行会通。

再次，马一浮又用非常非断与《太极图说》中的阴阳动静进行会通。《太极图说》是周敦颐的代表性著作之一，马一浮十分重视此文，曾写《太极图说科判》和《太极图说赘言》进行阐述。《太极图说》开篇说：“无极而太极。太极动而生阳，动极而静，静而生阴，静极复动。一动一静，互为其根，分阴分阳，两仪立焉。”[①] 马一浮对其中的阴阳动静加以解释：

> 一阖一辟，即一阴一阳、一动一静也。然阴阳又有动静，故曰：“夫乾，其静也专，其动也直，是以大生焉；夫坤，其静也翕，其动也辟，是以广生焉。”程子曰：“不专一则不能直遂，不翕聚则不能发散。”《通书》曰：“动而无动，静而无静，神也。”动中有静，静中有动，动不是往而不返，静不是息而有间。若一向是动，则成常见；若谓静是止息，则成断见。动静无端，阴阳无始，大化不停，即“至诚无息”。唯变化故非常，唯不息不已故非断，所以言阴阳动静者，不可说为常，不可说为断，乃显真常。[②]

他首先引用《周易·系辞上传》“阖户谓之坤，辟户谓之乾，

---

① （宋）周敦颐：《周敦颐集》，3—4 页，北京，中华书局，2011。

② 《马一浮全集》第四册，7—8 页。

一阖一辟谓之变，往来不穷谓之通”①，以阖辟来阐述阴阳动静。又指出阴阳之中尚有动静的区分，并以《周易·系辞上传》中乾之静专动直和坤之静翕动辟进行证明。他接着引用程子和周敦颐《通书》之言继续阐述阴阳动静，动静有区别，但并非彼此对立，而是互相包含、密不可分的关系。动不是前往而不复返，因为动极而静；静不是止息而有间断，因为静极复动。如果动一直持续下去，就变成了常动的见解；如果静只是止息的状态而没有其他的变化，就变成了断灭的见解。阴阳动静无始无终，天地万物的变化永不停息，这就是《中庸》所说的“至诚无息”②。阴阳动静是有变化的，所以不是恒常；阴阳动静是不停息的，所以不是断灭。因此，对于阴阳动静，既不能单纯用恒常来描述，也不能单纯用断灭来描述，这才是超越常断二边的真常状态。

由破除常见和断见、超越常断二边来开显中道正见，这是八不中道的重要部分，是三论宗重点阐发的议题，也是整个佛法的核心义理之一。《周易》中的“生”、“寂然不动，感而遂通天下之故”和《太极图说》中的阴阳动静是儒家核心义理的表现，乃至在整个中国传统文化中都占有一席之地。马一浮把握了儒家和佛家的这些内容，进行相互之间的会通，体现了他对儒佛义理抉择之精、阐发之妙、体悟之深。

---

①（魏）王弼注，（晋）韩康伯注，（唐）陆德明音义，（唐）孔颖达疏：《周易注疏》，367页，北京，中央编译出版社，2013。

②（宋）朱熹：《四书章句集注》，35页，北京，中华书局，2011。

二、“不来亦不去”与《周易》藏往知来的会通

马一浮以“不来亦不去”与《周易》之义进行会通。《周易·系辞上传》曰：“定天下之吉凶，成天下之亹亹者，莫大乎蓍龟”[①]，“蓍之德圆而神，卦之德方以知”[②]，“神以知来，知以藏往”[③]，“极数知来之谓占”[④]，“君子将有为也，将有行也，问焉而以言，其受命也如响，无有远近幽深，遂知来物。非天下之至精，其孰能与于此？”[⑤]《周易·系辞下传》曰：“占事知来。”[⑥]根据这些说法，马一浮认为卜筮和卦的意义在于藏往知来，并与佛义进行会通：

> 来者，其相未显，而理已在，所谓万象森然毕具也。“藏往”不是经验，“知来”不是推测，以“藏往”则无往，“知来”则无来。不往而往，所以为智；不来而来，所以为神。欲知来，往者是；欲知往，来者是。故往实无往，来亦非来。此即《中论》“不来亦不去”之旨，亦即《肇论》“物各性住

① （魏）王弼注，（晋）韩康伯注，（唐）陆德明音义，（唐）孔颖达疏：《周易注疏》，370页，北京，中央编译出版社，2013。

② （魏）王弼注，（晋）韩康伯注，（唐）陆德明音义，（唐）孔颖达疏：《周易注疏》，367页，北京，中央编译出版社，2013。

③ （魏）王弼注，（晋）韩康伯注，（唐）陆德明音义，（唐）孔颖达疏：《周易注疏》，367页，北京，中央编译出版社，2013。

④ （魏）王弼注，（晋）韩康伯注，（唐）陆德明音义，（唐）孔颖达疏：《周易注疏》，352页，北京，中央编译出版社，2013。

⑤ （魏）王弼注，（晋）韩康伯注，（唐）陆德明音义，（唐）孔颖达疏：《周易注疏》，363—364页，北京，中央编译出版社，2013。

⑥ （魏）王弼注，（晋）韩康伯注，（唐）陆德明音义，（唐）孔颖达疏：《周易注疏》，403页，北京，中央编译出版社，2013。

于一世”之谓也。[①]

《周易》提出用蓍龟进行卜筮，观变于阴阳而立卦，蓍龟和卦可藏往知来，以决断嫌疑和犹豫，确定天下之吉凶。“蓍之德圆而神”，意味着无方无体，故“神以知来”，来无相，不来而来，来亦非来；“卦之德方以知”，意味着八卦成列，数生则变，故“知以藏往”，往有迹，不往而往，往实无往。藏往知来的真义是无往无来，不往来而往来，往来亦非往来。《周易》的往来相当于八不中的去来。“不来亦不去”的真义是无来无去，不来去而来去，来去亦非来去。因此，马一浮认为“不来亦不去”可以与《周易》藏往知来进行会通。

① 《马一浮全集》第一册，319—320页。

第四章　唯识宗与儒家的会通

唯识宗是汉传佛教八大宗派之一，又称为法相宗、瑜伽宗、慈恩宗，由玄奘大师实际创立。唯识宗得名是由于此宗主张万法唯识。因阐发诸法之体性、相状等义理，又名法相宗；唯识宗由大乘瑜伽派理论发展而来，因此又名瑜伽宗；因玄奘大师开创此宗，其弟子窥基大师加以发扬光大，二人多居住于大慈恩寺，此宗又名为慈恩宗。

根据学界共识，唯识宗的义理渊源于多位大师：无著、世亲、陈那、无性、护法、戒贤、玄奘、窥基等。其中，玄奘和窥基是中国大师，其余则是印度大师。在诸位大师中，马一浮经常引用和阐述无著、世亲、玄奘、窥基等人的典故和思想。

无著和世亲是印度佛教瑜伽行派的著名代表人物，二人大力阐扬大乘教义，使大乘瑜伽法门传扬四方、泽被后世。无著著《摄大乘论》《显扬圣教论》《大乘阿毗达摩集论》等典籍，世亲著《大乘百法明门论》《大乘五蕴论》《唯识二十论》《唯识三十颂》《阿毗达摩俱舍论》等典籍。马一浮曾写诗《再次前韵酬啬庵兼迟令弟慧法师还锡》："王乔松子旧相寻，无著天亲共此心。东海扬尘都不记，鳌山成道到如今。桃花溪水随流见，春草池塘入梦吟。差喜玄沙消息近，漫愁许靖路难任。"[①] 其中"无著天亲"即指无著和世亲两兄弟，又涉及雪峰义存禅师和玄沙师备禅师的典故。他又写诗《再用前韵成七言律十章六言绝八章寄答无量兼

① 《马一浮全集》第三册，122—123 页。

讯其弟万慧法师》，其中一首七言律诗说："劫火光中观自在，陶家轮上目真邻。謦讹枉说空前己，惑尽谁名末后身。敢比维摩逢妙吉，每因无著忆天亲。泉声谷响相酬答，幻士还将问化人。"[①]其中"每因无著忆天亲"即运用无著和世亲两兄弟的典故。

玄奘（602—664），是唐代精通经、律、论三藏的高僧，又是汉传佛教四大佛经翻译家之一[②]，其西行求法的事迹广为人知。玄奘兼通佛教大乘和小乘，在大乘之中，对唯识和中观两派均造诣颇深，但因其弘扬唯识贡献巨大，故后世将其视为唯识宗祖师。汤用彤曾说："玄奘大师之学，精博无涯，固不限于法相宗义也。其未西游以前，几已尽习中国之佛学。"[③]又说："玄奘大师之学既不仅在法相，然则曷为称为法相祖师乎？此盖因玄奘蕴蓄不拘一方，而其所阐弘主体则为法相。在我国下启窥基、圆测，上溯则至真谛。"[④]窥基（632—682），是玄奘的上首弟子。玄奘译《成唯识论》时，窥基担任笔受，对《成唯识论》之成有卓著功绩。窥基有"百部疏主"之称，著述颇丰，有《成唯识论述记》《成唯识论掌中枢要》《因明入正理论疏》等传世，成为唯识宗的重要参考书。马一浮曾写诗《再用前韵成七言律十章六言绝

① 《马一浮全集》第三册，639页。

② 玄奘翻译的经论有75部1335卷，如《心经》（1卷）、《大般若经》（600卷）、《解深密经》（5卷）、《瑜伽师地论》（100卷）、《显扬圣教论》（20卷）、《大乘阿毗达摩集论》（7卷）、《摄大乘论》（3卷）、《辨中边论》（3卷）、《唯识二十论》（1卷）、《唯识三十论》（1卷）、《观所缘缘论》（1卷）、《成唯识论》（10卷）、《大乘五蕴论》（1卷）、《百法明门论》（1卷）、《因明入正理论》（1卷）、《阿毗达摩大毗婆沙论》（200卷）、《阿毗达摩顺正理论》（80卷）、《阿毗达摩藏显宗论》（40卷）、《阿毗达摩俱舍论》（30卷）、《阿毗达摩集异门足论》（20卷）、《阿毗达摩法蕴足论》（10卷）等。

③ 汤用彤：《隋唐佛教史稿》，114页，南京，江苏教育出版社，2007。

④ 汤用彤：《隋唐佛教史稿》，116页，南京，江苏教育出版社，2007。

八章寄答无量兼讯其弟万慧法师》，其中一首七言律诗说："偶谐庞老今何事，大愿奘师昔可邻。万里虚空休钉橛，千珠璎珞自严身。随流得妙还家易，有语如雷出口亲。稽首西天安上座，莫言门外是游人。"[①] 其中"大愿奘师昔可邻"即指玄奘法师发大愿西行求法的典故。他又写诗《啬庵惠示令弟万慧法师道影敬题一首并寄慧师缅甸致问安稳》："目穷霄汉少同流，法眼空身一相收。无著天亲人不识，却因奘显忆巢由。"[②] 其中"奘显"是指玄奘和法显，诗中运用了二人西行求法的典故。

唯识宗依据的经论很多，有六经十一论之说，六经为：《解深密经》《华严经》《如来出现功德庄严经》《阿毗达摩经》《楞伽经》《大乘密严经》；十一论为：《瑜伽师地论》《显扬圣教论》《大乘庄严经论》《摄大乘论》《集量论》《十地经论》《分别瑜伽论》《辨中边论》《二十唯识论》《观所缘缘论》《阿毗达摩杂集论》。此外，《成唯识论》亦是唯识宗依据的重要论著。关于阅读唯识宗的论著，马一浮曾说："若慈恩宗，则《唯识述记》《瑜伽师地论》《百法明门论》《五蕴论》《摄大乘论》《显扬圣教论》最为要典。奘师《八识规矩颂》简而能该，入门必读之书也。达摩悬记《楞伽》五百年后成为名相，此犹汉学家专治名物训诂，而于制作之本转有所遗。法相末流亦有此弊。"[③]

唯识宗的义理较多，包括三时判教说、三性说、五位百法、转识成智、五重观法、唯识修道五位、因明学说等义理，马一浮以五位百法、转识成智、唯识修道五位等与儒家义理进行会通。

① 《马一浮全集》第三册，639 页。
② 《马一浮全集》第三册，481 页。
③ 《马一浮全集》第二册，555 页。

第一节　五位百法与儒家义理的会通

佛家认为一切法数量无尽，而唯识宗把一切法分为五位百法，即五大类一百种法。五大类包括心法、心所有法、色法、心不相应行法、无为法。一百种法是对五大类法的详细划分，包括心法八种，心所有法五十一种，色法十一种，心不相应行法二十四种，无为法六种，共计百法。玄奘译《大乘百法明门论》具体记载了五位百法，心法有八种，即眼识、耳识、鼻识、舌识、身识、意识、末那识、阿赖耶识。心所有法分六类，一遍行，二别境，三善，四根本烦恼，五随烦恼，六不定。遍行有五种：作意、触、受、想、思；别境有五种：欲、胜解、念、三摩地、慧；善有十一种：信、精进、惭、愧、无贪、无瞋、无痴、轻安、不放逸、行舍、不害；根本烦恼有六种：贪、瞋、痴、慢、疑、不正见；随烦恼有二十种：忿、恨、恼、覆、诳、谄、憍、害、嫉、悭、无惭、无愧、不信、懈怠、放逸、昏沉、掉举、失念、不正知、散乱；不定有四种：睡眠、恶作、寻、伺。色法有十一种：眼、耳、鼻、舌、身、色、声、香、味、触、法处所摄色。心不相应行法有二十四种：得、命根、众同分、异生性、无想定、灭尽定、无想报、名身、句身、文身、生、住、老、无常、流转、定异、相应、势速、次第、时、方、数、和合性、不和合性。无为法有六种：虚空无为、择灭无为、非择灭无为、不动灭无为、想受灭无为、真如无为。[①]

马一浮在其著述中运用五位百法与儒家义理进行会通，包括色法、心法、心所有法、无为法与儒家“道、器”的会通，心所有法之别境五法与程颐“未有能致知而不在敬者”的会通，别境之“念”与儒家“心缘义理”的会通。

一、色法、心法、心所有法、无为法与儒家“道、器”的会通

色法是指有形相之法，包括五根五境和法处所摄色，其中五根五境是质碍之色，也称为有对色，法处所摄色是无对色，共十一种。心法是指没有形质但能够觉知、能够攀缘思虑分别的精神状态，包括八种识。心所有法是依于心法而起、与心相应、系属于心之法，分为六类五十一种。无为法是指无所造作、不属因缘、湛然常住、不生不灭之法，代表了心法、心所有法、色法、心不相应行法四种法的真实之性。

道、器是中国哲学中非常重要的一对范畴，在诸多典籍中均有记载，如《周易·系辞上传》说：“形而上者谓之道，形而下者谓之器。”[②]《礼记·学记》说：“玉不琢，不成器；人不学，不知道”[③]，又说：“大德不官，大道不器，大信不约，大时不齐。”[④]

① 中国佛学院唯识学教研组编：《〈大乘百法明门论〉基础教程》，1—3页，北京，宗教文化出版社，2014。

② （魏）王弼注，（晋）韩康伯注，（唐）陆德明音义，（唐）孔颖达疏：《周易注疏》，372页，北京，中央编译出版社，2013。

③ （元）陈澔：《礼记集说》，283页，南京，凤凰出版社，2010。

④ （元）陈澔：《礼记集说》，289页，南京，凤凰出版社，2010。

宋代以来的儒者对道、器做了诸多探讨，如朱熹说："理也者，形而上之道也，生物之本也；气也者，形而下之器也，生物之具也。"①

马一浮《观象卮言》最后一部分称为"释器大道大"，专门论述了道和器，他说："器者，万物聚散之目。道者，此理流行之称。道无定体而器有成形，二名无所不摄。……器即气也，道即理也。合则曰气，散则曰器。（万物散殊，皆名为器。流而不息，合同而化，以气言也。）寂则曰理，通则曰道，其实一也。立二名而义始备，从而二之则不是。然以道望理，则理隐而道显；以器望道，则道隐而器显。"② 可以看出，马一浮继承了朱熹等宋儒对道、器的解释，认为可以用理释道，道属形而上，无形无相，以气释器，器属形而下，有形有相。他又用色法、心法、心所有法、无为法与道、器进行会通：

> 道、器二名，即是色、心二法，此乃粗略言之。若精析义理分齐，则道、器可摄色、心二法，而彼色、心义不能摄此。以彼言心、心所法犹是器摄，非独根、境相对成色为器也。彼以色为心所现影，二俱是妄。此以器为道之流形，唯是一真。唯彼言无为法，其分齐乃当于此言道。横渠《正蒙》所简正此义也。若《般若》明色空不二，《华严》显一真法界，则与此分齐无差，故贤首判相宗为始教。③

① （宋）朱熹：《朱子全书》，2755页，上海，上海古籍出版社，合肥，安徽教育出版社，2002。

② 《马一浮全集》第一册，388—389页。

③ 《马一浮全集》第一册，390—391页。

从粗疏简略的角度来看，儒家所讲的道、器相当于唯识宗所讲的色法、心法，因为道和心法均为无形无相，器和色法均为有形有相。但是若精确分析义理的差别，道和器的范围大，色法和心法的范围小，则道、器可统摄色法、心法。心法和心所有法虽无形无相，但需依赖眼、耳、鼻、舌、身五根和色、声、香、味、触五境，而五根五境有形有相，所以器可以统摄心法和心所有法。从狭义来说，五根和五境相对而形成之色称为器；从广义来说，依赖于五根五境的心法和心所有法也可称为器。唯识宗认为色法是心法和心所有法变现的影像，均是虚妄产生的，而儒家认为器是道之流行所形成的形相，均是真实无妄的。唯识宗所说的无为法是超越形相、不生不灭、没有造作的，其范围相当于儒家的形而上之道。《般若经》阐明色空不二之理，《华严经》开显一真法界之义，其范围相当于形而上之道。

马一浮“释器大道大”是为了彰显《易》道之大，无所不包，他所作色法、心法、心所有法、无为法和道、器的会通同样是此用意。器之范围广义上可以包括唯识宗所说的色法、心法、心所有法，而道相当于无为法。唯识宗用五位百法概括世间万法，儒家用道和器囊括天地万物，两种分类方式有会通之处，而马一浮这种会通是简洁精要的创见。

二、心所有法之别境五法与程颐“未有能致知而不在敬者”的会通

别境是心所有法的种类之一，心所有法有遍行、别境、善、根本烦恼、随烦恼、不定六类，别境是其中第二类。玄奘的弟子窥基曾作《大乘百法明门论本事分中略录名数解》，专门注释

《百法明门论》，其中对别境加以解释："言别境者，别别缘境而得生故。"[①] 据此可知，别境是分别攀缘不同的对境而形成的心所有法。别境分为五种：欲、胜解、念、三摩地、慧。

程颐提出"未有能致知而不在敬者"，是对先秦儒学的继承和弘扬。《大学》曰："欲诚其意者，先致其知，致知在格物"。"敬"是儒学的核心概念之一，在整个中国文化中都有重要意义。从先秦儒学，到宋明儒学，再到近现代儒学，都对敬作了诸多探讨和论述。《礼记·曲礼》曰："毋不敬，俨若思，安定辞。安民哉！"[②]《论语·宪问》曰："修己以敬。"[③] 程颐接续先儒之义理，他说："涵养须用敬，进学则在致知。"[④] 又曰："入道莫如敬，未有能致知而不在敬者。"[⑤] 马一浮对"敬"与"致知"亦十分重视，将"主敬为涵养之要""穷理为致知之要"作为复性书院四条学规的头两条。他以程颐"未有能致知而不在敬者"之理与心所有法之别境五法相会通：

> 玄奘译《百法明门论》，分心所有法为五位，第二别境五法：一欲，二胜解，三念，四三麽地，五慧。三、四是敬摄，二、五是知摄。别境者，言历别缘境而生，对遍行说也。所缘之境有四，谓所乐境、决定境、曾习境、所观境。彼文云："欲者，于所乐境，希望为性，勤依为业"，此即

① 中国佛学院唯识学教研组编：《〈大乘百法明门论〉基础教程》，29页，北京，宗教文化出版社，2014。
② （元）陈澔：《礼记集说》，1页，南京，凤凰出版社，2010。
③ （宋）朱熹：《四书章句集注》，149页，北京，中华书局，2011。
④ （宋）程颢、程颐：《二程集》，188页，北京，中华书局，2004。
⑤ （宋）程颢、程颐：《二程集》，66页，北京，中华书局，2004。

> 儒家所谓“志”也。“胜解者，于决定境，印持为性，不可引转为业”，谓于所证理境，审决印持，不为异缘之所引转，若犹豫境，胜解全无。“念者，于曾习境，令心明记不忘为性，定依为业。”“三麽地者，此云等持，于所观境，令心专注不散为性，智依为业。”“慧者，于所观境，拣择为性，断疑为业。”念及三麽地，敬也。胜解与慧，知也。学者观于此，则于“未有致知而不在敬”之义，亦可以无疑矣。[①]

马一浮认为念和三麽地为敬所摄，胜解和慧为知所摄。胜解是指对所证理境予以肯定，毫不犹豫，不为异缘所转变；慧是指对所观境进行分别、判断，明辨而无疑；念是指对所习境明记而不忘；三麽地即三摩地、三昧，是指对所观境心念高度集中，专注而不散乱。若要对理境进行判别、肯定，首先要对理境明记不忘、专注不乱，即是说胜解和慧是以念和三麽地为基础的。所以，致知是要以敬为基础的，也即是“未有能致知而不在敬者”之义。

三、别境之“念”与儒家“心缘义理”的会通

别境有五种：欲、胜解、念、三摩地、慧，念是其中第三种。《大乘百法明门论本事分中略录名数解》对念加以解释：“念者，于曾习境，令心明记不忘为性，定依为业。谓数忆持曾所受境，

① 《马一浮全集》第一册，69页。

而不忘失，能引定故。”[①] 据此可知，念是指对于曾经经历过、感受过的对境，让自己的心明记不忘，常常记忆受持而不忘失，其功能作用在于可以引生禅定。

从儒家范围来看，义理是四书五经等经典中的大义和道理，以心性之学为主，注重成圣成贤，讲求内圣外王。宋儒尤其重视阐发儒家的义理，学术界将宋朝以来的理学称为义理之学。马一浮说：“濂、洛、关、闽诸儒深明义理之学”[②]，又说：“圣学者即是义理之学，切勿以心性为空谈而自安于卑陋也”[③]。马一浮的著述处处阐发儒家的义理，在《泰和宜山会语》中曾专门讲解义理名相，涉及理气、知能、说视听言动、居敬与知言、涵养致知与止观、说止、去矜等内容。他提出“心缘义理”，即指心所思所想均依照义理，安住于义理，并与别境之“念”进行会通：

> 念者，心犹在境，故以明记不忘为义，能引定生。（依《百法明门论》，三摩地亦属别境。）向举心缘义理之说，正是知止功夫，亦即名为正念。正念现时，妄念自息。[④]

《百法明门论》中的念和三摩地均属于别境，其中念就是心缘于对境，明记不忘，能够引生禅定。从儒家来说，义理是心所思惟的对境，心缘义理即心念义理，念念不忘。若知道心止于义理，就能心安定于义理，这种知止功夫正是心缘义理，也可称之

① 中国佛学院唯识学教研组编：《〈大乘百法明门论〉基础教程》，39 页，北京，宗教文化出版社，2014。

②《马一浮全集》第一册，6 页。

③《马一浮全集》第一册，6 页。

④《马一浮全集》第一册，489 页。

为正念。当正念显现时，虚妄之念就会渐渐自己止息。

马一浮所说的心缘义理是调摄内心的方法，常人内心杂念纷飞，不胜其扰，所以需要正念，而正念就是心缘义理，他说：“心缘义理，即是正念，时时住于正念，则杂念无自而生”[①]，又说：“若能心缘义理，不取外境，劳攘自少，便有止意”[②]。心缘义理是减少乃至消除杂念劳攘的路径，让人心有主宰，久久调服其心，达到内心安静的效验，此为儒家修养功夫论。唯识宗的念强调通过明记不忘所经历过的对境，使心止于一处，进而引生禅定，此为佛家修行功夫论。因此，念和心缘义理可以会通，是在功夫论层面深入而精微的会通。

第二节　转识成智与儒家义理的会通

转识成智是唯识宗的重要学说之一，指转八识（眼识、耳识、鼻识、舌识、身识、意识、末那识、阿赖耶识）成为四智（成所作智、妙观察智、平等性智、大圆镜智），具体指转前五识为成所作智，转第六识为妙观察智，转第七识为平等性智，转第八识为大圆镜智。《成唯识论》详细阐述了转识成智：“云何四智相应心品？一、大圆镜智相应心品，谓此心品离诸分别，所缘行相微细难知，不忘不愚一切境相，性相清净离诸杂染，纯净圆德现种依持，能现能生身土智影，无间无断穷未来际，如大圆镜

① 《马一浮全集》第四册，15 页。
② 《马一浮全集》第四册，23 页。

现众色像；二、平等性智相应心品，谓此心品观一切法自他有情悉皆平等，大慈悲等恒共相应，随诸有情所乐示现受用身土影像差别，妙观察智不共所依，无住涅槃之所建立，一味相续穷未来际；三、妙观察智相应心品，谓此心品善观诸法自相共相无碍而转，摄观无量总持、定门及所发生功德珍宝，于大众会能现无边作用差别皆得自在，雨大法雨，断一切疑，令诸有情皆获利乐；四、成所作智相应心品，谓此心品为欲利乐诸有情故，普于十方示现种种变化三业，成本愿力所应作事。如是四智相应心品虽各定有二十二法，能变所变种现俱生，而智用增以智名显。故此四品总摄佛地一切有为功德皆尽。此转有漏八七六五识相应品如次而得，智虽非识而依识转，识为主故说转识得。又有漏位智劣识强，无漏位中智强识劣，为劝有情依智舍识，故说转八识而得此四智。"[1] 凡夫的八识是染污有漏的，佛的四智是清净无漏的，因此劝导众生依智舍识，通过修行转八识成四智。

马一浮以转识成智与《论语》"克己复礼"相会通，又与张载"善反之则天地之性存焉"相会通。

一、转识成智与《论语》"克己复礼"的会通

"克己复礼"是《论语·颜渊》首章的内容，此章被先儒称为孔门传授心法之言。全章内容为："颜渊问仁。子曰：'克己复礼为仁。一日克己复礼，天下归仁焉。为仁由己，而由人乎哉？'颜渊曰：'请问其目。'子曰：'非礼勿视，非礼勿听，非礼勿言，

① （唐）玄奘译，韩廷杰校释：《成唯识论校释》，688—689页，北京，中华书局，1998年。

非礼勿动。’” [1] 颜渊向孔子请教“仁”，孔子回答说，克制、战胜自己的私欲，复归于礼，这即为仁，若真能做到克己复礼，则天下之人都会赞同认可其仁。为仁是自己之事，操之在己，非他人所能主宰决定。颜渊领会孔子之言后又请问具体的条目，孔子说，不符合礼的不去看、不去听、不去说、不去行动。马一浮在其著述中经常引用、阐释《论语》“克己复礼”章，也常以此章和佛家义理进行会通，其中一个表现就是与转识成智的会通：

> 以佛法通之，这个己是末那识。克己即是转七识为平等性智，复礼便是转六识为妙观察智，七识既转，则六识随之俱转。妙观察智即差别智，当此所谓礼也。（末那识中具有四惑，谓我痴、我见、我爱、我慢也。）视、听、言、动是前五识，六、七两识俱转则前五识转为成所作智，第八识当体即是大圆镜智矣。故谓“克己复礼”即佛氏之“转识成智”也。[2]

按照佛法进行解释，“克己复礼”的“己”相当于第七末那识。末那识是一种染污识，为我执的根本，具有四种烦恼迷惑：我痴、我见、我爱、我慢，众生正是在这种执着迷妄中造诸恶业。因此需要转化染污的第七末那识为清净的平等性智，断除我法二执，证得自他平等。孔子讲“克己复礼”，在马一浮看来，克制、战胜自己的私欲，相当于转第七末那识为平等性智；复归于礼，相当于转第六意识为妙观察智。末那识是意识之根，意识

① （宋）朱熹：《四书章句集注》，125 页，北京，中华书局，2011。
② 《马一浮全集》第四册，111 页。

依于末那识，当末那识转化之后，意识随之转化。妙观察智是善于观察诸法相状、众生根机的智慧，也即是善于分别一切差别相的智慧，相当于儒家根据人性人情而制定的种种礼。孔子所讲的“视、听、言、动”相当于唯识宗所说的眼识、耳识、鼻识、舌识、身识，当第六意识转为妙观察智和第七末那识转为平等性智，则前五识转为成所作智，而第八阿赖耶识由染污转为清净，当体就是大圆镜智。所以马一浮认为《论语》中的“克己复礼”相当于唯识宗的“转识成智”。

此外，马一浮又说：

> 群经中赞圣人之德者多言“聪明”。如《易》曰：“古之聪明睿知，神武而不杀者夫。”《书》曰：“明四目，达四聪”，“亶聪明，作元后”。《中庸》曰：“聪明睿智，足以有临也。”盖聪明是耳目之大用，睿智是心之大用，此犹佛氏之言四智矣。（转八识成大圆镜智，转七识成平等性智，转六识成妙观察智，转五识成成所作智。其言智者，即性也；其言识者，即情也。故谓转识成智即是“性其情”，亦即是“克己复礼”也。聪明属成所作智，睿智可摄余三。）[①]

聪明属于成所作智，睿智统摄妙观察智、平等性智、大圆镜智，就是说聪明睿智与佛家四智相当。而克己复礼须做到非礼勿视、听、言、动，则视、听、言、动得其理，耳目口体尽其用，自能耳聪目明，言行得当，即表现为聪明睿智。从性情角度来

①《马一浮全集》第一册，60页。

说，性为主而情从之，情皆顺性，即是“性其情”。由此，马一浮认为“克己复礼”“性其情”即相当于转识成智之义。“克己复礼为仁”是儒家很重要的观念，马一浮不仅认为其中之“己”是形气之私，更以佛理通之，此“己”即意根，即是我见，并说：“孔门‘克己复礼’，即释氏‘转识成智’也。非彻证二空，不名克己。不论凡情圣见，总须铲除，才有纤毫，无自由分。世间种种辩智，总属情尘意计，增长人我，辗转系缚，无有了期。譬如掘坑自埋，乃言求活，安有是理?”[①] 二空指人空、法空，当证悟人空、法空之理时，没有各种凡圣见解，去除了各种执着，此时方称为克己。这里牵涉到转八识的顺序问题，马一浮指出转第七识的先行性：“下功夫是因地事。须先转七识，则六识随之而转，八识与前五识毫无过咎。六、七既转，则五、八是现成智，故属果地事，实无所转也。”[②] 第七识恒审思量，为我、法二执的根源，是第六识分别造作之所依，因此悟人、法二空之理，转末那识，则第六识随之而转。

“克己复礼”是《论语》中的核心内容之一，也是整个儒家的重要理念，受到历代儒者尤其是宋儒的重视。朱熹认为“克己复礼”就是克服去除私欲以复归于礼，而礼是天理之节文，当私欲除尽，则仁心显现，天理流行。这种解释表明了儒家通过功夫证悟本体的路径，马一浮亦持这种观点。转识成智是佛家通过功夫证悟本体的方法，八识是凡夫的状态，四智是佛的境界，故需要通过修行转识成智，由凡夫而成佛正是证悟本体的过程。因此，马一浮进行《论语》“克己复礼”和唯识宗转识成智的会通，

① 《马一浮全集》第一册，428 页。

② 《马一浮全集》第一册，490 页。

是对儒家和佛家核心义理的会通，是对儒家和佛家本体功夫层面的会通。

二、转识成智与张载“善反之则天地之性存焉”的会通

张载提出了“气质之性”和“天地之性”的分类。他说：“形而后有气质之性，善反之则天地之性存焉。故气质之性，君子有弗性者焉。”① 对“气质之性”“天地之性”的探讨是儒家人性论的重要课题，自先秦即有诸多论述，到宋朝时始明确。孟子主张性善论，认为气质亦是善，而不善是由于习俗污染、物欲陷溺。如《孟子·告子上》曰“乃若其情，则可以为善矣，乃所谓善也。若夫为不善，非才之罪也”②，又说“富岁，子弟多赖；凶岁，子弟多暴。非天之降才尔殊也，其所以陷溺其心者然也”③。荀子主张性恶论，如《荀子·性恶》曰：“人之性恶，其善者伪也。”④ 荀子所说的性是指气质之性，对汉代人性论产生了很大影响。从现实来看，气质之性有善有恶，不能仅以恶来说性。到宋朝时，对人性有了更详细完备的论述，作出“气质之性”和“天地之性”的区分，认为气质之性有善有恶，而天地之性纯粹至善，表明儒家人性论的探讨形成了明确的结论。

马一浮继承先秦至宋朝儒家人性论的观点，又进一步以转识成智与“善反之则天地之性存焉”进行会通：

① （宋）张载：《张载集》，23 页，北京，中华书局，2008。
② （宋）朱熹：《四书章句集注》，307 页，北京，中华书局，2011。
③ （宋）朱熹：《四书章句集注》，308 页，北京，中华书局，2011。
④ （清）王先谦：《荀子集解》，420 页，北京，中华书局，2012。

> 南泉曰："学道之人不识真，只为从来认识神，无始世来生死本，痴人认作本来人。"此一偈与孟子、横渠把手共行。今不惜眉毛，再为注破。若依佛语会通，则横渠所谓"气质之性"者，识也；"天地之性"者，智也；"善反之则天地之性存焉"者，即是转八识成四智。大鉴所谓"但转名言无实性"也。"形而后有气质之性"，是全真起妄；"善反之"，则举妄全真。"君子有弗性焉"，即不认识神也。"天地之性存焉"，即"三身四智体中圆"也。若能如此，则"幻化空身即法身"矣。"幻化"即谓"形而后有"，非曰空无也。[①]

气质之性相当于识，天地之性相当于智，通过做功夫，如儒家"善反"、佛家"转"，从气质之性的状态达到天地之性的状态，将八识转为四智。南泉是唐朝著名的禅师，为马祖道一门下三大士之一（即六祖慧能下三世法嗣），其偈子中的"真"是指本体，证悟本体则有四智显现，"识神"指识，"认识神"是只认幻化的识，处于全真起妄的状态，即是"形而后有气质之性"。马一浮又引用了六祖慧能对转识成智的讲解："大圆镜智性清净，平等性智心无病，妙观察智见非功，成所作智同圆镜。五八六七果因转，但用名言无实性。若于转处不留情，繁兴永处那伽定。"[②] 这种讲解强调了因和果两方面的转化，若能从因地上转化第六识和第七识，则果位上前五识和第八识亦随之而转化，属于转化其名而不转化其体的情况。"三身四智体中圆"与"幻

① 《马一浮全集》第一册，460—461 页。

② 贾题韬：《贾题韬讲〈坛经〉》，176 页，上海，上海古籍出版社，2011。

化空身即法身”均出于《永嘉证道歌》，对证悟本体的境界作出了描述。可见，在这部分内容中，马一浮从本体、功夫两方面做了会通。

第三节　修道五位与儒家义理的会通

修道五位是佛家在修证方面所划分的五个位次，即资粮位、加行位、见道位、修习位、究竟位。著名佛学理论家黄忏华对修道五位做了解释：“初资粮位者，此位为趣向无上菩提，修种种胜六度、四摄法等，为入佛道之资粮，故名资粮位。此位不违所求之解脱，正为趣涅槃因，故亦名顺解脱分。此位中有十住、十行、十回向三十心。二加行位者，此位为将证入见道之圣位，更修方便加行，故名加行位。此位欣求顺趣真实决择（见道）分，故亦名顺决择分。于前资粮位最后第十回向满心，修暖、顶、忍、世第一四善根，即今加行位也。三通达位者，菩萨初地之入心。加行位无间，无漏正智生，体达唯识实性即真如，故名通达位。又于此位，初照见真理，故亦名见道。四修习位者，菩萨于见道位，已发无分别智，断分别起二障种子，证人法二空真唯识理，为更断余俱生起二障，证得二转依果，复数数修无分别智，故名修习位，亦名修道。此位菩萨经十地位，修十波罗密，断十重障，证十真如。五究竟位者，菩萨十地满心，于金刚无间道，断二障种子，证二空理，于解脱道，舍劣无漏及有漏法，证四智菩提、四涅槃，达妙觉果满之佛位。此菩提、涅槃二果，正为转舍烦恼、所知二障所得，故名二转依。此二转依，即是究竟无漏界，故名究竟位。”[①] 此五位说并非始自唯识宗，但唯识宗认为具有大乘种性者方可悟入唯识行位，又与大乘佛教五十二位[②] 的修行阶位相配合，形成了周详的修行学说。

马一浮以《孝经》中五等之称与修道五位作类比，亦可看作是一种会通。《孝经》从第二章到第六章，分别论述天子、诸侯、卿大夫、士、庶人五等人之孝，五等之称即是这五等人的称谓。人们多从地位、职位的角度来看五等之称，然而马一浮却主要从德行的角度来论。古代授予官爵多是按德行的等差来进行的，如《仪礼·士冠礼》：“以官爵人，德之杀也。”[③] 马一浮认为五等人之孝均本于爱敬之心，因位之差别而有不同的德行要求。佛家修道五位是修行阶位的划分，根据修行的不同程度而达到不同的阶位，与儒家爵位有一定的可比性，因此马一浮说：

> 五等之称，亦略如佛氏之五位。士当资粮位（三贤），卿大夫当加行（四加行）、见道（一名通达，十地初心当之）

① 黄忏华：《中国佛教史》，224 页，北京，东方出版社，2008。

② 关于大乘佛教的修行阶位问题，各经论所说不同，其中五十二位之说是被广泛采用的说法。五十二位指由凡夫到成佛要经过的五十二个阶位，即十信、十住、十行、十回向、十地、等觉、妙觉。十信心，指信心、念心、精进心、慧心、定心、不退心、回向心、护法心、戒心、愿心。十心住，指发心住、治地心住、修行心住、生贵心住、方便心住、正心住、不退心住、童真心住、法王子心住、灌顶心住。十行心，指欢喜心行、饶益心行、无嗔恨心行、无尽心行、离痴乱心行、善现心行、无著心行、尊重心行、善法心行、真实心行。十回向心，指救护一切众生离相回向心、不坏回向心、等一切佛回向心、至一切处回向心、无尽功德藏回向心、随顺平等善根回向心、随顺等观一切众生回向心、如相回向心、无缚解脱回向心、法界无量回向心。十地心，指四无量心、十善心、明光心、焰慧心、大胜心、现前心、无生心、不思议心、慧光心、受位心。等觉指入法界心。妙觉指寂灭心。

③（汉）郑玄注，（唐）贾公彦疏：《仪礼注疏》，59 页，北京，北京大学出版社，1999。

二位，诸侯当修习位（第二至十地），天子即究竟位也，庶人可当十信。[①]

资粮位包括十住、十行、十回向三位，称为三贤，相当于士；加行位包括暖、顶、忍、世第一法四善根，又称为四加行，见道位也叫通达位，为十地中初地之入心（十地以上即为圣位），此两位相当于卿大夫；修习位为十地之第二地至第十地，相当于诸侯；究竟位是圆满的佛位，为最高位，相当于儒家最高的爵位——天子；十信位是五十二位中前十位，学佛法须以信为先，十信位尚未达到贤圣位，仅是入贤圣位的前导，而庶人没有爵位，因此十信位相当于庶人。

修道五位说是佛家在修证次第方面详细、周密的论述，展现了佛家功夫论的系统性、完备性，相比之下，儒家虽有《孝经》天子、诸侯、卿大夫、士、庶人五等之称和《大戴礼记》庸人、士人、君子、贤人、圣人五位之名，但在具体的功夫论方面似乎尚少类似的论述。马一浮以五等之称与修道五位说相会通，既是对儒家义理的抉发，亦是对佛家义理的开显，可谓是他的独特理解。

---

① 《马一浮全集》第一册，198页。

第五章 天台宗与儒家的会通

天台宗是汉传佛教八大宗派之一，由智者大师实际创立。天台宗得名是由于智者大师多在浙江省天台山讲经说法，故后世以地名来命名此宗。天台宗根据《法华经》而立，故又称法华宗。天台宗以止观行为本，因此又有止观宗之称。天台宗的传承脉系如下：初祖龙树大士、二祖北齐慧文、三祖南岳慧思、四祖天台智𫖮、五祖章安灌顶、六祖法华智威、七祖天宫慧威、八祖左溪玄朗、九祖荆溪湛然，这即是天台九祖之说。在诸位中土大师之中，马一浮经常引用和阐述智𫖮、湛然等人的典故和思想。

智𫖮（538—597），世称智者大师，以弘扬止观著称，创五时八教之说，对释迦一代教法进行判释，阐发三谛圆融、一念三千等理，确立了天台宗的教理体系。马一浮在其著述中多次引用智𫖮的典故和思想，比如他在给洪允祥的信中说："智者据《法华》立实教，从南岳亲证三昧，得旋陀罗尼。《法华玄义》一书，真同天地日月，从来无敢致疑。"[①] 其中讲到智者大师依据《法华经》判立圆教为如来真实之教法，又提到智者大师在其师南岳慧思门下开悟，证得三昧，得到于法门中圆满具足、出没无碍的旋陀罗尼，还提到智者大师的著述《法华玄义》具有很高的价值。马一浮曾写诗《万佛顶》："天台佛顶礼楞严，一色琉璃月满檐。翻恨雪山无外道，微尘国土总廉纤。"[②] 其中"天台佛顶礼楞

① 《马一浮全集》第二册，363 页。

② 《马一浮全集》第三册，175 页。

严”即运用了智者大师的故事：智者大师听一位梵僧说止观法门中三观之说与印度的《楞严经》意旨比较契合，为了求得《楞严经》进行研读，在天台山华顶上设置拜经台，向印度方向虔诚礼拜多年。马一浮也曾写诗《真觉寺访智者大师塔》：“法华证后始开权，南岳亲承教外传。得坐披衣犹此日，焚香烧臂定何年？目穷霄汉无人问，行尽崔嵬倚石眠。僧宝不逢牛迹乱，灵山一会已迢然。”[①] 其中涉及智者大师在其师南岳慧思门下开悟的典故，智者大师诵《法华经》至药王菩萨本事品时，触发解悟，亲见灵山一会俨然未散。

湛然（711—782），受学于八祖玄朗，撰天台三大部的注解和其他内容共计数十万言，如《法华玄义释签》《法华文句记》《法华经大意》《法华五百问论》《止观辅行传弘决》《止观辅行搜要记》《止观大意》《止观义例》《止观文句》《金刚錍》《维摩略疏》《维摩疏记》《十不二门》《始终心要》等，阐扬天台宗义理，被称为中兴之祖。

马一浮曾写《心印铭歌》，对天台宗的源流、人物、义理有所介绍。《心印铭》由唐代梁肃撰，宋代僧人冲羽书，刻在杭州慈云岭石壁。马一浮曾去游观，并依据《心印铭》而写下《心印铭歌》：“我闻南岳思，举目视霄汉。三世诸佛一口吞，下界众生都不见。智过于师道始传，法华显实乃开权。天台中观绍龙树，五叶遂至荆溪然。荆溪法子有安定，白衣大士知心印。何异楞伽教外传，同是圆修同顿证。离一切相即名佛，心生心灭非他物。缘起无生法本如，好事因之镌石窟。千年梗塞无人到，见此皆应

① 《马一浮全集》第三册，39 页。

成佛道。纵使天倾地陷石壁隤，此土轻安无热恼。礼梁肃，揖冲羽，亟施毡拓逢人举。莫待三千劫火然，断舌点胸无可语。我来视此荆棘中，五丁斧凿龙蛇宫。不离文字即解脱，如将彩笔染虚空。《心印铭》，开佛眼，休言匪石不可转。众生何处更求心，月印千江随隐显。"[①]其中讲到南岳慧思和智者大师在天台宗的重要地位，又讲到《法华经》开权显实之义，天台宗承继了龙树的中观思想，荆溪湛然中兴天台宗，湛然之在家弟子梁肃据天台宗等佛教内容而撰写了《心印铭》。

天台宗依据的经论主要有三经一论，三经是《法华经》《涅槃经》《大品般若经》，一论是《大智度论》。在三经一论外，各位祖师著述颇丰，如慧思著有《大乘止观法门》；智𫖮撰有著名的天台三大部（《法华玄义》《法华文句》《摩诃止观》）、五小部（《观音玄义》《观音义疏》《观经疏》《金光明经义疏》《金光明经文句》），此外还有《六妙法门》等；湛然著有《法华玄义释签》等。关于阅读各位祖师的著述，马一浮说："天台宗须先看《法华玄义》《法华文句》《摩诃止观》，是为天台三大部。思大禅师《大乘止观》、蕅益《教观纲宗》皆简要。又《法界次第》，亦入门必读之书也。《四教义》《四念处》《禅波罗密次第初门》《小止观》，亦观法初门之简易者。"[②]其中，天台三大部及《法界次第》《四教义》《四念处》《小止观》均为智𫖮的著述。

天台宗强调教观并重，在佛教理论阐发和实践修行方面都有突出表现。天台宗重点阐发了诸法实相和止观等内容，诸法实相说侧重于理论层面，止观说则为修行层面，即相当于功夫论。具

①《马一浮全集》第三册，497页。
②《马一浮全集》第二册，554—555页。

体教义包括止观、三谛圆融、一念三千、一心三观、六即、四悉檀、十不二门等，马一浮运用其中一些义理与儒家义理进行会通，主要包括：止观与儒家义理的会通，四悉檀与儒家义理的会通，修性不二与儒家义理的会通，依正不二与儒家义理的会通。

第一节　止观与儒家义理的会通

止观是止与观的合称。止为梵文奢摩他的中文意译，观为梵文毗婆舍那的中文意译。止观在佛教诸经论中多有论述，智𫖮之前的不少佛教人物对止观有过阐释，如僧肇说："系心于缘谓之止，分别深达谓之观。"[①] 天台宗各位大师对止观有诸多阐述，比如智者大师在《摩诃止观》中把止和观各以三义来解释，止之三义包括止息义、停止义、对不止止义，观之三义包括贯穿义、观达义、对不观观义。概括而言，止是指止息一切烦恼和妄想，心一境性而系念安住于真谛、俗谛、中谛之理；观是指反观真如自性，以智慧观照，观一切法之真谛、俗谛、中谛，运用智慧穿灭烦恼和妄想。

天台宗以弘扬止观而为后世所熟知。宋代释元照在为智𫖮《小止观》所作的序中说："曰止观，曰定慧，曰寂照，曰明静，皆同出而异名也。若夫穷万法之源底，考诸佛之修证，莫若止观。天台大师灵山亲承，承止观也；大苏妙悟，悟止观也；三昧所修，修止观也；纵辩而说，说止观也。故曰，说己心中所行法

① （后秦）僧肇等撰：《注维摩诘经》，195 页，北京，线装书局，2016。

门。则知台教宗部虽繁，要归不出止观，舍止观不足以明天台道，不足以议天台教。故入道者不可不学，学者不可不修。”[①]表明智𫖮所承接、妙悟、修习、辩说的核心内容为止观，且整个天台宗的要旨亦在于止观。诸位祖师针对止观有大量著述，如慧思有《大乘止观法门》，智𫖮有《摩诃止观》《释禅波罗密次第法门》《不定止观》《小止观》等，湛然有《止观辅行传弘决》《摩诃止观辅行搜要记》《止观义例》《止观大意》等。尤其智者大师将止观法门体系化、组织化，产生了深远的影响。止观有多种分类，如渐次止观、不定止观与圆顿止观。止观又可分为三止三观，三止包括体真止、方便随缘止、息二边分别止，三观包括空观、假观、中观。

马一浮综合诸经论以及天台宗的阐述，对止观进行解释：“梵语奢摩他，此翻云止，即定之异名，寂静义也。心不妄缘，安住净觉，不取诸相，便能内发轻安，一切义理于中显现。如镜中像，影像历然，镜体不动，此名定相。梵语三摩钵提，亦云三摩地，此翻等持，又名毗婆舍那，此翻正见，即观义也。观以照了为义，双离昏掉曰等，专注不散曰持。能观之智性清净，故所观之境悉皆谛实，决定不疑，名之曰慧，亦名正见。梵语禅那，意为静虑。静即是止，虑即是观。即虑而静，故非散动；即静而虑，故非无记。是为止观双运、定慧平等之相，亦名为舍。”[②]

马一浮比较重视天台宗止观法门，在其著述中经常引用和阐发，比如在《泰和宜山会语》中讲解义理名相时曾专门阐发“涵

① （宋）释元照：《小止观序》，见（隋）智𫖮著，李安校释：《童蒙止观校释》，1页，北京，中华书局，1997。

② 《马一浮全集》第一册，67—68页。

养致知与止观”。天台宗论述止观时常与定慧、寂照联系在一起，马一浮亦受此影响，强调止观双运、定慧兼修、定慧平等，他也曾说：“止观双运，寂照同时。”[①] 这是对止观法门的准确把握。

马一浮用天台宗止观法门与儒家义理进行会通，包括：止观与《礼记》洁静精微的会通，止观与程颐涵养致知用敬的会通。

一、止观与《礼记》洁静精微的会通

“洁静精微”出自《礼记》。《礼记·经解》引孔子之言，对六经加以解说，其中关于《易经》教化的内容为：“洁静精微，《易》教也。”[②]《易》之道博大精深，《易》之为书广大悉备，《易》无思无为，寂然不动，感而遂通，《易》可以让人极深而研几，《易》可以让人穷理尽性以至于命。因此，通过《易经》之教化，深入学习研究《易经》，可以变得清洁安静专精微密。

马一浮对《礼记·经解》中的这部分内容非常重视，在其著述中经常引用，又进行深入的阐发，尤其在六艺论中引用和阐发较多。比如他说：“‘洁静精微，《易》教也’，‘惧以终始，其要无咎’，孔子假年学《易》，自期无过，此岂义解边事？后儒人自为说，家自为书，斯乃说《易》，非学《易》也。”[③] 又说：“‘洁静精微’是因地之德，‘聪明睿智’是果地之德，故以‘教’、‘道’分言之。”[④] 他还写过《举香赞》：“众心即圣人之心，是气即天地之气。只此一瓣心香，由来久远，日用不离。四

① 《马一浮全集》第三册，793 页。

② （元）陈澔：《礼记集说》，387 页，南京，凤凰出版社，2010。

③ 《马一浮全集》第一册，398 页。

④ 《马一浮全集》第一册，660 页。

夷所不能侵，穷劫而不可敝。今日爇向炉中，普熏天下，求之昭明焄蒿，以表薪传火继。其运无乎不在，其体无乎不备，先圣后圣，其道一揆。闻者直下承当，不合者妄生同异。（大众还闻否？）摄归唯是一心，散之则为六艺。现前洁静精微，流出聪明睿智。”[①] 其中也运用了洁静精微。马一浮又用洁静精微与天台宗止观进行会通：

> 释“洁静精微”云：洁静即是止，精微即是观。洁者，不染污义，“甘受和，白受采，忠信之人可以学礼”也。静者，不躁动义，不昏沉掉举散乱因而至于乖缪也。精者，不夹杂义，犹米之精凿也。微者，深密义，不求人知而己独知之，《诗》美成王曰“夙夜基命宥密”，《礼》所谓“无声之乐”也。[②]

他对洁静精微进行解释，洁是指没有染污而清洁清净，《礼记·礼器》之言表达了此意，甘味质素可以接受调和众味，白色质素可以添加各种色彩，忠诚信实、质素为本之人可以学习礼的精神和仪式。静是指没有躁动而安静安定，佛家之静强调没有昏钝向下、浮动不安、放逸流荡。精是指没有夹杂而专精专一，就像精细舂去谷壳的净米一样没有杂质。微是指深沉细密，体现了不求人知而自己独知的境界，《诗·周颂·昊天有成命》赞美周成王早晚信顺天命而行宽弘宁静之化表达了此意，《礼记·孔子闲居》所说没有声音、没有形状而能让人内心和乐也表达了此

① 《马一浮全集》第二册，281 页。
② 《马一浮全集》第一册，580 页。

意。根据马一浮的解释，洁静是没有染污而清洁清净、没有躁动而安静安定的状态，天台宗所说的止是指止息一切烦恼和妄想而内心清净、安宁的状态，故洁静可以和止相会通；精微是没有夹杂而专精专一、无形无相而深沉细密的状态，天台宗所说的观是以智慧观照自性、观照万事万物的状态，这种智慧观照具有专注不散乱、无形无相而精妙微密的特点，故精微可以和观相会通。

天台宗止观是佛家十分重要的修行法门，止与观相辅相成，如鸟之双翼，如车之两轮，通过止观双运、定慧兼修的修行实践而成就佛道。洁静精微是《易经》的教化之道，经由学习研究《易经》而让人变得清洁安静专精微密，这体现了儒家的修养途径。由此可知，止观和洁静精微的会通是功夫层面的会通。

二、止观与程颐涵养致知用敬的会通

涵养致知是宋儒探讨的重要话题之一，尤其程颐和朱熹对此阐述较多。程颐说："涵养须用敬，进学则在致知。"[①]又说："入道莫如敬，未有能致知而不在敬者。"[②]朱熹比较重视程颐之言，晚年经常举出"涵养须用敬，进学则在致知"二语以教育学者。涵养致知在宋明理学中占有重要地位，在整个儒学中亦影响颇大。

马一浮对涵养致知非常推崇，在其著述中经常引用和阐发。《孟子》探讨了人心得养失养问题，《大学》记载了致知，宋儒进一步加以论述。在吸收先秦儒家和宋代儒家关于涵养致知的思想

① （宋）程颢、程颐：《二程集》，188 页，北京，中华书局，2004。
② （宋）程颢、程颐：《二程集》，66 页，北京，中华书局，2004。

之后，马一浮对涵养致知有过界定。《孟子·告子上》曰："苟得其养，无物不长；苟失其养，无物不消"[①]，马一浮据此说："凡物不得涵濡润泽则不能生长，如草木无雨露则渐就枯槁，此是养其生机，故曰涵养也。"[②]他又说涵有含容深广、虚明照彻之意。可知，涵养是指滋润养育心性，则人心能够呈现广大之量，又能发挥觉照之用。马一浮根据朱熹对《大学》"致知在格物"的解释，认为致知是指推求穷究吾人心性之知。

在儒家功夫论体系中，"敬"是一个极为重要的概念。程颐把用敬作为涵养功夫的途径，也作为致知的条件，又认为敬是入道之门。马一浮对敬也极为重视，在《泰和宜山会语》中曾专门讲"说忠信笃敬""居敬与知言"，在《复性书院讲录》中也作了诸多阐发。他说："敬是收敛不放肆"[③]，又说："以率气言，谓之主敬；以不迁言，谓之居敬；以守之有恒言，谓之持敬。心主于义理而不走作，气自收敛，精神摄聚，则照用自出，自然宽舒流畅，绝非拘迫之意。故曰'主一无适之谓敬'，此言其功夫也。敬则自然虚静，敬则自然和乐，此言其效验也。敬是常惺惺法，此言其力用也。"[④]对敬进行了言简意赅的阐释。

马一浮对程颐涵养致知用敬之言比较重视，多次引用和阐发，比如他在给王钟麒的信中说："此言最为切要，不可忽也。"[⑤]他曾制定复性书院学规四条，前两条是"主敬为涵养之要""穷理为致知之要"，这也体现了对程颐之言的吸收。他运用止观说

①（宋）朱熹：《四书章句集注》，310页，北京，中华书局，2011。

②《马一浮全集》第一册，88页。

③《马一浮全集》第一册，47页。

④《马一浮全集》第一册，88页。

⑤《马一浮全集》第二册，368页。

与涵养致知用敬之理进行会通，他说：

> “未有致知而不在敬者”，惟从涵养得来，则知为心德，为正知。否则只是寻声逐响，徇物之知，或反为心害，此知乃是习气也。《坤》六二“直、方、大，不习无不利”，《象》曰：“六二之动，直以方也。”《文言》曰：“直其正也，方其义也。君子敬以直内，义以方外，敬义立而德不孤。‘直、方、大，不习无不利’，则不疑其所行也。”主敬集义，涵养致知，直内方外，亦如车两轮，如鸟两翼，用则有二，体唯是一。“敬义立而德不孤”者，言其相随而至，互为因藉，决无只翼单轮各自为用者。故谓伊川此言略如天台所立止观法门，主敬是止，致知是观。彼之止观双运，即是定慧兼修，非止不能得定，非观不能发慧。然观必先止，慧必由定，亦如此言涵养始能致知，直内乃可方外，言虽先后，道则俱行。虽彼法所明事相与儒者不同，而其功夫涂辙理无有二。比而论之，实有可以互相助发之处，故今略言之。①

阐述涵养致知时，马一浮指出涵养的重要性、先行性。涵养须主敬，在敬的前提下致知，使知为德所统摄。《周易·坤·文言》说“敬以直内，义以方外”②，涵养致知的关系亦如同主敬集义、直内方外的关系，是一体二用、互为因藉的关系。故程颐所说“未有致知而不在敬者”可与止观法门相会通，主敬相当于

① 《马一浮全集》第一册，67页。

② （魏）王弼注，（晋）韩康伯注，（唐）陆德明音义，（唐）孔颖达疏：《周易注疏》，49页，北京，中央编译出版社，2013。

止、定，致知相当于观、慧。佛教虽强调止观双运、定慧兼修，但也有由止成观、由定发慧的说法，即相当于主敬先行，致知随之，而两者又是并行的。这是在功夫层面进行的儒佛会通。

马一浮又说：

> “涵养须用敬”是止，“进学在致知”是观，“未有致知而不在敬者”是止观双修。①

滋润养育心性的功夫在于用敬，恭敬一切人、一切事物，在恭敬的过程中，人心收敛向内，不敢放肆，可减少乃至消除驰求攀缘的念头和动乱劳攘的言行，让人达到虚静、平和的状态，而止是指止息一切烦恼和妄想而内心清净、安宁的状态，故说“涵养须用敬”相当于止。增进学问的途径在于推求穷究吾人心性之知，致知的过程是观察万事万物而思考总结的过程，也是智慧心明照万事万物之理的过程，而观是以智慧观照自性、观照万事万物的状态，故说“进学在致知”相当于观。“未有致知而不在敬者”强调通过用敬的功夫去致知，当敬以收摄身心时，可减少驰求、躁妄、散漫等情况，使气质之昏浊转为清明，以清明虚静的状态去穷理致知，则义理昭著，致知无尽。止观双修是止和观彼此配合、同时运用、相互促进的状态，当止息妄念、离于散动时，心专注于所观察之对象，推求简择万法，实现通达明了的智慧观照作用。故说“未有致知而不在敬者”相当于止观双修。

止观是佛家凝结出的简洁修行法门，止与观相辅相成，通过

---

① 《马一浮全集》第一册，661 页。

止观双修、定慧平等的修行实践而趣向菩提、圆满佛道。涵养致知用敬体现了儒家的功夫，用敬以涵养，则身心收敛而有主宰，气有统摄而不散漫，心缘义理，住于正念；用敬以致知，则神志清明，明伦察物以致理无不明、物无不格，进而义理昭著，再到证知义理，豁然贯通，表里洞然，一现一切现，左右逢源，触处无碍，达到致知之究竟。据此可知，止观和涵养致知用敬的会通是儒家和佛家在功夫层面的会通。马一浮在《涵养致知与止观》一文中也曾说："无无止之观，无无定之慧，若其有之，必非正观，必为狂慧。故曰：'未有致知而不在敬者。'敬实双该止、观二法，由此可知。盖心体本寂而常照，以动乱故昧，惟敬则动乱止息，而复其本然之明。"[①] 对止观、定慧双修和敬在涵养致知中的作用进行了阐发，亦是对止观和涵养致知用敬相会通作了辅助说明。

第二节　四悉檀与儒家义理的会通

四悉檀是佛家重要的学说，由天台宗发扬光大。《大智度论》记载了四悉檀：世界悉檀、各各为人悉檀、对治悉檀、第一义悉檀，天台宗将其深入阐发、广泛运用，为后世所熟知。《妙法莲华经玄义》《妙华莲华经文句》《摩诃止观》等著述比较多地论述了四悉檀，比如《妙法莲华经玄义》说："南岳师例大涅槃，梵汉兼称，悉是此言，檀是梵语。悉之言遍，檀翻为施，佛以四法

① 《马一浮全集》第一册，68—69 页。

遍施众生，故言悉檀也。”① 指出悉檀是梵文和中文并称的组合，四悉檀是指佛陀以四种方式说法教化众生，并对四悉檀作了详细阐述。

马一浮比较重视天台宗四悉檀，在其著述中多次引用和阐发。他曾对四悉檀做过简洁的界定：“四悉檀者，出天台教义。悉言遍，檀言施，华、梵兼举也。一、世界悉檀，世界为隔别分限之义，人之根器各有所限，随宜分别，次第为说，名世界悉檀。二、为人悉檀，即谓因材施教，专为此一类机说，令其得入，名为人悉檀。三、对治悉檀，谓应病与药，对治其人病痛而说。四、第一义悉檀，即称理而说也。”②

根据天台宗的论述和马一浮的界定，可将四悉檀解释如下：第一，世界悉檀，是指依据隔别分限之世间法而随顺种类不等的众生为说因缘和合之法，这种说法是随宜而说，次第而说，能令众生欢喜而得世间正智。因世界悉檀是随顺众生而说世俗之法，能让众生生起喜悦乐欲之心，故又称乐欲悉檀。第二，各各为人悉檀，简称为人悉檀，是指观察根机和能力各各不同的众生，适应其机宜，因材施教而为说法，令其正信，增长善根。因为人悉檀之说法教化能让众生生起善根，故又称生善悉檀。第三，对治悉檀，是指为对治众生贪、嗔、痴等烦恼病痛，应病与药而为说法，如多贪众生教修不净观，多嗔众生教修慈心观，愚痴众生教修因缘观。因对治悉檀是为对治众生烦恼恶业而施行的说法教化，能够断除众生诸恶，故又称断恶悉檀。第四，第一义悉檀，

① （隋）智𫖮述：《妙华莲华经玄义》，见《天台八部》（二），16 页，西安，西北大学出版社，2007。

② 《马一浮全集》第一册，137 页。

是指面对根机成熟众生而为说真实、究竟、了义之法，此种说法阐明了诸法实相之理，令众生得悟而契入教法。因第一义悉檀能够让众生悟入究竟、了义之佛理，故又称入理悉檀。

马一浮用天台宗四悉檀与儒家义理进行会通，包括：四悉檀与《论语》中孔子回答问仁的会通，四悉檀与《论语》中孔子论政的会通，四悉檀与《论语》中孔子回答问孝的会通。

一、四悉檀与《论语》中孔子回答问仁的会通

“仁”是《论语》的核心概念，也是整个儒学的重要概念之一。《论语》关于仁的阐述有一部分是通过问答的形式进行的，孔门弟子问仁，孔子根据不同弟子的情况加以不同的回答。《论语》中记载的问仁弟子有樊迟、颜渊、仲弓、司马牛、子贡、子张等，孔子对他们作出回答，成为后人识仁体仁的极好素材。马一浮《复性书院讲录》卷二有《论语大义》，他以孔子回答问仁的内容与四悉檀进行会通：

> 学者第一事便要识仁，故孔门问仁者最多。孔子一一随机而答，咸具四种悉檀，此是《诗》教妙义。如“樊迟问仁，子曰：‘爱人。’问知，子曰：‘知人’”，世界悉檀也。答子贡曰：“己欲立而立人，己欲达而达人，能近取譬，可谓仁之方也已”，为人悉檀也。答司马牛曰：“仁者其言也讱”，答樊迟曰：“仁者先难而后获”，对治悉檀也。答颜渊曰：“一日克己复礼，天下归仁焉”，第一义悉檀也。其实前三不离后一，圣人元无二语，彻上彻下，彻始彻终，只是一

贯，皆是第一义也。[1]

学者首要之事是要认识仁，因此孔门弟子向孔子请教仁的情况比较多。孔子根据弟子的根机、能力、性格特点、学习状态等进行因材施教的回答，这些回答可以与天台宗四悉檀相会通，这也是《诗》教有感斯应、令人感发兴起的妙义。樊迟问仁时，孔子回答说，以仁爱之心对待别人，关心爱护别人。皇侃对此解释为："仁以恻隐济众，故曰'爱人'也"[2]，可谓说出了"仁者爱人"的要义。樊迟问知时，孔子回答说，要知道了解别人，能够鉴识别人。对于樊迟这种资质一般的弟子，孔子从人们日常切近的世俗道理说起，把仁、知和人联系起来，仁即是将仁爱之心施与别人，从关爱别人做起，知即是了知、鉴识别人。世界悉檀是随顺众生而说世俗之法，随宜分别次第而说，这与孔子对樊迟爱人、知人之教诲可以相通，故马一浮说孔子回答樊迟问仁、问知的内容相当于世界悉檀。

子贡认为博施于民而能济众是仁，以此向孔子请教，孔子回答说，博施于民而能济众是难能可贵之事，即使像尧舜那样的圣人亦忧患其事难行。子贡有志于识仁求仁，但以过于高远之事为目标，而未知识仁求仁的切近方法，故孔子告诉他于己取之，以己立己达来立身行己，以立人达人来化民成俗，就近取譬，推己及人，这就是为仁之方。如同吕氏所言："子贡有志于仁，徒事高远，未知其方。孔子教以于己取之，庶近而可入，是乃为仁之

① 《马一浮全集》第一册，136—137页。
② （梁）皇侃：《论语义疏》，318页，北京，中华书局，2013。

方。”[1] 为人悉檀是观察众生的根机和状态，适应其机宜而为说法，孔子“己欲立而立人，己欲达而达人”之语是针对子贡有志于仁、追求高远之事却不知切近方法的情况而专门为他阐发的为仁之方，故马一浮说孔子回答子贡问仁的内容相当于为人悉檀。

司马牛问仁时，孔子回答说，仁者操存其心，不散漫，不放纵，故不轻易出言，若出言则有所忍而缓慢谨慎。樊迟问仁时，孔子回答说，仁者不责效，不计所获，不急功近利，故先从事其难者，然后才考虑其收获。司马牛出言轻率，浮躁多言，针对此种过失、病痛，所以孔子应病与药，为对治其病痛而告以“仁者其言也讱”。樊迟有责效计功之心，又有畏难情绪，针对此种过失、病痛，所以孔子应病与药，为对治其病痛而告以“仁者先难而后获”。对治悉檀是指为对治众生各种烦恼病痛，应病与药而为说法，孔子为了对治司马牛和樊迟之过失、病痛而有针对性地施与关于仁的教诲，故马一浮说孔子回答司马牛和樊迟问仁的内容相当于对治悉檀。

颜渊问仁时，孔子回答说，克制、战胜自己的私欲，复归于礼，这即为仁，若真能做到克己复礼，则天下之人都会赞同认可其仁。朱熹高度评价此处颜渊和孔子的问答，认为“此章问答，乃传授心法切要之言”[2]。颜渊在孔门独称好学，孔子深加器重，以“一日克己复礼，天下归仁焉”之语传授心法，战胜私欲而复于礼则事事皆仁，私欲净尽则天理流行，这是儒学的真实究竟之理。第一义悉檀是指面对根机成熟众生而为说真实、究竟、了义之法，令众生得悟而契入教法，孔子以体道之言告诉颜渊，颜渊

---

① （宋）朱熹:《四书章句集注》，89页，北京，中华书局，2011。

② （宋）朱熹:《四书章句集注》，126页，北京，中华书局，2011。

也与此相应，契入此理，故马一浮说孔子回答颜渊问仁的内容相当于第一义悉檀。

马一浮又说孔子前三种回答不离第四种回答，都体现了真实究竟之理，都表达了彻上彻下、彻始彻终的一贯之道，也意味着世界悉檀、为人悉檀、对治悉檀都归于第一义悉檀。比如孔子从人们日常切近的世俗道理说起，回答樊迟仁者爱人、知者知人，但爱人、知人又是贯彻始终的，即使达到圣人地位，尧舜之仁、知也是表现为爱人、知人。这是世界悉檀归于第一义悉檀的表现。孔子针对子贡有志于仁、追求高远之事却不知切近方法的情况而专门为他说“己欲立而立人，己欲达而达人”，但己立立人、己达达人又是贯彻始终的，即使达到圣人地位，也是表现为己立立人、己达达人。这是为人悉檀归于第一义悉檀的表现。孔子针对司马牛出言轻率、浮躁多言的病痛而说“仁者其言也讱”，针对樊迟责效、畏难的病痛而说“仁者先难而后获”，但出言缓慢谨慎、先难后获又是贯彻始终的，即使达到圣人地位，也是表现为出言缓慢谨慎、先难后获。这是对治悉檀归于第一义悉檀的表现。

二、四悉檀与《论语》中孔子论政的会通

论政是《论语》的主题之一，也是整个儒学的主题之一。《论语》中论政有一部分是通过问答的形式进行的，孔门弟子和时人问政，孔子根据不同情况而给予多种多样的回答。《论语》中记载的问政弟子和时人有子贡、子张、子路、仲弓、子夏、鲁哀公、鲁定公、齐景公、季康子、叶公等，孔子对他们作出回答，成为后人学习研究儒学为政思想的重要资料。马一浮在《论语大

义》中以孔子论政的内容与四悉檀进行会通：

> 论政亦具四悉檀。如曰："既庶矣，富之；既富矣，教之。""足食足兵，民信之矣。""谨权量，审法度，修废官。""兴灭国，继绝世，举逸民。""所重：民食、丧、祭。""不患寡而患不均，不患贫而患不安。均无贫，和无寡，安无倾。"世界悉檀也。答叶公问政曰："近者悦，远者来。"答子夏为莒父宰问政曰："无欲速，无见小利。"答仲弓为季氏宰问政曰："先有司，赦小过，举贤才。"为人悉檀也。答哀公、季康子诸问及定公问一言兴邦、丧邦，答齐景公问政曰："君君，臣臣，父父，子子。"对治悉檀也。答子张问政曰："居之无倦，行之以忠。"答子路问政曰："先之劳之。"请益。曰："无倦。"答子贡问"必不得已而去"曰："去兵"，"去食，自古皆有死，民无信不立。"答子路问君子曰："修己以敬。"皆第一义悉檀也。①

《论语》论政可以用四悉檀进行理解。孔子到卫国，冉有为其驾车，孔子告诉冉有说，一个国家为政，首先要人口众多，然后使百姓富裕，之后再教化百姓。这种为政的次第如同管仲所言"仓廪实而知礼节，衣食足而知荣辱"②，成为千百年来为政的法则。子贡问政，孔子回答说，为政要实仓廪而粮食充足，修武备而军备充足，然后教化百姓，使百姓信任国家。谨守权量标准，审察礼乐制度，修立被废弃的官职，使其统一而公平，这些是推

① 《马一浮全集》第一册，140 页。
② （汉）司马迁:《史记》，392 页，北京，中华书局，2013。

行政令的措施。复兴已灭亡的国家，再续已断绝的世系，推举隐逸的贤人，如“封黄帝、尧、舜、夏、商之后”①，如“释箕子之囚，复商容之位”②，这些是赢得民心的措施。注重民众的饮食，注重丧礼，注重祭礼，《尚书·武成》也说“重民五教，惟食丧祭”③，这些是为政保民、教民的措施。治理国家不忧患民众寡少、财物缺乏，而忧患为政不均、上下不安。若能为政均平合理则不忧患贫乏而和乐，和乐则不忧患民众寡少而相安，上下相安则无倾覆之祸。孔子论述了富而后教、足食足兵、文武兼备、兴灭继绝、重视丧祭等原则、法则，这些内容是世间治国理政经验的总结，为前人所实践证实，也为后人所遵循，符合世间为政的因缘条件，而世界悉檀是随顺世间诸事的因缘条件而说法，随宜分别次第而说，这与孔子所说可以相通，故马一浮说孔子论政的内容相当于世界悉檀。

叶公问政时，孔子回答说，为政应该让近处的人安居乐业、感受恩泽而欢悦，让远方的人闻其善政之风而来归附。子夏担任鲁国莒父邑宰时向孔子问政，孔子回答说，为政不能急于求成，若匆忙失序则反而无法取得成效；不能贪图小利，若追求小利、惑于小利则无法谋求大事、成就大事。仲弓担任鲁国季氏家臣总管时向孔子问政，孔子回答说，有事务时先安排担任各种职务的官吏去办理，赦免小的过错失误，举用有道德、有能力的人才。叶公担任叶邑地方行政长官，治理有方，故孔子根据他的为政能力和状态而告诉他近悦远来；子夏有求近效和小利的表现，故孔

① （宋）朱熹：《四书章句集注》，180 页，北京，中华书局，2011。

② （宋）朱熹：《四书章句集注》，180 页，北京，中华书局，2011。

③ （宋）蔡沈：《书集传》，135 页，南京，凤凰出版社，2010。

子根据他这种为政的状态而告诉他不求速、不求小利；仲弓是处于家臣总管的位置，故孔子根据他的为政状态而告诉一些为政的次第和原则。为人悉檀是观察众生的根机和状态，适应其机宜而为说法，孔子根据叶公、子夏、仲弓三人的能力和状态而为他们讲说为政的原则、法则、次第，故马一浮说孔子回答三人问政的内容相当于为人悉檀。

鲁哀公问如何为政才能让民众信服，孔子回答说，推举正直之人而舍弃曲枉之人则民众信服，推举曲枉之人而舍弃正直之人则民众不服。季康子问政时，孔子回答说，政意味着正，应以正道进行统率和领导；季康子欲采取杀无道之人以成就善道的方式来为政，以此向孔子请问，孔子回答说，为政不能轻用杀戮的手段，而应以善道来引导民众，达到上行下效的良好状态。鲁定公问一言可以兴邦、丧邦，孔子回答说，若知为君之难而战战兢兢励精图治则可期于兴邦，若为君只图发号施令而莫之违，当言语、号令不善而莫之违时，则逐渐演变为丧邦。齐景公问政时，孔子回答说，君王要尽君王之道，臣下要尽臣下之道，父母要尽父母之道，子女要尽子女之道。因鲁哀公有任人不明的过失，故孔子应病与药而告诉他举直错枉；因季康子作为大夫而专国政，有此不正的过错，故孔子应病与药，希望他改过自新，告诉他以正道为政；因季康子有杀戮之心，不知用善道引导民众，这是错误的为政心态和方式，故孔子应病与药而告诉他止杀，以善道为民所视效；因鲁定公为政有必期其效的急遽毛病，故孔子应病与药，引用“为君难”等两句当时流传的话进行回答；因齐景公有失政的毛病，大夫陈氏收买人心，景公又多内宠而未立太子，出现君臣父子均失其道的问题，故孔子应病与药，告诉他君臣父子都应尽其道。对治悉檀是指为对治众生各种烦恼病痛，应病与药而为说法，孔子为了对治鲁哀公、季康子、鲁定公、齐景公等人之过失、病痛而有针对性地讲出关于为政的原则、法则、途径，故马一浮说孔子回答他们问政的内容相当于对治悉檀。

子张问政时，孔子回答说，对于为政应该内心没有厌倦，并且始终如一，在处理政治事务时应尽职尽责，忠于职守，表里如一。子路问政时，孔子回答说，为政应该率先垂范，以身作则，又应勤苦执劳，并且对此保持不厌倦的心态。子贡问政时，孔子回答说，足食，足兵，民信之，子贡接着又问在不得已的情况下抉择三者，孔子又回答说，先减去兵备，再减去粮食，但民无信不立，宁死也要保留信。朱熹对此解释说："以人情而言，则兵食足而后吾之信可以孚于民。以民德而言，则信本人之所固有，非兵食所得而先也。"[①] 子路问君子时，孔子回答说，恭敬以修养自己，从修己以敬推展至修己以安百姓。修己以敬是君子之道，也是为政的基础。程子说："君子修己以安百姓，笃恭而天下平。惟上下一于恭敬，则天地自位，万物自育，气无不和，而四灵毕至矣。"[②] 在回答子张、子路、子贡等人问政时，孔子指出为政应无倦、忠、先之劳之、信、敬，这些原则是为政的真实究竟之理，跨越时空，亘古长存。第一义悉檀是指为众生讲说真实、究竟、了义之法，此法彰显了彻底圆满之理，而孔子所指出的上述为政原则是儒家论政的真实究竟之理，彻上彻下，彻始彻终，一以贯之，故马一浮说孔子回答子张、子路、子贡等人的内容相当于第一义悉檀。

① （宋）朱熹：《四书章句集注》，128 页，北京，中华书局，2011。
② （宋）朱熹：《四书章句集注》，150 页，北京，中华书局，2011。

三、四悉檀与《论语》中孔子回答问孝的会通

“孝”是《论语》的主要概念之一，在整个儒学中亦占据重要地位。《论语》论孝有一部分是通过问答的形式进行的，孔门弟子和时人问孝，孔子根据不同情况而施以言辞相异的回答。《论语》中记载的问孝弟子和时人有子游、子夏、孟懿子、孟武伯等，孔子对他们作出回答，成为后人学习研究儒学孝道思想的重要资料。马一浮在《论语大义》中以孔子回答问孝的内容与四悉檀进行会通：

> 以四悉檀配之。答孟懿子曰：“无违。”世界悉檀也。答孟武伯曰：“父母唯其疾之忧。”为人悉檀也。答子游曰：“不敬，何以别乎？”答子夏曰：“色难。”对治悉檀也。答“或问禘之说”曰：“知其说者之于天下也，其如示诸斯乎！”指其掌。第一义悉檀也。又一一悉檀皆归第一义，推之可知。①

孟懿子问孝时，孔子回答说，不要违背于理，然后又告诉樊迟无违之意：“生，事之以礼；死，葬之以礼，祭之以礼”②，即父母在世时奉养尽礼，父母去世后埋葬尽礼、祭奠尽礼。对于孟懿子之问，孔子从人们日常切近的世俗道理说起，孝道不应违背人伦常理，又通过樊迟具体讲了生事葬祭方面的常理，即生时以礼奉养父母，死后以礼葬、祭父母，所谓“此三事为人子之大礼，

① 《马一浮全集》第一册，146 页。

② （梁）皇侃：《论语义疏》，28 页，北京，中华书局，2013。

故特举之也”①。世界悉檀是随顺众生而说世俗之法，随宜分别次第而说，这与孔子所说无违于理、生事葬祭尽礼的世俗常理可以相通，故马一浮说孔子回答孟懿子问孝的内容相当于世界悉檀。

孟武伯问孝时，孔子回答说，父母爱护子女表现在各方面，尤其忧虑子女之疾病，子女体会父母之心，谨慎守护自身不使生病乃至陷入更大的困境，这即是孝道的体现。孟武伯是孟懿子之子，为鲁国大夫仲孙氏的继承人，忧虑之事较多，故孔子根据他的情况，说父母忧虑子女的疾病是非常大的忧虑，应从这个方面去体会父母之心而践行孝道。为人悉檀是观察众生的根机和状态，适应其机宜而为说法，孔子根据孟武伯多忧的情况而从父母忧虑子女疾病的角度来谈孝道，与其相应，故马一浮说孔子回答孟武伯问孝的内容相当于为人悉檀。

子游问孝时，孔子回答说，世人认为以饮食供奉父母即为能养，而犬马等动物也得到人的饮食之养，人若仅有对父母的饮食之养而没有恭敬，则无异于养犬马。孔子的回答强调了敬在孝中的重要性和优先性，如皇侃所言：“夫孝为体，以敬为先，以养为后”②。子夏问孝时，孔子回答说，侍奉父母亲时以做到和颜悦色为难，事亲时应有愉色婉容，仅有服劳奉养还不足以为孝。子游能够以饮食奉养父母，而可能在恭敬父母方面有所欠缺，故孔子告诉他“不敬，何以别乎”；子夏能够服劳奉养，也能以义相劝，而或许缺少温润之色，故孔子告诉他和颜悦色为难。对治悉檀是指为对治众生各种烦恼病痛，应病与药而为说法，孔子为了对治子游和子夏之过失、病痛而有针对性地施与

① （梁）皇侃：《论语义疏》，28 页，北京，中华书局，2013。

② （梁）皇侃：《论语义疏》，29 页，北京，中华书局，2013。

关于孝道的教诲，故马一浮说孔子回答子游和子夏问孝的内容相当于对治悉檀。

有人向孔子请问禘礼之义，禘礼是君王在始祖庙里对祖先的一种祭祀活动，此为君王孝道的体现。君王不忘根本，追念先祖的功绩，为报答其先祖的恩德而进行虔诚祭祀，孝以报本追远，诚以修身，仁以爱民，敬以治国，通过禘礼彰显孝、诚、仁、敬的性德，承前启后，继往开来，修身以至于治国平天下，这是禘礼的深意。如朱熹所说："先王报本追远之意，莫深于禘。非仁孝诚敬之至，不足以与此。"① 因此孔子回答说，若能知道禘礼之说，则能明白修齐治平之理，治理天下不难，就像看自己的手掌一样容易。孔子认为应体会禘礼之深意，君王通过禘礼祭祀先祖，孝道由此展开，报本追远之义由此体现，孝、诚、仁、敬等性德由此彰显，修齐治平之理由此显现，这些内容是儒家的真实究竟之理，广大深远，贯彻始终。第一义悉檀是指为众生讲说真实、究竟、了义之法，此法彰显了彻底圆满之理，故马一浮说孔子回答或问禘之说的内容相当于第一义悉檀。

马一浮又说世界悉檀、为人悉檀、对治悉檀都归于第一义悉檀，即意味着孔子前三种对于问孝的回答都归于第四种回答，都体现了真实究竟之理，都表达了彻上彻下、彻始彻终的一贯之道。比如孔子从人们日常切近的世俗道理说起，回答孟懿子无违于理、生事葬祭尽礼，但无违于理、生事葬祭尽礼又是彻上彻下的，卿大夫如此，庶人、士、诸侯、天子亦如此，庸人如此，君子、圣贤亦如此。这是世界悉檀归于第一义悉檀的表

① （宋）朱熹：《四书章句集注》，64 页，北京，中华书局，2011。

现。孔子根据孟武伯多忧的情况而从父母忧虑子女疾病的角度来谈孝道，但“父母唯其疾之忧”又是始终如一的，不管子女情况如何，父母经常担心忧虑子女的疾病，父母的爱心是永恒的，父母的恩德是无穷的，体认此理则能知恩报恩，孝敬父母。这是为人悉檀归于第一义悉檀的表现。孔子针对子游能养却或许少于恭敬之过失而告诉他“不敬，何以别乎”，针对子夏能养却或许缺乏温润之过失而告诉他“色难”，但恭敬、温润、和颜悦色、愉色婉容是子女在践行孝道时不可或缺的，又是贯彻始终的，普通人如此，即使达到圣人地位，亦是如此。这是对治悉檀归于第一义悉檀的表现。

借助于天台宗的四悉檀，马一浮对孔子回答问仁、论政、回答问孝做出了精彩阐释，又彰显了孔子作为圣人因材施教而又一以贯之的教化方式。

第三节　修性不二与儒家义理的会通

修性不二说源于荆溪湛然。湛然著《法华玄义释签》，立十种不二门，其中第三门为修性不二门，其文曰：“三、修性不二门者。性德只是界如一念，此内界如三法具足。性虽本尔，藉智起修，由修照性，由性发修。存性则全修成性，起修则全性成修，性无所移，修常宛尔。”[①] 修是指修治造作之功夫，为随缘变造之事；性是指本有不改之本体，属真如不变之理。众生性德虽

① 石峻等编：《中国佛教思想资料选编》第二卷第一册，264页，北京，中华书局，1983。

本来具足诸法，但因处于迷惑之中，须凭借智慧发起修行始可照了性德，而此修德复由性德而发。全性起修，在性时修全在性；全修在性，起修时性全在修。性外无修，修外无性。性不碍修，修不碍性；性即是修，修即是性。互泯互融，是为不二。

马一浮很重视修性不二说，在其著述中常加运用，但是他调换了“修性不二”的顺序，改为“性修不二”，盖因他强调性德是本自具足的，可统摄修德，性德相当于本体，修德相当于功夫，从而注重由性发修、从体起用的次序。虽然他使用性修不二的说法，但其意义和湛然修性不二说是不违背的。马一浮以性德、修德之理来阐述本体、功夫，他说：“学者当知有性德，有修德。性德虽是本具，不因修证则不能显。故因修显性，即是笃行为进德之要。全性起修，即本体即功夫；全修在性，即功夫即本体。修此本体之功夫，证此功夫之本体，乃是笃行进德也。”[①]又说：“须明性修不二，不是性德之外别有修德，修德须进，性德亦有进。性德本无亏欠，何以须进？当知天地之道只是至诚无息，不息即进也。”[②]表明性德虽本具而无亏，但要重视修德，靠笃行而进德，行到极至处方能体取，即是藉修德显性德，由功夫见本体。

马一浮运用性修不二之理与儒家知能、理气关系进行会通。儒家典籍关于知能有许多论述，如《周易·系辞上传》曰：“乾知大始，坤作成物。乾以易知，坤以简能；易则易知，简则易从；易知则有亲，易从则有功；有亲则可久，有功则可大；可久则贤人之德，可大则贤人之业。易简而天下之理得矣。天下之理

① 《马一浮全集》第一册，99 页。
② 《马一浮全集》第一册，100 页。

得，而成位乎其中矣。”[1]《孟子·尽心上》曰：“人之所不学而能者，其良能也；所不虑而知者，其良知也。”[2]马一浮认为《易传》从理气合一的角度来说知能，故称为易简，这种说法叫做全提；而《孟子》从理之本然的角度来说知能，故称为良知、良能，这种说法叫做直指。他进一步对全提、直指做了解释，又进行儒佛会通，他说：

> 何谓全提？即体用、本末、隐显、内外，举一全该，圆满周遍，更无渗漏是也。盖单提直指，不由思学（虑即是思），不善会者便成执性废修。全提云者，乃明性修不二，全性起修，全修在性，方是简易之教。（“性修不二”是佛氏言，以其与“理气合一”之旨可以相发，故引之。）性以理言，修以气言。知本乎性，能主乎修。性唯是理，修即行事，故知行合一，即性修不二，亦即理事双融，亦即“全理是气，全气是理”也。[3]

知是对对象的一种观照，又称为见地；能是将材质用于事而彰显者，属于行为。因此，知能可理解为知行。知本于性德，而性德是以理言；能主要表现为修德，修德即是行事，而修德是以气言。因此，“知行合一”“理事双融”“全理是气，全气是理”等说法就可以根据性修不二之理来理解。性修不二是全提的说

① （魏）王弼注，（晋）韩康伯注，（唐）陆德明音义，（唐）孔颖达疏：《周易注疏》，338页，北京，中央编译出版社，2013。

② （宋）朱熹：《四书章句集注》，331页，北京，中华书局，2011。

③ 《马一浮全集》第一册，34页。

法，是圆满的。而单提直指的说法有其好处，但若不善学，则会出现执性废修的弊端。圣人方能做到“不勉而中，不思而得，从容中道”[①]（《中庸》），常人则需要善学善思，需要勉而行之，这就是强调修德的重要性，强调功夫的重要性。马一浮提醒学者要避免执性废修之弊。执性废修会导致忽视功夫，就不能因修显性，即是违背了性修不二之理。

马一浮又运用性修不二之理与乾坤合德之说进行会通。《周易·系辞下传》曰：“乾，阳物也；坤，阴物也。阴阳合德而刚柔有体。”[②]马一浮认为阴阳是从气的角度来说的，当理行乎其中时则阴阳皆正，称为“合德”；刚柔是从质的角度来说的，当理位乎其中而为之体时则刚柔皆善，称为“有体”。《易传》有乾健坤顺、乾刚坤柔的说法，则兼之为合德，同之为有体。《易传》又说乾具有元亨利贞之德，坤具有直方大之德，人具有仁礼义智之德。《周易·坤·文言》曰：“直其正也，方其义也。君子敬以直内，义以方外，敬义立而德不孤。‘直、方、大，不习无不利’，则不疑其所行也。”[③]马一浮以性德、修德之说加以贯通，说：

> 以性、修二德言之，则元亨利贞、仁礼义智是性德，敬义、直方是修德。又元亨是性德，利贞是修德。仁义是性德，礼智是修德；亦可仁智是性德，礼义是修德；唯仁是性

① （宋）朱熹：《四书章句集注》，北京：中华书局，2011 年，第 32 页。

② （魏）王弼注，（晋）韩康伯注，（唐）陆德明音义，（唐）孔颖达疏：《周易注疏》，393 页，北京，中央编译出版社，2013。

③ （魏）王弼注，（晋）韩康伯注，（唐）陆德明音义，（唐）孔颖达疏：《周易注疏》，49 页，北京：中央编译出版社，2013。

德，义礼智俱是修德。全性起修，故乾统坤；全修在性，故坤承乾。乾坤合德，故性修不二也。性德必易，仁智也；修德必简，敬义也。性德亲而久，纯乎德者也；修德有功而大，兼乎业者也。“穷理尽性以至于命”，亦兼性、修言之。（曰穷、曰尽、曰至，皆修也。曰理、曰性、曰命，皆性也。圣人之教皆因修以显性，不执性以废修。）①

质言之，则乾是性德，坤是修德。全性起修，故于乾亦示修德，如初九言“不易乎世，不成乎名”，九二言“庸言之信，庸行之谨”，九三、九四并言“进德修业”。全修在性，故于《坤》六二言“不习无不利”，六五言“正位居体”，亦显示此为性德。性修不二，即是“体用一原，显微无间”，乾坤合德，志气如神也。②

在两段文字的前一段中，马一浮对元亨利贞、仁礼义智、敬义、直方从多重角度进行解说，各有根据，如讲“元亨是性德，利贞是修德”是依据周敦颐“元、亨，诚之通；利、贞，诚之复”③ 的说法；朱熹有“仁者，本心之全德”④ 的说法，此时义礼智则为具体的德目，需通过对义礼智的践行来体认本心之仁，故说“唯仁是性德，义礼智俱是修德”。乾统坤、坤承乾、乾坤合德，即是全性起修、全修在性、性修不二的道理。他又指出《周易·说卦传》“穷理尽性以至于命”之说法也是性德、

① 《马一浮全集》第一册，378—379 页。

② 《马一浮全集》第一册，382 页。

③ （宋）周敦颐:《周敦颐集》，14 页，北京，中华书局，2010。

④ （宋）朱熹:《四书章句集注》，125 页，北京，中华书局，2011。

修德合言的。在后一段文中，马一浮认为，虽乾是性德，坤是修德，但乾之中也包括修德，而坤之中包括性德，表明儒家“体用一原，显微无间”“乾坤合德”“志气如神”等道理与性修不二说是相通的。

第四节　依正不二与儒家义理的会通

在湛然《法华玄义释签》十种不二门中，第六门为依正不二门。依指依报，又名依果，为所依止之处，即所依之土，用现代语表述即是所处之生活环境。正指正报，又名正果，为依过去业因而感得之果报正体，即能依之身。虽依报正报宛然呈现，但由于一念本具三千诸法，其中众生及五阴二千是正，国土一千属依，依正居于一心而不分能所。因果理同，依正无别，故净秽之土与胜劣之身，身则量同，土则无异，是为不二。

马一浮运用依报、正报之理与《孝经》五孝之义进行会通。《孝经》论述了天子、诸侯、卿大夫、士、庶人五等人之孝，各有各的德行，各有各的地位、职位，亦各有各的责任。《孝经·天子章》曰：“爱亲者，不敢恶于人；敬亲者，不敢慢于人。爱敬尽于事亲，而德教加于百姓，刑于四海。盖天子之孝也。”[①]《孝经·诸侯章》曰：“在上不骄，高而不危；制节谨度，满而不溢。高而不危，所以长守贵也；满而不溢，所以长守富也。富贵不

① （唐）李隆基注，（宋）邢昺疏：《孝经注疏》，5—6页，北京，北京大学出版社，1999。

离其身，然后能保其社稷，而和其民人。盖诸侯之孝也。”[①]《孝经·卿大夫章》曰：“非先王之法服不敢服，非先王之法言不敢道，非先王之德行不敢行。是故非法不言，非道不行；口无择言，身无择行；言满天下无口过，行满天下无怨恶。三者备矣，然后能守其宗庙。盖卿大夫之孝也。”[②]《孝经·士章》曰：“资于事父以事母，而爱同；资于事父以事君，而敬同。故母取其爱，而君取其敬，兼之者父也。故以孝事君则忠，以敬事长则顺。忠顺不失，以事其上，然后能保其禄位，而守其祭祀。盖士之孝也。”[③]《孝经·庶人章》曰：“用天之道，分地之利，谨身节用，以养父母，此庶人之孝也。故自天子至于庶人，孝无终始，而患不及者，未之有也。”[④]根据依报、正报之理与《孝经》对五孝之义的论述，马一浮说：

> 五孝之义，当假佛氏依、正二报释之。佛氏以众生随其染净业报所感而受此五阴之身，名为正报。此身所居世界国土，净秽苦乐不同，亦随业转，名为依报。依正不二，即身土不二，此义谛实。以儒家言之，即谓“祸福无不自己求之者”。人之智愚贤否，正报也。国之废兴存亡，依报也。……《孝经》叙五孝，自天子至于庶人，以德为差，是犹正报，显行位之别也。天子曰“百姓”、“四海”，诸侯曰“社稷”、“民人”，卿大夫曰“宗庙”，士曰“祭祀”，庶人

① （唐）李隆基注，（宋）邢昺疏：《孝经注疏》，9页，北京，北京大学出版社，1999。
② （唐）李隆基注，（宋）邢昺疏：《孝经注疏》，11页，北京，北京大学出版社，1999。
③ （唐）李隆基注，（宋）邢昺疏：《孝经注疏》，14页，北京，北京大学出版社，1999。
④ （唐）李隆基注，（宋）邢昺疏：《孝经注疏》，16—17页，北京，北京大学出版社，1999。

则但曰“养”，是犹依报，论国土之广狭也。戒以保守弗失，明依、正随转，犹影之与形，响之与声也。董生曰：“春秋之世，弑君三十六，亡国五十二，诸侯奔走不得保其社稷者不可胜纪。推其所由，皆失其本矣。”孟子曰：“天下之本在国，国之本在家，家之本在身。”《大学》曰：“自天子以至于庶人，壹是皆以修身为本。其本乱而末治者，否矣。其所厚者薄而其所薄者厚，未之有也。”天下国家皆是依报，身是正报。克实言之，则身亦是依报，心乃是正报。故本之中又有本焉。心为身之本，德为心之本，孝又为德之本。故曰“自天子至于庶人，孝无终始，而患不及者，未之有也”。此而患其不及，则依正俄空，身心俱灭，是谓断见，是谓不仁，是谓暴弃，更无可说。①

经过马一浮的阐述，儒家义理粲然彰显。儒家虽没有依报、正报之名，但以《孝经》五孝之义为例，实有其理其事。五等人有五种位，德行有差别，受用之身亦有区别，可视为正报。五等人所处环境不同，其影响范围亦有别，如天子曰“德教加于百姓，刑于四海”，诸侯曰“保其社稷，而和其民人”，卿大夫曰“守其宗庙”，士曰“守其祭祀”，庶人则曰“谨身节用，以养父母”，这些可视为依报。《孝经》又言五等人应以爱敬存心，不失其德，保守其位，这是说明依报随着正报转的道理。国土为依报、身为正报的道理容易理解，马一浮更进一步说，身是依报，心为正报，而德为心之本，孝为德之本，层层推求根本所在，对

① 《马一浮全集》第一册，195—196 页。

德之重视可见一斑。他曾说德即是性，故有性德之称，而心之本体为性，则这些内容是从本体的角度来论述的；而重视孝道，提倡孝行，勖人爱敬，勉人修德，则这些论述同时又是功夫层面的内容。

第六章　华严宗与儒家的会通

华严宗是汉传佛教八大宗派之一，又称为贤首宗、法界宗、圆明具德宗，由法藏大师实际创立。华严宗得名是由于此宗以《华严经》而立。由于法藏有“贤首国师”之名号，此宗又称贤首宗。因着重阐扬法界缘起之理，此宗也称法界宗。华严宗的传承脉系如下：帝心杜顺、云华智俨、贤首法藏、清凉澄观、圭峰宗密。在诸位大师之中，马一浮经常引用和阐述杜顺、法藏、澄观、宗密等人的典故和思想。

杜顺和尚（557—640）被称为华严宗初祖，俗姓杜，讳法顺，世称杜顺，号帝心尊者，著有《华严五教止观》《华严法界观门》。马一浮推崇《华严法界观门》，认为其暗合三易（变易、不易、简易）之旨，可由此修行而深入圆观。他也曾写诗《归欤叹》：“杜顺观法界，遂启华严宗。濂溪演太极，羲文日再中。理要故不烦，一语契玄同。不有过量人，何由尽天聪？小儒安怐瞀，白首犹盲聋。提耳亦已劳，圣智真无功。六经既从火，四裔皆伏戎。凭生各有营，瞬目陨其躬。微言弃如土，志睽安能通。来者不可期，薪尽亦终穷。”[①] 指出了杜顺通过观法界而开启了华严宗，周敦颐通过推演太极而开启了宋代儒学，二人具有异曲同工之妙，且二人道理精当，简洁不烦琐，在片言只语中契合大道。

贤首法藏（643—712）是华严宗三祖，以贤首之号行世，一

① 《马一浮全集》第三册，248 页。

生宣讲新旧《华严经》[①]三十多遍，并参与《八十华严》的翻译，使华严宗得到很大的弘扬，著有《华严经探玄记》《华严五教章》《华严经旨归》《华严经义海百门》《华严金狮子章》《修华严奥旨妄尽还源观》等。马一浮经常引用和阐述法藏的义理和著作，认可法藏根据《华严经》所作小教、始教、终教、顿教、圆教五教判教，又推崇法藏关于《大乘起信论》《十二门论》的注解。

清凉澄观（738—839）是华严宗四祖，唐德宗时奉诏在皇宫宣讲《华严经》，被授予“清凉国师”之号；因先后为唐朝七位皇帝讲经，又有七帝之师的称号。澄观一生宣讲《华严经》达五十遍，参与《四十华严》的翻译，著述有四百余卷，包括《华严经疏钞》《华严经行愿品疏》《大华严经略策》《华严法界玄镜》《华严经纲要》等。马一浮多次引用澄观的语句，推崇澄观《华严悬谈》《华严疏钞》。

圭峰宗密（780—841）是华严宗五祖，因经常居住于终南山圭峰寺，世称圭峰大师，著有《注华严法界观门》《华严经行愿品疏钞》《原人论》《圆觉经大疏》《禅源诸诠集都序》等。马一浮认为华严宗到宗密为止，后来难以为继。他推崇宗密《注华严法界观门》，对宗密注解《圆觉经》《普贤行愿品》也比较重视，他说：“先看《圆觉大疏》，再看《普贤行愿品疏钞》。二书亦是义学要典，为人人必读之书。圭峰得力在此。”[②]指出宗密得益于

①《华严经》有三种汉译本：一是东晋佛驮跋陀罗的译本，六十卷，称为“旧译《华严》”，又称为《六十华严》；二是唐武周（690—705年）时实叉难陀的译本，八十卷，称为“新译《华严》”，又称为《八十华严》；三是唐贞元年间（785—804年）般若的译本，四十卷，全名是《大方广佛华严经入不思议解脱境界普贤行愿品》，简称为《普贤行愿品》，或称为《四十华严》。

②《马一浮全集》第一册，596页。

二书，二书是华严宗乃至整个佛教义学中的重要典籍，值得学佛者认真研读。

华严宗各位祖师著述颇丰，关于阅读其著述，马一浮说：“华严宗须先看清凉《华严悬谈》《华严疏钞》、圭峰《注华严法界观门》、李长者《华严合论》、贤首《华严教义分齐》。金陵刻经处有华严诸经集要，多短书，易看。杜顺《华严法界观》最当体究。”①

华严宗的义理很有代表性和创造性，在佛教义学中达到了极高的水平。马一浮曾写诗《檐曝杂兴》：“一乘华严教义深，声闻在坐似聋瘖。谁知十万龙宫偈，末法流传直到今。”②指出《华严经》记载一佛乘教义，而华严宗阐释了《华严经》的高深义理。他又说：“义学至贤首而极，后来更不能增损。”③认为华严宗在义学中阐释义理达到极致，后来者再也难以超越。

华严宗的具体教义包括法界缘起、一真法界、四法界、六相、十玄门、法界观、五教十宗判教等，马一浮运用其中一些义理与儒家义理进行会通，主要包括法界说与儒家义理的会通，六相义与儒家义理的会通，文殊智、普贤行之说与儒家义理的会通。

① 《马一浮全集》第二册，555页。
② 《马一浮全集》第三册，707页。
③ 《马一浮全集》第一册，488页。

第一节　法界说与儒家义理的会通

“法界”是佛学中常见的一个词，在诸多经论中有记载，尤其在《华严经》中出现次数之多，《六十华严》和《八十华严》中均有入法界品。华严宗据《华严经》而立宗，对法界阐述详尽，形成独具特色的法界说，包括法界缘起、一真法界、四法界等。

华严宗三祖法藏在《华严经探玄记》中指出，法和界各有三义，法有三义：持自性义、轨则义、对意义；界有三义：依之出生圣道之因义、诸法所依之性义、诸缘起相不杂之分齐义。据此可将法界作三种解释：一是净法之因，由此转染成净，成就圣道；二是诸法的真实体性；三是诸法相状的分界。

马一浮在其著述中经常引用和阐释法界，曾在1957年写《法界颂》，也曾写过多首包含法界二字的诗，如《理窟》：“何物名神器，群生示转轮。年光驹过隙，动境海扬尘。见性元非眼，观空不异身。要知真法界，无我亦无人。”[①] 此中“法界”即指诸法的真实体性，具有超越性，无我无人。他曾写诗《答林屋山人杨樵谷》：“仙山别久弃风瓢，石笋方抽劫后条。句漏丹砂余梦想，华严法界自逍遥。尺书细字来双鲤，一鹤孤飞傍九霄。带索行歌吾未辍，荣期何敢比王乔。”[②] 此中“法界”是指华严宗的

① 《马一浮全集》第三册，580页。
② 《马一浮全集》第三册，433页。

事事无碍法界，具有逍遥性。

华严宗法界说与儒家义理的会通包含：法界与《易》义的会通，法界缘起与太极阴阳的会通，法界缘起、四法界与《孝经·三才章》的会通，一真法界与儒家天人学说的会通，事事无碍法界与《尚书》皇极的会通。

一、法界与《易》义的会通

《周易》是群经之首、大道之源，其内容广博，包含了天道、地道、人道。马一浮非常推崇《周易》，在其著述中经常可见对《周易》的运用和阐发，还专门写《观象卮言》以释《周易》。他在《观象卮言》中对法界和《易》义做了会通。

《周易·系辞上传》曰："'夫《易》何为者也？夫《易》开物成务，冒天下之道，如斯而已者也。'是故圣人以通天下之志，以定天下之业，以断天下之疑。"[1] 指出《周易》通晓万物之理，据此成就天下事务，使各得其宜。圣人运用《周易》能够通达明白天下的道理，成就确立天下的功业，判断解决天下的疑惑。马一浮根据这段话来阐释《周易》的价值和六艺之教，并与"法界"之名进行会通：

> 《易》为六艺之原，亦为六艺之归。乾坤开物，六子成务。六艺之道，效天法地，所以成身。"以通天下之志"，《诗》《书》是也；"以定天下之业"，《礼》《乐》是也；"以

① （魏）王弼注，（晋）韩康伯注，（唐）陆德明音义，（唐）孔颖达疏：《周易注疏》，367页，北京，中央编译出版社，2013。

> 断天下之疑”，《易》《春秋》是也。冒者，覆也。如天之无不覆帱，即摄无不尽之意。知《易》“冒天下之道”，即知六艺冒天下之道，“无不从此法界流，无不还归此法界”。故谓六艺之教终于《易》也。《华严》“法界”之名与《易》义相准。①

《周易》是六艺的根源，也是六艺的归宿。乾坤二卦代表天地，描述了天地的根本法则，万物由天地而生，因此说乾坤开出了万物之理。乾坤二卦是父母卦，震、巽、坎、离、艮、兑六卦是子女卦，六卦由乾坤卦而生，以此六卦来成就天下事务。六艺之道效法天地，通过学习六艺之道，明白天地之理，以此成就自身、成就万物。《诗》道志，《书》道事，《诗》《书》记述了万事万物，可由《诗》《书》而通达明白天下的道理。《礼》道行，《乐》道和，《礼》《乐》记述了言行准则、典章制度及其原理，可由《礼》《乐》而成就确立天下的功业。《易》道阴阳，《春秋》道名分，《易》《春秋》记述了天地的阴阳法则和人间的名分秩序，可由《易》《春秋》而判断解决天下的疑惑。“冒天下之道”之“冒”指覆盖包含，蕴含着摄无不尽之意。若知《易》覆盖包含天下之道，即能知六艺覆盖包含天下之道，这就如同华严学中所说万法从法界而流出产生，又返回归于法界。由此可说，六艺之教归结于《易》。《华严经》和华严宗所阐释的法界正是此意，法界是诸法相状的分界，法界又是万法之因，万法由法界而出，又归于法界，《易》覆盖包含天下之道，由此而开物成务，故马

① 《马一浮全集》第一册，342 页。

一浮说“《华严》‘法界’之名与《易》义相准”。

《周易》覆盖包含天地万物之道，广大悉备，显示出其统摄性。法界是万法之因，万法由法界生，又回归法界，这意味着法界广大悉备，亦有统摄性之意。马一浮把握两者的内在一致性，认为两者可以会通，体现了他的洞见。他也曾说：“《易》以天地之道冒人道，犹以一法界总收一切法。圆教准之。（‘范围天地之化而不过，曲成万物而不遗’；‘无不从此法界流，无不还归此法界’。）”① 这是他1918年与蒋再唐论儒佛义时所说，言简意赅，同样是对法界与《易》的会通，而《观象卮言》中所作的会通更详细、更深入。

二、法界缘起与太极阴阳的会通

法界缘起是华严宗极具特色的缘起学说。法界是包含理事的本体，缘起是从体所起的妙用，法界缘起是指法界之一切法成一大缘起，以一法成一切法，以一切法起一法，一法与一切法相入相即，一即一切，一切即一，互摄互容，圆融无碍，重重无尽。澄观说《华严经》以法界缘起不思议为宗，可见法界缘起说在华严宗中的重要性。

太极阴阳是中国文化中常见的核心概念。《周易·系辞上传》曰：“《易》有太极，是生两仪，两仪生四象，四象生八卦，八卦定吉凶，吉凶生大业。”② 指出太极为本源，从太极而生阴阳两仪，

① 《马一浮全集》第二册，448—449页。

② （魏）王弼注，（晋）韩康伯注，（唐）陆德明音义，（唐）孔颖达疏：《周易注疏》，369页，北京，中央编译出版社，2013。

进而到四象、八卦、吉凶、大业。周敦颐著《太极图说》，对太极阴阳作了进一步讲解。《太极图说》曰："太极动而生阳，动极而静，静而生阴。静极复动。一动一静，互为其根；分阴分阳，两仪立焉。阳变阴合，而生水、火、木、金、土。五气顺布，四时行焉。"[①]《太极图说》受到马一浮的推崇，他著《太极图说赘言》进行阐述，其中就涉及华严宗法界缘起与太极阴阳的会通：

> 学者须知此实理者无乎不在，不是离心而别有，所谓"总该万有，不出一心"。在《华严》以法界缘起不思议为宗，恰与此相应。太极即法界，阴阳即缘起。生阴生阳，乃显现义。生生为易，故非断非常。[②]

马一浮认为太极表述了至极的实理，阐明万事万物出于太极，归于太极，也意味着同出于一原，同归于一致。而且此实理处处皆在，不离于心，如同佛家所说"总该万有，不出一心"。《华严经》强调法界缘起，从法界本体起万法妙用，一多相入相即，圆融无碍，重重无尽，体现了不思议的境界。马一浮指出法界缘起之理与太极阴阳之理相应。太极作为本体生出阴阳两仪，进而生出万事万物，法界作为本体生出缘起妙用，进而生出万法，故说太极相当于法界，阴阳是太极的两大根本作用，阴阳即为一种缘起。太极动而生阳，静而生阴，马一浮认为其中的"生"是显现之义，意味着阴阳是太极的两种显现。《周易》强调

① （宋）周敦颐：《周敦颐集》，4 页，北京，中华书局，2011。
② 《马一浮全集》第四册，5 页。

生生的重要性，《周易·系辞上传》说："生生之谓易"[①]，阴阳的变动配合成就万物的生生不已。这种生阴生阳、生万物体现了一种变化，故不是恒常不变；这种化生一直在进行，不息不已，故不是断灭空亡。断常二见是佛学提出的两种不正见，非断非常乃是正见，马一浮认为太极阴阳生生不已体现了儒家的正见。

法界是佛家表述本体的词语，缘起是佛家表述功用的词语，因此可说法界缘起展现了佛家的体用关系。太极是儒家表述本体的词语，阴阳是儒家表述相、用的词语，因此可说太极阴阳展现了儒家的体用关系。马一浮所作华严宗法界缘起与太极阴阳的会通是在体用方面的会通，并认为这是真实之理，具有普遍性，不离于心，缘起即现，生生不已，重重无尽。

三、法界缘起、四法界与《孝经·三才章》的会通

四法界指事法界、理法界、理事无碍法界、事事无碍法界，宗密在《注华严法界观门》中对其作了阐述："统唯一真法界，谓总该万有，即是一心。然心融万有，便成四种法界：一、事法界。界是分义，一一差别有分齐故。二、理法界。界是性义，无尽事法同一性故。三、理事无碍法界。具性分义，性分无碍故。四、事事无碍法界。一切分齐事法，一一如性融通，重重无尽故。"[②]事法界是指千差万别而各有界限的现象界。理法界是指平等无差别而同一体性的本体界。理事无碍法界是指现象界和本体

① （魏）王弼注，（晋）韩康伯注，（唐）陆德明音义，（唐）孔颖达疏：《周易注疏》，352页，北京，中央编译出版社，2013。

② 石峻等编：《中国佛教思想资料选编》第二卷第二册，394—395页，北京，中华书局，1983。

界彼此无碍，事因理成，理由事显，理事无碍。事事无碍法界是指现象界本身的无碍不思议境界，一切差别而有界限的事法在本性上是融通的，诸法互摄，不相妨碍，一多相即，大小互容，重重无尽。

马一浮以法界缘起、四法界说与《孝经·三才章》之义理进行会通。三才指天、地、人，与《周易·系辞下传》所言三才之道相同。《孝经·三才章》曰："夫孝，天之经也，地之义也，民之行也。天地之经，而民是则之。则天之明，因地之利，以顺天下。是以其教不肃而成，其政不严而治。"① 对于其中的天之经、地之义、民之行，马一浮解释说：

> 何以言经、义、行？此当以三易之义通之。经言乎其不易也，义言乎其变易也，行言乎其简易也。孝是发乎人心之不能自已者，只此便是天道之不息，故曰"天之经也"。"忠可移于君"，"顺可移于长"，"治可移于官"，只此便是地道之承天，故曰"地之义也"。以此顺天下，推而放诸四海而皆准，无所不通，只此便是人道之法天地者，故曰"民之行也"。《易》曰："知崇礼卑，崇效天，卑法地。"知以德言，礼以行言，知是天道，礼是地道。合内外之道，合天地之道，是为人道。又天道健，地道顺，人受天地之中以生，合健顺以为五常之德，所以显道神德行者莫著于孝。故以体言，则曰德之本；以用言，则曰人之行也。经曰："父子之道，天性也"，下一"性"字，明天道之为不易也。"君臣之义也"，

① （唐）李隆基注，（宋）邢昺疏：《孝经注疏》，19页，北京，北京大学出版社，1999。

> 下一“义”字，明地道之有变易也。知父子之道即君臣之义，知天性即为人道，明人道之为简易也。又知人道即天地之道，亦简易也。“高明配天”，故曰“则天之明”，不易义也。“博厚配地”，故曰“因地之利”，变易义也。“其教不肃而成，其政不严而治”，简易义也。以佛义通之，天经是体大，地义是相大，民行是用大。孝为德本，是法性，故谓天经；教所由生，是缘起，故谓地义；终于立身，是具足法、智二身，故谓民行。行所证，故举因以该果也。又民行是能证，天经、地义即是所证。三才合言，总为一法界性也。若配四法界，则行是事法界，经是理法界，义是理事无碍法界，合而言之，则是事事无碍法界也。《华严》以法界缘起不思议为宗，《孝经》以至德要道顺天下为宗。今说三才，亦即三大，亦即三德、三身，总显法界缘起，顺天下以为教，亦是不思议境。非特《华严》可以准《易》，《孝经》亦准《华严》。此非执语言、泥文字者所能了，心通于道者自能得之。①

在以华严宗义理与《孝经》义理进行会通之前，马一浮先引用《周易》《中庸》等儒家义理来解说《孝经》。在三才之道中，天道展示了不易义，地道展示了变易义，人道展示了简易义。行孝这种功夫的根据在于人心之不能自已，在于天道之不息，是为不易之义；由行孝而扩展为忠、顺之行，推及人伦日用，施于政事，是为变易之义；由行孝而达致顺天下，无所不通，实现“其教不肃而成，其政不严而治”的效果，是为简易之义。由此，马

① 《马一浮全集》第一册，200—201页。

一浮认为孝作为德之本，是法性；从行孝而推己及人，“老吾老，以及人之老；幼吾幼，以及人之幼，天下可运于掌”[①]（《孟子·梁惠王上》），即是由孝而进行教化，这显示了缘起；孝是至德要道，能达到“以顺天下，民用和睦，上下无怨”[②]（《孝经·开宗明义章》）的状态，这即是不思议境。以四法界与三才相配合，则民之行是事法界，天之经是理法界，地之义是理事无碍法界，合而言之，为事事无碍法界。正因为如此，马一浮进而说《孝经》与《华严经》相当。

《孝经》重践行，是儒家行门的代表，即是儒家功夫论的具体落实。马一浮曾在复性书院著《孝经大义》，集为一卷，在六卷本的《复性书院讲录》中占有重要地位。他在《孝经大义》中说：“六艺之教，总为德教；六艺之道，总为性道。《孝经》则约此性德之发现而充周者举示于人，使其体认亲切，当下可以用力。践行尽性之道即在于是。故知六艺之要归，即自心之大用，不离当处，人人可证，人人能行，证之于心为德，行出来便是道，天下自然化之则谓之教。此是圣人显示性德，普摄群机，故说《孝经》以为总持，犹佛氏之有陀罗尼门。”[③]如何体认性德，证悟心之本体，儒家认为应从切近处下手，即从行孝开始，由此扩展，推己及人，由尽己之性以至于尽人之性、尽物之性，使天下自然化之。因此，以华严宗义理与《孝经》义理相会通，首先表现在功夫层面。然而，马一浮又强调行孝的本体依据，在儒家来说，为人心之不能自已，为天道之不息；在佛家来说，为法性。

① （宋）朱熹：《四书章句集注》，北京：中华书局，2011年，第195页。
② （唐）李隆基注，（宋）邢昺疏：《孝经注疏》，北京：北京大学出版社，1999年，第2页。
③ 《马一浮全集》第一册，186页。

这又是在本体层面的会通。

四、一真法界与儒家天人学说的会通

一真法界是华严宗用来表述至极之理的称谓。澄观在《华严经疏钞》中对一真法界多有阐述，如曰："一真法界本无内外，不属一多"①，"一真法界以为法身"②。《三藏法数》③据此做出界定："无二曰一，不妄曰真，交彻融摄故曰法界。即是诸佛平等法身，从本以来，不生不灭，非空非有，离名离相，无内无外，惟一真实，不可思议，是名一真法界。"④这种界定突出了诸多特性，如纯一性、真实性、平等性、超越性、交融性、通彻性、统摄性等。一真法界作为本体，能够起作用而生出万法，一真法界和万法体现了上述特性。

马一浮服膺一真法界说，在其著述中常加以运用，曾作《法界颂》曰："一真法界，事事无碍。金翅飞空，牯牛逐队。蚊虻过前，日月相代。当生不生，成即是坏。何将何迎，非内非外。优哉游哉，无乎不在。"⑤对一真法界做出了自己的诠释，强调了

① （唐）澄观：《大方广佛华严经随疏演义钞》，见《大正藏》第三十六册，2—3页，台北，新文丰出版公司，1983。

② （唐）澄观：《大方广佛华严经随疏演义钞》，见《大正藏》第三十六册，28页，台北，新文丰出版公司，1983。

③《三藏法数》是明朝僧人一如等所撰的佛学辞典。马一浮比较推崇此书，认为是初学者了解佛教名相术语较好的参考书，他曾说："初看教乘，或苦法数难记、华梵音义未详者，有下列数书，即足备寻检：《翻译名义集》《一切经音义》《三藏法数》（此书最要）、《教乘法数》。"（《马一浮全集》第二册，556页。）

④ 蓝吉富主编：《大藏经补编》第二十二册，122页，台北，华宇出版社，1986。

⑤《马一浮全集》第二册，283页。

一真法界的圆融无碍性，自在超越而又显现万象。马一浮以一真法界说与儒家义理进行会通，他认为儒家的“天”相当于一真法界，他说：“朱子谓儒家本天，释氏本心。本天者，谓理之所从出也；本心者，谓法之所由生也。知天为一真法界，则何异之有？”[①]在佛家，一真法界即是一心，心生法生，心灭法灭，此心即为本体，一真法界即为本体；在儒家，天为理之所从出，性则心之所具之理，则曰“尽其心者，知其性也。知其性，则知天矣”[②]（《孟子·尽心上》），故天为本体之名。这是在本体层面的会通。

马一浮又以一真法界说与天人关系说相会通。天人关系是儒家讨论的重要课题。在儒学史上，有两种主要的观点：天人相合、天人相分。其中，天人相合为儒家思想的主流，有多种表述，如天人一理，天人一性，其究竟处为天人不二，天人一也，如程颢所说：“天人一也，更不分别”[③]，“天人本无二，不必言合”[④]。马一浮以程子天人不二的思想与一真法界说进行会通，他说：

> 程子曰：人即天，天即人，言天人合者，犹剩一合字。方为究竟了义。是义唯佛氏言一真法界分齐相当。自佛氏言之，“总该万有，即是一心”；自儒者言之，通贯三才，唯是一性。彼言法界有二义：一是分义，一一差别有分齐故，即分殊也；一是性义，无尽事法同一性故，即理一也。于一理中见分殊，于分殊中见理一，则是一即一切，一切

① 《马一浮全集》第一册，203页。
② （宋）朱熹：《四书章句集注》，北京：中华书局，2011年，第327页。
③ （宋）程颢、程颐：《二程集》，20页，北京，中华书局，2004。
④ （宋）程颢、程颐：《二程集》，81页，北京，中华书局，2004。

即一，如性融通，重重无尽。全事即理，全人即天，斯德教之极则也。①

在儒家人物对天人关系的论述中，马一浮认为程子之言达到了究竟程度，而佛家的一真法界说亦是对至极之理的表述，两者的分际相当。他又用理一分殊说与法界之义相会通，分殊相当于法界之分义，即事法界；理一相当于法界之性义，即理法界。在儒家来说，于一理中见分殊，于分殊中见理一，全事即理，全人即天；在佛家来说，一即一切，一切即一，如性融通，重重无尽。两者均为言教的极致，是义理的究竟表述。这也是在本体层面的会通。

五、事事无碍法界与《尚书》皇极的会通

事事无碍法界是华严宗四法界之一。四法界包括事法界、理法界、理事无碍法界、事事无碍法界。事事无碍法界是指现象界本身的无碍不思议境界，一切差别而有界限的事法在本性上是融通的，诸法互摄，不相妨碍，一多相即，大小互容，重重无尽。

皇极是《尚书·洪范》的核心概念之一，也是中国文化中的一个重要概念。马一浮曾著《洪范约义》，专门讲解《洪范》，对皇极作了精彩阐释。《尚书·洪范》曰："皇建其有极"②，马一浮认为皇极兼顾人和法，皇为具备至德的君王，极为至极之理。合而言之，皇极是指具备至德的圣王建立运用至极之理。《尚书·洪范》又曰："无偏无陂，遵王之义；无有作好，遵王之道；

① 《马一浮全集》第一册，203—204页。

② （宋）蔡沈：《书集传》，143页，南京，凤凰出版社，2010。

无有作恶，遵王之路。无偏无党，王道荡荡；无党无偏，王道平平；无反无侧，王道正直。会其有极，归其有极。”[①]马一浮认为这是皇极的敷言，对皇极敷陈其事而做进一步的阐释。王道是皇极之理在事相上的表现，皇极以理言，王道以事言，理事不二。“无有作好”“无有作恶”是要点，意味着没有私意而好恶得其正，好善恶，因物付物。若私意起而好恶失其正，则有偏陂、偏党、反侧之害；若心无私系，则廓然大公，表现为王道之荡荡、平平、正直。至极之理是会通和归趣的依据，当圣王建立运用至极之理时，则天下因至极之理而有会通，又回归趣向于至极之理。马一浮以皇极及其敷言之义与事事无碍法界进行会通：

> 以佛义言，皇极是事事无碍法界。爱憎取舍情尽，则无漏真智现前，是即“无有作好”、“无有作恶”。然后庄严万行，大用繁兴，“无不从此法界流，无不还归此法界”，即“会其有极，归其有极”也。[②]

皇极一词人法并举，即体明用，至德之圣王建立运用至极之理治天下时，天下太平，各得其所，天地位，万物育。这是圣王的妙用，是儒家的无碍境界。事事无碍法界是差别事法如性融通、互含互摄、不相妨碍、重重无尽的状态，故马一浮指出以华严宗之义来说，皇极相当于事事无碍法界。佛家认为爱憎取舍是众生的执着之情，只有去除净尽，才能让离开烦恼染污的真如圣智显现，这相当于《尚书》所说“无有作好”“无有作恶”，没

① （宋）蔡沈：《书集传》，144—145 页，南京，凤凰出版社，2010。
② 《马一浮全集》第一册，303 页。

有私意而好恶得其正。当本体显现，真智现前，则庄严国土，利乐有情，六度万行之大用由此兴起，无穷无尽，如同万法由法界生，又回归法界，这相当于《尚书》所说“会其有极，归其有极”，天下之事因至极之理而有会通，又回归趣向于至极之理。

皇极显示了大法之本源、圣人之妙用，阐述了儒家的体用关系、理事关系，如马一浮说：“离体无以成用，即用而不离体，‘体用一源，显微无间’，故皇极亦言用也。”①法界分为四法界，其中事法界代表相和用，理法界代表本体，理事无碍法界和事事无碍法界指出了体用、理事无碍而重重无尽的状态，因此可以说华严宗的法界说阐述了佛家的体用关系、理事关系。马一浮所作法界说与皇极义的会通是在体用关系、理事关系方面的会通，指出了体用不二、理事不二，强调了法界和皇极的本源性、统摄性，彰显了儒佛义理的圆融无碍。

第二节　六相义与儒家义理的会通

六相是华严宗重点阐释的义理之一。六相是指总相、别相、同相、异相、成相、坏相。《华严经》卷第三十四记载了六相，华严宗智俨、法藏、澄观等人详细、深入地发挥了六相之义，如法藏《华严五教章》说：“总相者，一含多德故；别相者，多德非一故，别依止总，满彼总故；同相者，多义不相违，同成一总故；异相者，多义相望，各各异故；成相者，由此诸缘起成故；

① 《马一浮全集》第一册，301 页。

坏相者，诸义各住自法不移动故。”[1] 华严宗又阐释了六相圆融义，诸法都具有六相而互不相妨，圆融无碍。

马一浮在著述中多次运用华严宗六相义，他曾对六相做过讲解：“华严六相：一总别，二同异，三成坏。一、总不离别，离别不成总；别不离总，离总则别亦不成。然总不碍别，综合总时别未尝亡；别不碍总，分辨别时总亦存在。交参互入，不即不离。二、同异亦然，同不离异，异不离同，异中有同，同中有异。是一是二，不即不离。三、成坏非生灭，就其变易曰成，就其不变言曰坏。如积瓦石以成屋，是屋相即成相；若返本推求，瓦石还是瓦石，并不因成屋而消灭，即是坏相。故天地间只有变易，并无增减，不变即存变易之中。克实言之，六相原是一相，若偏执一边，便成错误。”[2] 他将六相分为三组，对总与别、同与异、成与坏的关系进行了简洁的论述，又指出了六相是一相之义。他也曾写诗《为人题雷峰塔藏经》：“华严六相义，刹尘说常炽。塔坏而经出，如人舍室聚。毗岚吹海岳，不坏非文字。世间任流布，生灭实相寄。三灾不到四禅天，聚沙缚苇名游戏。”[3] 指出了佛家义理无穷，用华严宗六相义进行言说如同刹尘般重重无尽。

华严宗六相义与儒家义理的会通主要体现在《濠上杂著》中，马一浮用六相义与周敦颐《太极图说》《通书》中的义理进行会通。

① 中国佛学院华严学教研组编：《〈华严五教章〉基础教程》，198—199 页，北京，宗教文化出版社，2014。

② 《马一浮全集》第一册，726—727 页。

③ 《马一浮全集》第三册，655 页。

一、六相义与周敦颐《太极图说》的会通

马一浮曾为周敦颐的《太极图说》作科判，又著《太极图说赘言》以阐释其义。在《太极图说赘言》开篇，马一浮对《太极图说》进行了高度评价："继六艺而作，有以得《易》教之精微，而抉示性命之根本者，其唯周子之《太极图说》《通书》乎？"① 认为周敦颐的《太极图说》和《通书》继承了六艺，尤其是根据《易》教精深微妙之义而揭示彰显了性命之根本。

《太极图说》曰："无极而太极。太极动而生阳，动极而静，静而生阴。静极复动。一动一静，互为其根；分阴分阳，两仪立焉。阳变阴合，而生水、火、木、金、土。五气顺布，四时行焉。五行，一阴阳也；阴阳，一太极也；太极，本无极也。五行之生也，各一其性。无极之真，二五之精，妙合而凝。"② 马一浮以这段话中的义理与六相义进行会通：

> 太极是总，二五是别。若约华严六相义说，则五行、阴阳各具同异二相，各各相望为异，共成一总为同。又阳变阴合为成，各一其性为坏。生即成相，缘会而生；一即坏相，各住自位。实则六相一相，缘起成别，摄归于体，即别是总。③

《太极图说》中的太极和二五可以用六相义中的总相和别相

① 《马一浮全集》第四册，2页。

② （宋）周敦颐：《周敦颐集》，3—5页，北京，中华书局，2011。

③ 《马一浮全集》第四册，9页。

来理解，太极是总相，阴阳两仪和水、火、木、金、土五行是别相。按照六相义来说，五行和阴阳分别具有同相与异相。五行分为水、火、木、金、土五个不同的方面，这是异相；五行之本为阴阳，阴阳之本为太极，由五行之别而回归到太极之总，这是同相。阴阳分为相对的两个方面，这是异相；阴阳由太极而生，由阴阳之别而回归到太极之总，这是同相。阳之变动和阴之配合共同作用，由此形成五行，而成相是各种因缘条件和合成就之义，故可将阳变阴合视为成相；五行虽各各共此一性，但其生成有各自的表现，根据气和质而秉受不同，坏相是各种因缘条件各住自位不移动之义，故可将各一其性视为坏相。由阳变阴合而生五行，此“生”即是成相，表明了因缘聚合而生之义；五行虽由阴阳而生，但一旦生成则各自显现，所谓“各一其性”，此“一”即是坏相，表明了各住自位之义。实际上六相可归于一相，从体起用，当因缘聚合而各自显现时，此为别相；摄用归体，由缘起之用而回归于本体，则可即别相而见总相。

二、六相义与周敦颐《通书·理性命》的会通

《通书》是周敦颐除《太极图说》之外的另一代表性著作，马一浮推崇此书，于其著述中多次引用和阐发。在《泰和宜山会语》《复性书院讲录》《尔雅台答问》等著述中，马一浮常运用《通书》中关于诚、无欲、刚柔善恶等义理，他也曾写诗《续庐山新谣》十二首，其中第一首是有关周敦颐及其著作的内容：“濂溪本醇儒，或谓穷禅客。晚岁家浔阳，乐此山水宅。涪翁善称叹，光霁喻风月。昔经莲花峰，瓣香瞻墓阙。于今五十载，寡闻嗟老洫。变化无死生，斯义久研悦。《通书》《太极图》，孔孟真

直接。《宋史》传道学，专名亦不忒。小智昧大全，乃为天下裂。玄同非世谛，章甫弗适越。宰垅未荒圮，犹为人爱惜。徇物有不返，挥手谢时哲。”[①] 指出了周敦颐作为一个醇儒，其作品《通书》《太极图说》是直接孔孟的大作。

《通书·理性命》从理、性、命三个方面进行了论述，其中关于命的内容是：“二气五行，化生万物。五殊二实，二本则一。是万为一，一实万分。万一各正，小大有定。”[②] 马一浮以这段话中的义理和六相义进行会通：

> 《通书·理性命章》“五殊二实”是异相，“二本则一”是同相，“是万为一”是总相（别不离总），“一实万分”是别相（总不离别），“万一各正，小大有定”是成、坏二相也。[③]

水、火、木、金、土五行各不同，阴阳二气之实亦各不同，这相当于异相；阴阳二气本于太极之理，这相当于同相。合万物而言，归于一太极，表达了万物一太极之理，这相当于总相，同时别相不离总相；从本之末，太极之实理衍生为万物，万物如月映万川般分太极以为体，表达了物物一太极之理，这相当于别相，同时总相不离别相。成相是指各种因缘条件和合成就，而万物是由二气五行和合变化而生，这相当于成相；坏相是指各种因缘条件各住自位不移动，而万物各有一太极，万物和太极各正其位，小大之物各有一定之分，这相当于坏相。

① 《马一浮全集》第三册，524 页。

② （宋）周敦颐：《周敦颐集》，32 页，北京，中华书局，2011。

③ 《马一浮全集》第四册，6 页。

六相义是华严宗认识、解释世间万法的义理，可从体相用三方面去理解，总相和别相是从体上说，同相和异相是从相上说，成相和坏相是从用上说。周敦颐《太极图说》《通书》探讨了太极、阴阳、五行、万物之间的关系，阐发性命之理，贯通形上形下，兼顾了体相用。马一浮运用华严宗六相义对周敦颐《太极图说》《通书·理性命》进行了深入的阐释，这种会通是体相用方面的会通，也使得周敦颐所阐发的儒家义理更彰显其价值。

第三节　文殊智、普贤行之说与儒家义理的会通

在佛教里，文殊菩萨以智慧著称，号为大智文殊菩萨；普贤菩萨以行门著称，号为大行普贤菩萨。《华严经》和华严宗历代祖师对文殊智、普贤行多有开显，而《四十华严》简称为《普贤行愿品》，尤见普贤行在《华严经》中的分量。《四十华严》说："文殊师利勇猛智，普贤慧行亦复然，我今回向诸善根，随彼一切常修学"，又说："我今回向诸善根，为得普贤殊胜行"，记载了文殊智和普贤行。澄观著《华严经普贤行愿品疏（四十华严疏）》，澄观疏、宗密钞《普贤行愿品别行疏钞》，对文殊智、普贤行进行了详细阐释。

具体来说文殊智，则文殊菩萨的智慧广大无边，可通过般若之义进行考察。《三藏法数》对般若解释说："梵语般若，华言智慧。谓照了一切诸法皆不可得，而能通达一切无碍，为诸众生种

种演说也。”[①] 般若是佛陀说法的重点之一，曾用二十二年的时间演说般若方面的经典，有所谓般若时之说。般若经传入中土后，僧肇法师深解般若，号为解空第一，他曾著《般若无知论》，又说：“法身无象，应物而形；般若无知，对缘而照。万机顿赴而不挠其神，千难殊对而不干其虑。”[②] 性空缘起、于法观照通达等均为般若之义。

具体来说普贤行，则普贤菩萨的行门无穷无尽，其核心为十大行愿。《华严经》记载善财童子在文殊菩萨指导下历参五十三员善知识，最后一参是见普贤菩萨。普贤菩萨告诉善财童子，要成就佛的功德，应修十种广大行愿：一礼敬诸佛，二称赞如来，三广修供养，四忏悔业障，五随喜功德，六请转法轮，七请佛住世，八常随佛学，九恒顺众生，十普皆回向。此十大行愿是普贤行愿的要义，广则为普贤万行，是为三世诸佛的因位行愿。马一浮曾抄写《普贤行愿品》，并在写本自跋中说：“儒者‘无终食之间违仁，造次必于是，颠沛必于是’，言行动天地，孝弟通神明。自佛氏言之，皆普贤行也。‘躬行君子，则吾未之有得’，‘三灾弥纶而行业湛然’。人能志普贤之所志，行普贤之所行，庶可以践形尽性矣。”[③] 对普贤行愿十分赞赏，且认为与儒家义理相通，若能笃志力行，亦可践形尽性，亦可动天地、通神明。

马一浮对文殊智、普贤行之说非常重视，在其著述中经常阐述，比如说：“乐是文殊妙智，礼是普贤万行。”[④] 又说：“《华严》

① 蓝吉富主编：《大藏经补编》第二十二册，386 页，台北，华宇出版社，1986。
② （东晋）僧肇著，张春波校释：《肇论校释》，196 页，北京，中华书局，2010。
③ 《马一浮全集》第一册，119 页。
④ 《马一浮全集》第一册，354 页。

以文殊表知，普贤表行，此与《易》言知能不异。……‘日新之谓盛德’，文殊之智也；‘富有之谓大业’，普贤之行也。”[①]他也曾在《老子注》中用文殊智、普贤行之说与《老子·二十六章》作了会通：“言‘终日行，不离辎重’者，喻于一切处负荷众生，无有疲厌，普贤行愿之力也。‘虽有荣观，燕处超然’者，谓于一切时圆照法界，不动本际，文殊妙智之德也。”[②]他也曾写诗《数名诗》：“一法不可得，一物不可遗。二谛亦非二，太极生两仪。三身显自性，四智销群疑。五时示权说，六度实无为。普贤大愿王，文殊七佛师。能为万象主，不被八风吹。九死犹未悔，十界将安归？”[③]

马一浮运用文殊智、普贤行之说主要体现在儒佛会通方面。除上述他用来与礼乐、《周易》义理进行会通外，他还与儒家仁智之说相会通。《中庸》曰：“知、仁、勇三者，天下之达德也”；又曰：“好学近乎知，力行近乎仁，知耻近乎勇”，对仁智之说进行了阐述。马一浮说：

> 《华严》以文殊表智，普贤表行，犹《中庸》言智、仁、勇三达德，以大舜表智，颜子表仁，子路表勇，勇者所以行仁、智也。证文殊智者，必修普贤行。普贤万行悉是悲心。悲心即仁，运之即智也。如来念念不舍众生，故谓能仁。二乘人不发大心，只有智而无悲，是见性未能尽性。尽性者，本与天地万物浑然一体。“圣人无己，靡所不己”，不见有众

① 《马一浮全集》第四册，570页。
② 《马一浮全集》第四册，73页。
③ 《马一浮全集》第三册，117页。

> 生可舍，亦不见有众生可度，盖莫非自己性分内事也。修普贤行者便是如此。欲从文殊门入者，须修杜顺《华严法界观门》，深入圆观。欲修普贤行，须依《普贤行愿品》真实践履。李长者著《华严合论》，以文殊为少男，以普贤为长子。长子主器，故直绍佛位，必在行门。此以卦象配之，亦有义趣。善财参五十三员善知识，发迹于文殊，归究于普贤，是为悲智双融。“成己，仁也；成物，智也。”物我不二，仁智相成，在儒方为尽性，在佛氏谓之成佛。故至诚者，合仁与智为一体；佛者，合文殊、普贤为一人。①

《中庸》曰：“舜其大知也与！舜好问而好察迩言，隐恶而扬善，执其两端，用其中于民，其斯以为舜乎！”这是大舜表智的内容，舜不自用而乐取于人，相当于通达诸法而无执无着的文殊菩萨。《中庸》曰：“回之为人也，择乎中庸，得一善，则拳拳服膺而弗失之矣。”这是颜子表仁的内容，颜子真知而能择能守，表现了力行，相当于悲心度众而广修万行的普贤菩萨。子路好勇，而《中庸》也记载了“子路问强”的内容，马一浮认为勇之义即在于勇于行仁、智，勇而始能做到好学、力行。又，“不见有众生可舍”，表现了悲心，相当于仁；“不见有众生可度”，表现了不执着于众生相，相当于智。《中庸》讲至诚者能尽己之性、尽人之性、尽物之性，又说成己成物之义，故马一浮认为，物我无间，仁智相成，即是儒家所说的尽性、至诚，也即相当于佛家所说的成佛。另外，《孟子·公孙丑上》引子贡之言曰：“学不厌，智也；教不倦，仁

① 《马一浮全集》第一册，456—457页。

也。仁且智，夫子既圣矣”[①]，也表达了合仁、智而成圣之义。

马一浮又以文殊智、普贤行之说与其他儒家义理相会通，他说：“濂溪示人当‘志伊尹之所志，学颜子之所学’，何谓也？夫伊尹‘一夫不获，若己推而纳诸沟中’，非普贤行愿之旨乎？回也‘屡空’、‘坐忘’、‘不改其乐’，非文殊妙智之力乎？知‘禹、稷、颜子易地则皆然’，则知普贤、文殊一体而非异；知成己、成物为一事，则心、佛、众生无差别。故曰：‘尽性至命，必本于孝弟；穷神知化，由通于礼乐。’如普贤、文殊者，乃可谓孝弟、礼乐之人矣。夫岂于心外求之而可见哉？‘吾有知乎哉？无知也’，‘天何言哉？四时行，百物生’，于此荐得，文殊在汝面门；‘老者安之，朋友信之，少者怀之’，如是用心，普贤在汝脚下。”[②]在马一浮看来，伊尹之所志，孔子之老安少怀，体现了济世安民的悲心，相当于普贤菩萨的行愿；颜子之安贫乐道与“堕肢体，黜聪明，离形去知，同于大通”[③]，孔子之不自以为有知，以及天理之不待言而自然流行，相当于文殊菩萨通达诸法而无执无着的妙智。然而又当知不二之义，在儒家则曰：“禹、稷、颜子易地则皆然”，“成己、成物为一事”；在佛家则曰：“普贤、文殊一体而非异”，“心、佛、众生三无差别”。

从上可知，阐明合文殊智、普贤行而成佛，合智、仁而成圣，也具体阐述智、仁的标准及如何践行，又举出圣贤践行的事例，则此种会通主要是功夫层面的会通；又表述了成圣、成佛的境界，亦有境界层面的会通。

① （宋）朱熹：《四书章句集注》，217页，北京，中华书局，2011。

② 《马一浮全集》第二册，119—120页。

③ 《庄子·大宗师》。

第七章　禅宗与儒家的会通

禅宗是汉传佛教八大宗派之一，又称为佛心宗、达摩宗、无门宗，达摩为中国禅宗初祖。禅宗以“不立文字，教外别传，直指人心，见性成佛”著称，为直下承当之法门。[①]因该宗以心传心，直传佛祖的心印，故又称佛心宗。因以菩提达摩为中国始祖，故又名达摩宗。因禅宗“佛语心为宗，无门为法门”[②]，故又称为无门宗。禅宗直指人心，以诸佛所说之心性为宗归，期于明心见性、见性成佛。禅宗传承脉系丰富，有西天二十八祖、中土六祖之说，又有五宗七家之说。中土六祖指达摩、慧可、僧璨、道信、弘忍、慧能。五宗七家指南岳怀让禅师一系所形成的沩仰宗、临济宗，青原行思禅师一系所形成的曹洞宗、云门宗、法眼宗，以及临济宗在宋代所开出的杨岐派、黄龙派。

禅宗依据的经典主要有《楞伽经》《金刚经》等。慧能的传法记录集为《六祖坛经》，是中国祖师著述中唯一被尊为“经”的佛典，可谓是禅宗的代表作。禅宗著述颇丰，有众多的语录、灯录等。关于阅读禅宗著述，马一浮说：“宗门不立文字，本不可以言语求之。但问答机缘，亦资助发。先须明其源流，观其方便，亦有数书必须寻究：《传法正宗记》《五灯会元》《指月录》

① 根据禅宗资料的记载，禅宗源于拈花微笑的公案，如《禅宗无门关》曰：“世尊昔在灵山会上，拈花示众。是时众皆默然，惟迦叶尊者破颜微笑。世尊云：吾有正法眼藏，涅槃妙心，实相无相，微妙法门，不立文字，教外别传，付嘱摩诃迦叶。”（《大正藏》第四十八册，293 页，台北，新文丰出版公司，1983。）

② （宋）永明延寿：《宗镜录》，见《大正藏》第四十八册，418 页，台北，新文丰出版公司，1983。

《六祖坛经》《黄檗传心法要》《百丈广录》《碧岩集》《请益录》《从容录》《正法眼藏》《智证传》《林间录》《禅林僧宝传》《大慧杲语录》（妙喜为禅门朱子，其语录之富，无人及之，然其后浸衰矣）、《洞上古辙》（专明曹洞一家宗旨，流为义路禅矣）、《永嘉集》《永嘉证道歌》《雍正御选语录》《拣魔辨异》。明曾凤仪有《金刚宗通》《楞严宗通》，于经文释义下每附公案一则以比傅之，有得有失，所谓义路禅也。但不为所系缚，亦可浏览，不无开益。”①

马一浮与禅宗渊源深厚，有慧明、楚泉、肇安三位禅师作为方外之友，相与往还，受到指点，又妙悟禅宗，悟境颇深，亦勤读禅宗典籍，精通禅义、禅语。马一浮在著述中经常对禅宗进行阐述，比如他曾对禅宗的传承作过简洁的梳理：“达摩直指一派六传至大鉴，下开南岳、青原二支，衍为五宗。在五代及北宋，临济儿孙遍天下，名为教外别传。其真切为人，非义学家所能及。”②他也曾论述禅宗的教化特点：“禅宗不与人说道理，直下要人截断情尘意识，故行棒行喝，或以一句无义味语塞却人之思路，其方法实是险迫。然学者遭其逼勒，无伎俩可施，忽然转身来，直是廓落自在。非遇上根，决不能受此钳锤。”③指出棒喝与无义味语在禅门教化中的作用，同时也指出此方法适用于上等根器之人。他又曾写诗《奉酬万慧法师》二首，其中一首为：“道以随流妙，禅因得旨忘。三衣传已渺，五贼见能昌。贞观仍天

① 《马一浮全集》第二册，555—556 页。
② 《马一浮全集》第一册，430 页。
③ 《马一浮全集》第一册，513 页。

地，空花几汉唐？聊凭南过雁，遥礼白豪光。”[①]其中“禅因得旨忘”即指禅宗得旨忘言、不立文字的特点。

在禅宗与儒家的会通中，马一浮主要是运用禅宗各宗的禅法和一些禅师的禅语与儒家义理进行会通。马一浮在进行禅宗与儒家的会通时，是随机展开、灵活运用的，并未严格遵循一定的顺序和体系。为论述方便，可将马一浮所作会通分为两大类，以五宗形成为分界线，一类是五宗分立之前的，作为一节；另一类是五宗分立以来的，按五宗（沩仰宗、临济宗、曹洞宗、云门宗、法眼宗）排列。

第一节　五宗分立前之禅宗与儒家的会通

一、禅宗传和得与儒家传和得的会通

马一浮在复性书院期间，除讲学之外，又重视刊刻典籍，以期广为流通。他计划刊刻《群经统类》《儒林典要》两大类丛书，在《儒林典要》中，他选了《圣传论》《盱坛直诠》《横浦心传》《慈湖家记》等。《圣传论》是宋代理学家刘子翚的著作，有十篇，书中提出了道统传授说，列举了尧、舜、禹、汤、文王、周公、孔子、颜、曾、思、孟之道进行阐释。马一浮概括说：“于尧舜明一心，于禹示一体，于汤言日新，于文王言不已，于周公极推无逸为持谦之功，于孔子特举践形明生死之说，于颜子发不

① 《马一浮全集》第三册，90页。

远复之几，于曾子示本敬之旨，于子思则约性以明中，于孟子则指归于自得。实皆有以得其用心，义该而文约，盖以显所谓体用之全者。”[①]他很重视《圣传论》，当此书刊行时，他专门写了序言，总结了该书的内容，论述了宋代儒学与禅宗的关系，重点会通了儒家和佛家关于道统传和得的问题。

在《圣传论序》开篇，马一浮首先引用了程颐所作的《明道先生墓表》：“周公没，圣人之道不行；孟轲死，圣人之学不传。”[②]“先生生千四百年之后，得不传之学于遗经，志将以斯道觉斯民。”[③]在墓表中，程颐高度评价了其兄程颢传承圣人之学的贡献，从前代遗留的经典中得到不传之学，提倡圣人之学，使圣人之道复明于世。马一浮以前读程颐此文时曾有疑问：“向者尝读其言而疑之，谓圣人之学，其有传邪，何以千载旷绝？其无传邪，何以明道独能得之？”[④]圣人之学真有传授吗？若有传授，为什么从孟子时期到宋代一千多年中空缺断绝呢？若无传授，为什么程颢在一千四百年后独自得到圣人之学呢？在表达自己的疑问之后，马一浮引用《孟子·离娄下》之言：“君子深造之以道，欲其自得之也。自得之则居之安，居之安则资之深，资之深则取之左右逢其原，故君子欲其自得之也。”[⑤]圣人之学可以自得，对于圣人之学务于深造、潜心积虑，则可以默识心通，自己得之，且所处安固，资藉深远，取之左右逢源。马一浮又引用《孟子·尽心上》之言：“君子所性，仁义礼智根于心。其生色也，

①《马一浮全集》第二册，29页。
②（宋）程颢、程颐：《二程集》，640页，北京，中华书局，2004。
③（宋）程颢、程颐：《二程集》，640页，北京，中华书局，2004。
④《马一浮全集》第二册，27页。
⑤（宋）朱熹：《四书章句集注》，273页，北京，中华书局，2011。

睟然见于面，盎于背，施于四体，四体不言而喻。”[①] 表明圣人之学指出了人有仁义礼智四种本性之德，四德源于本心，当蕴积深厚则表现于外，面部有润泽光明之貌，背部有丰厚盈溢之意，又施行到身体四肢的动作中，不待言说而自能通晓本性的旨趣。孟子的两段话指出了圣人之学可以自得的一面，默识心通是自得，本性之德蕴积而发于外也是自得，这种本心本性的表现不是可以传授的。

儒家探讨了圣人之学、圣人之道的传和得问题，佛家也有对此问题的论述，尤其禅宗具有代表性。马一浮说：“禅者自名为教外别传，复曰：无法与人，不从人得。然时至理彰，如寐忽觉，得其旨者，皆由自悟，亦未尝废师资之道。且必久经锻炼，始克承当。”[②] 禅宗自称“不立文字，教外别传，直指人心，见性成佛”，其“教外别传”具有盛名，是指在三藏十二部言教之外的特别传授，强调不依赖文字、语言，师父和徒弟以心印心，直接契入佛道。禅宗又说并无佛法可以给人，佛法不是从别人那里可以得到的，道理在于自修自悟自成佛道。当时节因缘具备、佛理显现时，就像睡着之人忽然醒来，得到其中旨意的人会明白一切都是自己觉悟，但也并不因此而废弃师资之道。徒弟往往经过师父的长久锻炼，方能自悟而承受担当佛道。

禅宗语录记载了诸多佛法传和得的公案，如初祖菩提达摩师徒的典故：“越九年，欲返天竺，命门人曰：‘时将至矣，汝等盍各言所得乎？’时有道副对曰：‘如我所见，不执文字，不离文字，而为道用。’祖曰：‘汝得吾皮。’尼总持曰：‘我今所解，如

① （宋）朱熹：《四书章句集注》，332 页，北京，中华书局，2011。

② 《马一浮全集》第二册，28 页。

庆喜见阿閦佛国，一见更不再见。’祖曰：‘汝得吾肉。’道育曰：‘四大本空，五阴非有，而我见处，无一法可得。’祖曰：‘汝得吾骨。’最后慧可礼拜，依位而立。祖曰：‘汝得吾髓。’乃顾慧可而告之曰：‘昔如来以正法眼付迦叶大士，展转嘱累，而至于我。我今付汝，汝当护持。并授汝袈裟，以为法信。各有所表，宜可知矣。’”[①] 道副、尼总持、道育分别得到了达摩大师所传佛法的皮、肉、骨，而慧可不依语言文字得到了达摩大师所传佛法的髓。达摩将如来正法眼付嘱于慧可，慧可成为禅宗中土二祖，这是以心印心的例证。

《五灯会元》又记载了禅宗祖师南岳怀让师徒的公案：“入室弟子总有六人，师各印可。曰：‘汝等六人同证吾身，各契其一。一人得吾眉，善威仪（常浩）。一人得吾眼，善顾盼（智达）。一人得吾耳，善听理（坦然）。一人得吾鼻，善知气（神照）。一人得吾舌，善谭说（严峻）。一人得吾心，善古今（道一）。’”[②] 南岳怀让禅师是六祖慧能的法嗣，禅宗五宗当中的临济宗、沩仰宗二宗即由南岳怀让一系而产生，在中国禅宗史上具有重要影响。南岳怀让禅师有六位入室弟子得到其真传，但各有特点，常浩善威仪，智达善顾盼，坦然善听理，神照善知气，严峻善谈论，道一善古今，其中马祖道一最著名。

马一浮对菩提达摩师徒和南岳怀让师徒的公案进行分析，重点阐释了传和得之理：

其果有得邪，果无得邪？从人得邪，自得之邪？若言

① （宋）普济：《五灯会元》，44 页，北京，中华书局，2015。
② （宋）普济：《五灯会元》，127 页，北京，中华书局，2015。

> 有传有得，则为赃诬古人，埋没自己；若言无传无得，则成断灭空亡。离此二途，乃知自性宗通，不违师承禀受，若非超宗越格，将至丧我儿孙。会此者乃可语于不传之学矣。故曰："向上一路，千圣不传。"然从古以来，门庭施设，当为何事？亦曰指归自己，令其自得而已。利根上智，一语知归，其或未然，依他作解，终身无自由分。二程从濂溪受学，何以云"天理是自家体认得来"？明其不可传也。[1]

菩提达摩的四个徒弟和南岳怀让的六个徒弟果然有所得，还是无所得？是从师父那里得到，还是自己得到？若说师父传授徒弟得到，则为栽赃诬陷古人，埋没自己，因为自性自在，非从人得；若说没有师父传授没有徒弟得到，则成为否定师父教导徒弟这种关系的断灭见解。离开彼此对立的二分法，可知禅宗强调自性自得，不依赖于言说文字而能自己觉悟，觉智圆明，融通无碍，同时又不否定师父和徒弟的传承关系。若不采取超越的手段和格式，将会导致佛法后继无人的局面。领会到这种情况，方能明白不传之学的真义，所以说"向上一路，千圣不传"。"向上一路，千圣不传"为禅宗常用语，如杨岐派的创始人杨岐方会禅师（992—1049）语录中即有记载。然而古代以来的成道祖师们各有自己接引、教诲弟子徒众的方式方法，是为了指向归于自心自性，让弟子徒众自修自悟自得。利根上智的人在师父一语之下即知归宿而自得，未达到利根上智的人则可能执着于师父的语言文字，甚至终身困在语言文字中而不得自由自在。程颢、程颐曾跟

① 《马一浮全集》第二册，28页。

随周敦颐求学，受到周敦颐的教诲，但又说“天理是自家体认得来”，表明天理非可以传授，而需自己体认、自己觉悟，这是宋儒解读不传之学的例证。

刘子翚著《圣传论》，阐述了儒家圣人之道、圣人之学的传承，马一浮刊刻此书就是为了让学者阅读此书而明白传与不传不二之理。马一浮在《圣传论序》中，经由会通儒家和禅宗的传和得问题，深入论述了儒家圣人之道、圣人之学的传和得。他也曾说：“古人所为不传之学者何？盖即自得之学也。惟须自得，故不可传，故曰‘向上一路，千圣不传’。此义当于《圣传论序》中发之。”[①] 圣人之道、圣人之学贵在自得，自得本心，自得本性，自得天理，而本心、本性、天理不是像物体一般可以授受，须自修自悟自得。自修自悟自得显示了自己的主体地位，但又要重视圣贤和经典等外缘。圣贤是传承圣人之道、圣人之学的人，经典是记录圣人之道、圣人之学的载体，通过圣贤的教导和经典的指引，达到自得的效果。经过马一浮的论述，圣人之道、圣人之学的传和得问题得到了清晰的展现。

二、禅宗教化方式与宋儒教化方式的会通

马一浮在复性书院刊刻《儒林典要》丛书，《盱坛直诠》是其中之一。《盱坛直诠》是明代儒学家、泰州学派代表人物罗汝芳的讲学语录，罗汝芳作为陆象山、王阳明一系的心学人物，对直指人心之道阐发颇多。马一浮认为《盱坛直诠》虽于义理稍有疏漏，但从整体上来说，该书善于启发，使人当下体认识取自

① 《马一浮全集》第一册，666 页。

心，豁然开朗，无复疑滞，具有使人祛习复性、焕发生命的手段。并且该书大力阐扬天地万物一体之理，使其大白于天下，可以启发人们祛除阴霾一般的习气，为人们所急需，以便提持向上。鉴于此等价值，马一浮将该书刊刻印行，并写了《重刊盱坛直诠序》。在序言中，马一浮从宋儒濂洛关闽等人的著述、教化讲起，与佛家义学著述、禅宗教化进行会通，接着讲到明儒王阳明、罗汝芳，分析其著述、教化方式，最后讲到《盱坛直诠》的内容和刊刻缘起。其中，马一浮所作儒家与佛家的会通，对于深刻理解宋代儒学具有重要意义：

> 濂洛关闽诸贤所以直接孔孟者，为其穷理尽性，不徒以六艺为教、敷说其义而止也。其兼综条贯，为群经传注，有近于义学，视汉唐说经之轨范为进。若乃酬机接物，不主故常，其言行足以动天地、通神明，则与禅宗大德同功而异位。此未易为执言语、泥文字者道也。如明道似禅，而伊川则邃于义，朱子谈义特精，而象山长于用禅。其实门庭施设则义为大，入理深谈则禅为切。[①]

周敦颐、程颢、程颐、张载、朱熹、陆九渊等人作为宋代儒学的代表人物，在整个儒学史中亦有重要地位。这些儒者被称为径直接续孔子、孟子，超越了汉唐诸儒，就在于他们做到了“穷理尽性以至于命”，而不仅仅是因为他们以《诗》《书》《礼》《乐》《易》《春秋》六艺为教学内容，也不仅仅是因为他们

① 《马一浮全集》第二册，31页。

陈说、论述六艺的义理。宋儒兼理众经，分析条理，贯穿综合，对群经作解说，使人通晓易解，这种解经的著述方式接近于佛家的义学，对于汉唐时期解说经典的方式来说是一种进步。义学是佛家讲解义理的学问，在汉传佛教八大宗派中，三论宗、唯识宗、天台宗、华严宗四派以义学著称。义学在唐代最盛，到华严宗达到顶峰，唐代之后逐渐衰落。义学以楷定名相、分科、判教等方式讲解佛家经论，深入阐发佛家义理，具有分析入微、说经精密、条理清晰、明朗易解的特点。比如判教，天台宗根据《法华经》判为藏、通、别、圆四教，唯识宗根据《解深密经》《楞伽经》判为有、空、中三时教，华严宗根据《华严经》判为小、始、终、顿、圆五教。又如解释经典的方法，天台宗采用释名、辨体、明宗、论用、判教相等五重玄义，华严家采用悬谈之法，从十个方面进行：一教起因缘，二藏教所摄，三义理分齐，四教所被机，五教体浅深，六宗趣通局，七部类品会，八传译感通，九总释经题，十别解文义。宋儒解说经典时从界定名相之义、分科解读、注重条理、分析精密、贯穿综合等方面比汉唐时期前进一步，故马一浮认为宋儒解经著述的方式接近于佛家的义学。

在交际应酬、待人接物等方面，宋儒不执着某一现成的思想及方法模式，他们的言行能够感动天地、通达神明，则虽与禅宗大德不同身份、不同地位，却可以达到与禅宗大德同样的教化功效。这是马一浮对宋儒与禅宗大德在教化方式方面所作的会通。濂洛关闽诸儒生于禅学兴盛之后，将理学发扬光大，直指心源，揭示学问之本源，不拘一格，以切实言行实现教化效果。禅宗直指人心，扫荡一切语言文字名相，号称教外别传，其真切为人、启发人，亦是效果卓著。故马一浮认为宋儒交际、教化方式与禅宗高僧异位而同功。

马一浮又指出，程颢的教化与禅宗近似，程颐解说义理深邃，朱熹谈论义理精密，陆九渊擅长用禅宗的方式进行教化。从讲解经典以接引众人、教导弟子的方式方法来看，义学因分析入微、极有条理而显现优胜；从契入实理、深入谈论来看，禅宗则表现出切近而鞭辟入里的优势。义学和禅宗均发于心性之微，各具特色，各有功效，而宋儒重视心性之学，强调实理，其表现方式有近于义学，有近于禅宗，但都接续先秦儒学，使儒学在宋代又迎来一个高峰期。

三、达摩"廓然无圣"与《周易》"乾元用九"的会通

"廓然无圣"在禅宗著述中被引用颇多，出于达摩大师与梁武帝的问答中。《五灯会元》记载说："帝曰：'如何是真功德？'祖曰：'净智妙圆，体自空寂，如是功德，不以世求。'帝又问：'如何是圣谛第一义？'祖曰：'廓然无圣。'"① 达摩从印度初来中国，梁武帝迎请至金陵，此为二人对话的部分内容。梁武帝执着于求功德、求圣谛第一义，而达摩说真正的功德体性空寂，圣谛第一义即空旷无圣谛。可以说，廓然无圣表述了无执着的空义。

《周易》经传阐述了"乾元用九"之义，《周易·乾》曰："用九：见群龙无首，吉。"②《象辞》曰："用九，天德不可为首也。"③

① （宋）普济：《五灯会元》，43 页，北京，中华书局，2015。

② （魏）王弼注，（晋）韩康伯注，（唐）陆德明音义，（唐）孔颖达疏：《周易注疏》，20 页，北京，中央编译出版社，2013。

③ （魏）王弼注，（晋）韩康伯注，（唐）陆德明音义，（唐）孔颖达疏：《周易注疏》，26 页，北京，中央编译出版社，2013。

《文言》曰："乾元用九，天下治也"[①]，"乾元用九，乃见天则"[②]。乾元用九显示了天德、天道、天之法则，不为首，不用阳刚而为先，圣人得其用则天下治。马一浮以"乾元用九"与"廓然无圣"相会通，他说：

> "乾元用九"，是大机大用，是孔子、如来行履处。禅家所谓"向上一路，千圣不传"，非不传也，不可得而传也。直须自证自悟，始得到此。凡教家极则语，如圣谛第一义，皆用不着，故谓唯"廓然无圣"一语差相似耳。[③]

马一浮认为乾元用九为圣人的大机大用，用而不执着，无首无尾，无先无后，所以为大。然而须自证自悟方能有此大用。禅宗将极致处称为"向上一路"，不可得而传，唯自证方到。自证自悟时则廓然无圣，并无所谓圣谛第一义，才可显示大机大用，用而不执着，所以两者可会通。

至于说乾元用九展现了孔子的行履处，从《论语》等经典可看出。《论语·子罕》云："达巷党人曰：'大哉孔子！博学而无所成名。'子闻之，谓门弟子曰：'吾何执？执御乎？执射乎？吾执御矣。'"[④]又云："大宰问于子贡曰：'夫子圣者与？何其多能也？'子贡曰：'固天纵之将圣，又多能也。'子闻之，曰：'大

① （魏）王弼注，（晋）韩康伯注，（唐）陆德明音义，（唐）孔颖达疏：《周易注疏》，34页，北京，中央编译出版社，2013。

② （魏）王弼注，（晋）韩康伯注，（唐）陆德明音义，（唐）孔颖达疏：《周易注疏》，35页，北京，中央编译出版社，2013。

③ 《马一浮全集》第二册，791页。

④ （宋）朱熹：《四书章句集注》，104页，北京，中华书局，2011。

宰知我乎？吾少也贱，故多能鄙事。君子多乎哉？不多也。’”[①] 均表明了孔子之大用，用而不执着。马一浮对这种行履评价说：“夫圣人知周万物而道济天下，然其自以为无知无能如此，非故为谦辞也，其心实如是也。鄙夫云者，执其一端之见而汰然以自多者也。圣鄙之分，由此可见。老子曰：‘其出弥远，其知弥少。’释氏亦曰：‘若作圣解，即是凡情。’必其自视欿然，然后虚而能受。”[②]

至于说如来的行履处，由佛经的记载可见一斑。《法华经·方便品》说如来以一大事因缘故出现于世，其文曰：“云何名诸佛世尊唯以一大事因缘故出现于世？诸佛世尊欲令众生开佛知见、使得清净故，出现于世；欲示众生佛之知见故，出现于世；欲令众生悟佛知见故，出现于世；欲令众生入佛知见道故，出现于世。舍利弗，是为诸佛以一大事因缘故出现于世。”[③] 如来为众生开示佛知见，启发众生悟入佛知见，证悟本体，使本来真性得以显现。《金刚经》曰：“无有定法如来可说。何以故？如来所说法，皆不可取、不可说，非法、非非法。”[④] 表明了如来说而无所说、用而不执着之义。憨山大师曾说“世尊说法四十九年，乃云未说一字”[⑤]，又说“说法四十九年，只是一念慈悲，为度众生，救令

① （宋）朱熹：《四书章句集注》，105 页，北京，中华书局，2011。

② 《马一浮全集》第一册，97 页。

③ （明）智旭：《法华经会义》，130—132 页，北京，线装书局，2016。

④ （唐）宗密、（明）智旭等撰，（明）朱棣集注：《金刚经注疏》，第 44—45 页，北京，线装书局，2016。

⑤ （明）憨山大师著述：《憨山老人梦游集》上册，365 页，北京，北京图书馆出版社，2005。

出苦而已，惟此一事，更无余事”[①]。将如来慈悲说法救度众生而无执之义清楚地阐述出来，可与乾元用九之义相参。

廓然无圣是禅宗对证悟本体之后境界的描述，证悟之后普度众生而无众生相，庄严国土而无庄严相。乾元用九彰显天之法则，天地无言而万物并育，圣人与天同德，化育万民而不居功，为圣人证悟本体后的大用。所以，“廓然无圣”与“乾元用九”的会通可看作本体和境界层面的会通。

四、六祖慧能禅语与儒家义理的会通

慧能大师（638—713）作为中国禅宗第六代祖师，在中国佛教史上具有极为重要的地位。慧能大师弟子众多，其中南岳怀让和青原行思二系衍生出五宗七家，成为中国禅宗的主流。因唐宪宗给予大鉴禅师的谥号，慧能大师也常被后人称为大鉴，马一浮在其著述中即使用“大鉴”二字。慧能大师的传法记录号为《坛经》，是中国僧人著述中唯一称为“经”的典籍，成为中国禅宗的根本典籍之一，在整个佛教界也流传颇广、影响深远。

马一浮对慧能大师和《坛经》比较重视，在其著述中经常引用和阐发，比如在《泰和宜山会语》中曾引用过风动幡动和仁者心动的公案，又引用慧能大师“汝当一念自知非，自己灵光常显现”[②]，劝人自知非，勇于改过，而不要文过饰非，轻易检点他人。他在给龙松生的信中说：“仲尼素王，自名执御；大鉴玄悟，乃

① （明）憨山大师著述：《憨山老人梦游集》下册，367页，北京，北京图书馆出版社，2005。

② 贾题韬：《贾题韬讲〈坛经〉》，177页，上海，上海古籍出版社，2011。

甘守网。”① 其中运用了慧能大师为猎人守网的典故，慧能在五祖弘忍门下大彻大悟之后，从湖北回到广东，韬光隐晦，避难于猎人队中而为猎人守网。他也曾写诗《过韶州》：“我从青原来，却向曹溪路。何事走千山，国土元无住。楼台火后茅，民命花间露。五兵何人作？一念贪瞋误。触目是菩提，奔车无缓步。悲兴际穷劫，痴伏泯流注。仁王解般若，鬼伯离恐怖。虚空如未消，众生不得度。祖庭已秋草，群迷方喜怒。衣止故不传，此法将谁付？”② 其中涉及慧能大师弘法道场韶州南华寺的现状、禅宗的传承，以及佛家的慈悲精神。

马一浮又用《坛经》所记载六祖慧能的禅语与儒家义理进行会通，包括：六祖慧能与程颢论心性的会通，六祖慧能“出没即离两边”与《论语》竭两端之旨的会通。

（一）六祖慧能与程颢论心性的会通

《坛经》有大量关于心性的内容，其中指称心性的词语较多，常见的如本心、本性、自心、自性、无二之性、佛性等。慧能大师教导徒众明心见性，识得自己的心性，在《坛经》中记录较详。第八品有慧能大师和弟子神会的对话，亦涉及心性：“一日，师告众曰：‘吾有一物，无头无尾，无名无字，无背无面，诸人还识否？’神会出曰：‘是诸佛之本源，神会之佛性。’师曰：‘向汝道无名无字，汝便唤作本源佛性。’”③ 慧能大师告诉徒众，心性没有头和尾，没有名和字，没有背和面，谁能识得心性？神会听

① 《马一浮全集》第二册，659页。
② 《马一浮全集》第三册，52页。
③ 贾题韬：《贾题韬讲〈坛经〉》，219页，上海，上海古籍出版社，2011。

到老师如此说，以语言文字回答，认为心性就是诸佛的本源，也即是他本人的佛性。慧能大师对神会的回答并不满意，他希望弟子去证悟心性本体，不是用语言文字去描述，也不是以分别思维去理解，而神会却用名字和知解去应对。马一浮对神会的回答曾有阐述："以其仍作义解，未离名言也。渠如言下了悟，便当问：'既是无名无字，何以唤作一物，试请拈出来看何如？'如是，则六祖便下堂归方丈去矣。"[①]

心性不仅是佛家探讨的重要话题，儒家亦颇为重视，尤其宋明儒家阐发较多。程颢曾从理和气的角度阐发心性，认为告子"生之谓性"是指气禀之性，气禀之性表现出有善有恶，而从理的角度则是"才说性时，便已不是性也"[②]。这意味着以理而言，人之性即为天命，不可用语言文字来表述，能够说出来的只是性的名相，而不是性的本身。马一浮认可程颢对性的解读，他以之与慧能大师论心性的话进行会通：

> 大鉴谓荷泽曰："与汝道无名无字，汝便唤作本源佛性。"明道曰："才说性时，便已不是性了。"真乃异口同声。[③]

大鉴即慧能大师，荷泽即神会禅师。神会因曾在洛阳荷泽寺大力弘扬曹溪顿教，故后世称其为荷泽禅师。慧能大师告诉神会的话，表明心性本来无名无字，超越语言文字，心性不是知解边

① 《马一浮全集》第一册，595 页。

② （宋）程颢、程颐：《二程集》，10 页，北京，中华书局，2004。

③ 《马一浮全集》第四册，98 页。

事，而需要切实证悟。程颢的话也表明性超越言说，能用语言文字表达出来的都不是性本身，而仅是诠表之辞。马一浮认为慧能大师和程颢的话均指向形而上的心性本体，且都强调其超越语言文字的一面，两者可以会通。

慧能大师所说的本源和佛性是佛家指称心性本体的名相，程颢所说的性是儒家表述心性本体的名字，故马一浮所作的会通是本体层面的会通。佛家的诸多典籍记载了心性本体的相关内容，如《大乘起信论》说："一切法从本已来，离言说相，离名字相，离心缘相，毕竟平等，无有变异，不可破坏，唯是一心，故名真如。"① 真如即本体，超越言说相、名字相、心缘相等一切相。马一浮在著述中亦常阐发，比如他说："心体即真如，离心无别有性，故曰唯一真如。然真如离言说相"②，又说："所言之理只是理之相，若理之本体，即性，是要自证的，非言说可到。程子云：'才说性时，便已不是性了。'可以说出来的，也只是名相。"③ 可以说，马一浮所作的这种会通继承了儒家和佛家的义理，强调超越言说去证悟本体，对后人颇多启发。

（二）六祖慧能"出没即离两边"与《论语》竭两端之旨的会通

《坛经·付嘱品》记载了慧能大师圆寂前付嘱门人之事，首先讲到说法教化的方法："举三科法门，动用三十六对，出没即

① （梁）真谛译，高振农校释：《大乘起信论校释》，17 页，北京，中华书局，2009。

② 《马一浮全集》第一册，451 页。

③ 《马一浮全集》第一册，31 页。

离两边，说一切法莫离自性。”[1]慧能大师举出了三十六种对法，包括外境无情五对、法相语言十二对、自性起用十九对，比如阴与阳对、有与无对、动与静对、凡与圣对、烦恼与菩提对、生与灭对等。慧能大师认为可以用对法来回答别人的问题，出语尽双，两两相因，但到究竟处，则尽除二法，消融对法。这就是慧能大师“出没即离两边”之意。

竭两端之旨出自《论语·子罕》，其文为：“子曰：‘吾有知乎哉？无知也。有鄙夫问于我，空空如也，我叩其两端而竭焉。’”[2]马一浮常引用和阐发此部分内容，比如他说：“有不知则有知，乃指鄙夫之两端；无不知则无知，乃指圣人之无知，正是无思无为。”[3]他又用竭两端之旨与慧能大师“出没即离两边”进行会通：

> 大鉴云：解用三十六对法，出没即离两边。其言虽近拙，然实暗合竭其两端之旨。善会者自知。[4]

慧能大师教诲弟子要善于理解运用三十六种对法，比如当人问有时，以无来应对；当人问无时，以有来应对；当人问凡时，以圣来应对；当人问圣时，以凡来应对。种种二法两两相对，又彼此因缘而生，故与人言语时要出没即离两边，于相离相，于空离空，从二法相因中显现中道义，贯通一切经法。竭其两端是孔

① 贾题韬：《贾题韬讲〈坛经〉》，231—232 页，上海，上海古籍出版社，2011。
② （宋）朱熹：《四书章句集注》，105—106 页，北京，中华书局，2011。
③ 《马一浮全集》第四册，178 页。
④ 《马一浮全集》第一册，311 页。

子面对鄙夫之问时而做出的回应。所问之事有其两端，孔子就此两端而叩问鄙夫，穷尽事情的本末、始终等两端，使鄙夫有所了知。孔子之道一以贯之，通晓事情之两端，能竭尽事情之两端，而又不拘泥于两端，仅是运用竭两端的方法来应对鄙夫之问，体现了因材施教。因此，慧能大师“出没即离两边”和《论语》竭两端之旨有其会通之处。

慧能大师是佛家证悟本体的祖师，本体为一，由体起用，故运用对法来教化弟子和后人，经由“出没即离两边”而通达中道义。孔子是儒家悟道之人，其道一以贯之，通达事情的两端，故能自然而快捷地应对鄙夫之问。马一浮曾说：“孔子是明快人，诚精故明，神应故妙。快即是神，‘不疾而速，不行而至’之谓也。观其答鄙夫之问，何等明快！”[①]孔子至诚精一，明达事理，有感斯应，以竭其两端的方式应对鄙夫之问体现了明快之义。可知，慧能大师“出没即离两边”和孔子竭其两端的会通是教化方式的会通，而且展现了明体达用之妙。

五、庞蕴居士偶谐三昧与儒家人伦日用的会通

偶谐三昧源于唐代禅宗大德庞蕴居士。庞蕴，字道玄，湖南衡阳人，有“东土维摩”之称，又被誉为达摩东来之后禅宗“白衣居士第一人”。庞蕴居士是南岳怀让禅师下二世弟子，为马祖道一禅师的法嗣。庞蕴居士前往江西洪州参礼马祖道一禅师，向祖师提问：“不与万法为侣者是什么人？”祖师答曰：“待汝一口

① 《马一浮全集》第一册，585 页。

吸尽西江水，即向汝道。”[1] 庞蕴居士于此言下顿领玄旨，扫除了从前残留的疑情，又在祖师门下朝夕参承二年，自此修证有成，为诸方仰慕。

庞蕴居士在参礼马祖道一禅师之前，曾到南岳衡山参谒石头希迁禅师，在其座下有所省悟。有一天，石头禅师问庞居士：“你自从见到我之后，在日常事务中如何用心？”庞居士回答说：“若问日用事，即无开口处。”随后呈上自己的悟道偈语：“日用事无别，唯吾自偶谐。头头非取舍，处处没张乖。朱紫谁为号，北山绝点埃。神通并妙用，运水及般柴。”[2] 庞居士的偈语表明了他的修行境界，他的日常事情和别人没有什么差别，但他自己内心安宁和谐，与自己和谐，与他人和谐，与万物和谐。世间万法头头是道，对万事万物非取非舍，处处和谐而没有障碍乖张之处。唐代时期三品官员穿紫色衣服，五品官员穿红色衣服，代表富贵等级的红色和紫色是谁在称号呢？当这些富贵人进了河南洛阳北邙山公墓，就很难再找到什么痕迹了。若说修行见道的人在日常生活中还有神通和妙用，那就是运水与搬柴之类的事情了。这就是偶谐三昧的出处。偶谐三昧是一种修行的境界，表明在日常生活中处处圆融无碍，与人和谐，与物和谐。偶谐三昧不只是庞蕴居士一人的境界表现，它还是禅宗乃至整个大乘佛家的重要标志之一。

马一浮对庞蕴居士的偶谐三昧非常重视，在其著述中经常引用和阐发，这在他的诗集中表现尤为明显。比如他说：“今日得

① （宋）普济：《五灯会元》，186 页，北京，中华书局，2015。

② （宋）普济：《五灯会元》，186 页，北京，中华书局，2015。

此诗[1]，聊复写寄一览。理境益深，解人益少。庞道玄云：‘日用事无别，惟吾自偶谐。’此诗愉韵一联（暂遣幽忧邻戏谑，独持枯槁近恬愉），亦吾之偶谐三昧也。‘皮肤脱落尽，惟有一真实’，语弥质而情弥真，然言淡而无味，但可以道情目之，非诗也。”[2]他曾写诗《后丘里谣》三首，第三首为：“日用事无别，唯吾自偶谐。庞老为此言，更不假安排。乃知昔弄巧，苦被马师摧。不与万象侣，犹是堕梯阶。因问故有答，无言亦如雷。何堪骋虚说，处处取张乖？白月索呈珠，南岳休担柴。巢平试收剑，胡乱不愁斋。禾熟自须刈，米熟犹欠筛。呓语辨睡汉，活句行险崖。若谓隔山去，好与一坑埋。”[3]他既推崇偶谐三昧，又将其运用到自己的生活中。

马一浮曾写《跋秀水沈范亭手书门簿》，在跋文中他运用偶谐三昧与儒家人伦日用进行会通。《跋秀水沈范亭手书门簿》是马一浮1920年的一篇跋文，为浙江嘉兴秀水沈李楷亲笔书写的记载来宾姓名的簿册而作。沈李楷，字范亭，康熙年间进士，是一位读圣贤书、受儒家思想影响的士人。他做官之后亲笔书写来宾登记册，记载的内容是当时交往应酬的宾客姓名。一般的士大夫觉得此事琐碎细小，不愿亲自为之，将其交给守门人去做。而沈李楷亲笔书写，字迹笔画恭敬郑重，往返应答必有标识，体现了传统儒者人伦日用中的恭慎认真。沈李楷的七世孙沈钧儒经朋友龚未生介绍，找到马一浮希望为门簿题写跋文。马一浮了解了沈李楷的情况，又得知沈钧儒喜好佛法，遂用儒家和佛家的义理

①《客思》。

②《马一浮全集》第一册，621页。

③《马一浮全集》第三册，104页。

写了跋文，其中涉及偶谐三昧与儒家人伦日用的会通：

> 夫佛法亦岂在远？庞道玄云：“日用事无别，惟吾自偶谐。”今此门簿亦不离此偶谐三昧。昔之所以详录，今之所以世守。若徒夸一时科第交游之盛而已，则诚了无干涉；若一本诸爱敬之心，则虽门簿，正不妨作《千佛名经》会。信能本此爱敬之心而扩充之，平等大慈、无缘大悲亦即由此显现，而世间一切人我斗诤，自然当下冰销矣。[①]

亲笔书写门簿作为日常生活的一事，认真对待，以小事而展现恭敬之心，不因麻烦琐碎而轻视之，体现了圆融无碍的态度，因此可用偶谐三昧去解读。以前的先祖详细认真地书写记录门簿，就成了后人世代相守学习效仿的楷模。若书写门簿仅仅是为了夸耀科第交游的盛况，则这样的门簿并没有太大的意义。若出于爱敬之心去书写门簿，则这样的门簿发自本心本性，可以用佛家的《千佛名经》[②]去领会，因为佛是觉悟者，觉悟本心本性，爱敬之心圆满。诚能把书写门簿的爱敬之心推而扩充之，则佛家平等而没有条件的大慈大悲也可由此而显现，那么世间一切的是非人我、争论争斗自然会化解消融。

《大戴礼记·盛德》曰：“凡斗辨生于相侵陵也，相侵陵生于长幼无序，而教以敬让也。故有斗辨之狱，则饰乡饮酒之礼

① 《马一浮全集》第二册，71—72页。
② 《千佛名经》是佛经名，有三部：《过去庄严劫千佛名经》《现在贤劫千佛名经》《未来星宿劫千佛名经》，记载了过去、现在、未来劫三千佛的名号。

也。”[①]《礼记·经解》曰:“乡饮酒之礼，所以明长幼之序也”[②]，“乡饮酒之礼废，则长幼之序失，而争斗之狱繁矣”[③]。乡饮酒礼作为儒家的一种礼仪，乡人以时聚会宴饮，这种人伦日用中的活动可以明确长幼的秩序。当乡饮酒礼荒废时，人们在日常交往应酬中会失去长幼之序，进而互相侮辱侵犯，甚至导致由争斗而出现的官司。因此可以通过提倡乡饮酒礼而教导人们礼让，化解争论争斗。乡饮酒礼是自古相传的礼仪，而门簿或有乡饮酒礼所遗留的意味。亲笔书写门簿作为日常生活之一事，以爱敬之心为之，进而扩充爱敬之心于事事物物，可实现有序而和谐的人伦关系，这也正是儒家礼乐文化的价值所在。偶谐三昧作为禅宗大德提出的名相，反映出佛家修行所达到的处处和谐、圆融无碍状态，与儒家人伦日用中书写门簿之事相会通，是对儒家和佛家义理的彰显，同时也指引人们从日常生活入手，谨言慎行，善用其心，这也就是契入圣贤之道、悟入佛法之门的途径。

六、赵州从谂禅师禅语与儒家义理的会通

赵州从谂禅师（778—897）是南岳怀让禅师下三世弟子，为南泉普愿禅师的法嗣。赵州禅师弘扬禅法40年，住世120年，被誉为“赵州古佛”，关于他的公案比较多，如“吃茶去”“洗钵去”“赵州桥”“二龙争珠”“庭前柏树子”“狗子无佛性”“老僧使得十二时”等。

---

① （清）王聘珍:《大戴礼记解诂》，143—144页，北京，中华书局，2011。
② （元）陈澔:《礼记集说》，388页，南京，凤凰出版社，2010。
③ （元）陈澔:《礼记集说》，389页，南京，凤凰出版社，2010。

马一浮对赵州禅师及其语录、公案比较重视，在其著述中经常引用和阐发，比如他曾赞叹赵州禅师："赵州八十犹行脚，佛日童年已上阶。不是偶谐三昧力，耄期争得比婴孩？"[①] 他也曾引用赵州禅师孩子六识话来给学生王伯尹讲解第六意识和第七末那识。在诗集中，马一浮引用和阐发尤为突出，比如他曾写诗《谢江翊云惠斗茶集即次其韵》："隔林钟磬压兵哗，险韵诗成正雨花。客至每询江令宅，僧来先吃赵州茶。不因好事传新句，争解名山并作家。留得《西昆酬唱》在，华阳今日是京华。"[②] 其中运用了赵州茶的公案。他也曾写诗《戏作禅语》："相见终期火后茅，行人休问赵州桥。痛拳不待来时与，恶水还须透顶瓢。秋露芙蕖游已倦，金风落叶意能消。千山寒色从君看，那有黄莺上柳条？"[③] 其中涉及了"赵州桥"的公案。他又写诗《西山公园杂咏和苏盦作》十二首，其中一首为："昔日东篱翁，不是穷禅客。若遇赵州老，问取庭前柏。"[④] 其中运用了"庭前柏树子"的公案。

马一浮所作赵州从谂禅师禅语和儒家义理的会通体现在："老僧使得十二时"与《论语》"子在川上"章的会通，"与伊下载"与程颢"我这里只有减法"的会通

（一）赵州从谂禅师"老僧使得十二时"与《论语》"子在川上"章的会通

赵州禅师证量渊深，其出语显示了证悟本体之后的境界，如

① 《马一浮全集》第三册，594 页。
② 《马一浮全集》第三册，60 页。
③ 《马一浮全集》第三册，306 页。
④ 《马一浮全集》第三册，466 页。

“老僧使得十二时”之语即是如此。其语录记载：“问：‘十二时中，如何用心？’师云：‘你被十二时使，老僧使得十二时。你问哪个时？’”[①]这既描述了赵州禅师的证悟境界，也是对学人的指点。

“子在川上”章是《论语》中著名的一章，出于《论语·子罕》，其文为：“子在川上，曰：‘逝者如斯夫！不舍昼夜。’”[②]先儒对此章有诸多解读，马一浮引用朱子、程子之言，又与“老僧使得十二时”之语相会通，他说：

> 朱子曰：“道体之本然，其可指而易见者，莫如川流。故于此发以示人，欲学者时时省察，而无毫发之间断也。”程子曰：“天运而不已，日往则月来，寒往则暑来，水流而不息，物生而不穷，皆与道为体，运乎昼夜，未尝已也。是以君子法之，自强不息，及其至也，纯亦不已。”此乃显示真常也。又谓：“自汉以来，儒者皆不识此义。”某谓禅师家却识得此义，如赵州云：“汝等诸人被十二时使，老僧使得十二时。”赵州不必定读《论语》，却深得“川上”之旨。[③]

朱子认为“子在川上”章揭示了道体的样貌，可由观察川流不息这样的现象而得知。程子认为可由天地大化流行不已而见道体，比如天运、日月寒暑往来、水流、物生等运行不已的现象彰显了道体。马一浮进一步指出“子在川上”章展示了真实常在之

①（唐）文远记录，张子开点校：《赵州录》，12页，郑州，中州古籍出版社，2001。
②（宋）朱熹：《四书章句集注》，108页，北京，中华书局，2011。
③（宋）普济：《五灯会元》，203页，北京，中华书局，2015。

理，在迁流中见不迁，于变易中见不易。常人不识真常之理，故处处不自在，时时不自在，好比被十二时辰所驱使。赵州禅师深明真常之理，在十二个时辰的迁变中见到不迁，使得十二时而不被十二时所转，故谓他深得“川上”之旨意。

（二）赵州从谂禅师“与伊下载”与程颢“我这里只有减法”的会通

“与伊下载”是马一浮对赵州禅师禅语的化用。赵州禅师上法堂说：“兄弟若从南方来者，即与下载；若从北方来者，即与上载。”[①] 南方的学人喜欢文饰，习惯于研究佛法义理，谈玄说妙，但也因此有诸多分别执着，因此赵州禅师说南方来的学人应该减少乃至放下对佛法义理的分别执着。北方的学人质朴，缺少对佛法义理的研究，因此赵州禅师说对北方来的学人要种种方便讲说佛法义理，使其明白教理。褒亲有瑞禅师也曾说：“有佛道场以四事供养而成佛事，使知足者断异念，故可与下载。”[②] 此处的下载意指断除异念。因此“与伊下载”就是减少乃至断除对事物、观念的执着。马一浮在给谢子厚的信中说：“从上圣贤，无分儒佛，唯有指归自己一路，岂曰有法与人哉？多与儿酥，翻成食滞。赵州下载，临济夺牛，非如座主家活计，寻常讲得三经五论，便谓澈法源底，度人无量也。”[③] 指出儒家和佛家的圣贤都强调要指归自己，其中“赵州下载”表明要减少他人的执着，不是有法与人而增添别人的执着。

① （宋）普济：《五灯会元》，203 页，北京，中华书局，2015。
② （宋）普济：《五灯会元》，1142 页，北京，中华书局，2015。
③ 《马一浮全集》第二册，560 页。

“我这里只有减法”是马一浮对程颢之言的化用。《宋元学案·明道学案》记载了程颢之言：“学者今日无可添，只有可减，减尽便没事。”[①]程颢认为当时的学者私欲、习气比较多，不应通过教学增加私欲、习气，而应启发学者自己反省，减少私欲、习气，当减尽之时则能达到私欲净尽、天理流行的境界。

马一浮对程颢的“减法”比较重视，在其著述中多次引用和阐发，比如他说：“‘减法’云者，只是闲邪，只是克己。克己则礼自复，闲邪则诚自存，非是别有一个诚可存，别有一个礼可复也。”[②]指出“减法”相当于《论语》中的克己，即克制、战胜私欲，又相当于《周易》中的闲邪，即限制、防止邪恶。他也说自己的教学方法多采用程颢的减法：“我教学者注重修学，即程子所谓减法。”[③]马一浮认为程颢的“减法”与老子的“为道日损”有异曲同工之妙，两者可以互相阐发。他又用程颢的“减法”与赵州禅师“与伊下载”进行会通：

> 一切教语、祖语并是缘薰，其余世谛流布，徒增知解。诸佛垂慈，只要人剿绝情识，更有何事？巨岳不乏寸土，不可从人觅佛觅道。但不被知解系缚，胸中不留一法，一切人我、爱憎、违顺、取舍、圣凡、染净诸境无从安立，自然田地净洁，触处全真。赵州所谓“与伊下载”，程子所谓“我这里只有减法”，无有二致。[④]

① （清）黄宗羲原著，（清）全祖望补修：《宋元学案》，566页，北京，中华书局，2011。
② 《马一浮全集》第一册，717页。
③ 《马一浮全集》第一册，746页。
④ 《马一浮全集》第一册，409页。

佛家的教理语言、祖师之语都是作为熏习的因缘，而其余只图世俗谛流传散布的内容，往往会增加人在知解方面的系缚。诸佛应世，慈悲度人，是要人剿除断绝虚妄的情识，因此不能从别人那里寻觅佛道，而要自己剿绝情识。若能不被各种知解捆绑缠缚，不执着于万法，则一切爱憎、顺逆、染净等二法对立的状态会消融，进而达到内心清净、触处全真的境界。赵州禅师“与伊下载”和程颢“我这里只有减法”都表达了应减少乃至消除对各种事物、知解的执着，应减少乃至消除各种私欲、习气，因此两者可以会通。

赵州禅师“与伊下载”体现了佛家的修行功夫，通过减少乃至断除我执和法执而求证菩提，这也是息妄显真的过程，息灭妄心而真心自显。程颢“我这里只有减法”体现了儒家的修养功夫，通过减少乃至消除私欲、习气而体悟天理，这也是闲邪存诚的过程，防闲邪心而诚心自显。马一浮说：“程子曰‘吾这里只有减法’，是就工夫上说。”[①] 由此可知，赵州禅师“与伊下载”和程颢“我这里只有减法”的会通是功夫层面的会通。

七、九峰道虔禅师“一亘晴空”与孟子“由仁义行，非行仁义”的会通

九峰道虔禅师是青原行思禅师下五世弟子，为石霜庆诸禅师的法嗣，他的语录中有言：“千波竞涌，是文殊境界；一亘晴空，是普贤床榻。”[②] 千层波浪竞相奔涌翻腾，可以形容文殊菩萨智慧

① 《马一浮全集》第一册，728 页。
② （宋）普济：《五灯会元》，北京：中华书局，2015 年，第 304 页。

无穷而变幻莫测的境界。一片晴空连绵不绝，可以形容普贤菩萨大行大愿而无相无执的境界。“一亘晴空”表明一片晴空，万里无云，是无形无相之义。

《孟子·离娄下》说：“舜明于庶物，察于人伦，由仁义行，非行仁义也。”[①]大舜明白事物之理，又详察人伦之理，仁义根于心，对于仁义安而行之，故所行皆由仁义而出，并非以仁义为美而勉强行之。“由仁义行，非行仁义”表明了仁义已经内化于心，对于仁义无所为而为，所行皆合于仁义，没有行仁义之形相、痕迹。

马一浮对《孟子》“由仁义行，非行仁义”比较重视，在其著述中多次引用和阐发，比如他说：“孟子云：‘由仁义行，非行仁义。’行仁义便是着迹。释氏有飞鸟过空之喻，谓之无迹，却能从此至彼，谓之有迹，又将何处寻求？故知是不可说有，不可说无。”[②]行仁义是留有痕迹，由仁义行则超越有迹无迹，没有行仁义之相，而所行出于仁义。天衣义怀禅师上堂语曰：“雁过长空，影沉寒水。雁无遗踪之意，水无留影之心”[③]，亦表达了此意。马一浮又以“由仁义行，非行仁义”与九峰道虔禅师“一亘晴空”进行会通：

问“千波竞起，是文殊境界；一亘晴空，是普贤床榻”。答云：千波竞起，名为“差别智”，亦名“后得智”，根本智是不动的。见得根本智，而后有差别智。《维摩诘经》所

① （宋）朱熹：《四书章句集注》，274页，北京，中华书局，2011。
② 《马一浮全集》第一册，714页。
③ （宋）普济：《五灯会元》，1016页，北京，中华书局，2015。

云“善能分辨诸法相，于第一义而不迁”是也。根本智是理一，差别智是分殊。不从根本上见得，则所见差别未能是当。禅家以文殊表智，普贤表行。普贤万行皆修，而无众生相，无功德相。“由仁义行，非行仁义”，无煦煦孑孑之态，故云“一亘晴空”。行布是礼，不碍圆融，故表行即该礼乐。仁则浑然，义有差别，故表智即该仁义也。①

有人请问马一浮“千波竞起，是文殊境界；一亘晴空，是普贤床榻”之义，马一浮回答说，千波竞起是形容差别智的状态。根本智和后得智相对而言，是佛家对智慧的分类。根本智又名无分别智，证入真如妙理，没有能缘所缘的差别，平等不动；后得智又名差别智，在得根本智而后得此智，能缘所缘有分，分别一切差别之相。根本智如虚空般无有分别，差别智如虚空显现种种差别色像。《维摩诘经》所说“善能分辨诸法相”描述了差别智，“于第一义而不迁”描述了根本智。根本智相当于理一，差别智相当于分殊。禅家以文殊菩萨代表智慧，以普贤菩萨代表大行。普贤菩萨广修六度万行而无一切相，如同孟子说“由仁义行，非行仁义”，而非煦煦孑孑般有形相之小仁小义，故说普贤菩萨无相之大行就像一片晴空连绵不断。礼为序，行列分布，乐为和，圆融无碍，因此表行可以统摄礼乐。仁浑然一体，如根本智，义差别万千，如差别智，因此表智可以统摄仁义。马一浮的阐释表明普贤菩萨之大行是佛家无相之行，无众生相，无功德相，乃至无一切相，就如同万里晴空无一片云，“由仁义行，非行仁义”

① 《马一浮全集》第一册，669—670 页。

是儒家无相之行，对仁义安而行之，不着痕迹，两者均表达了无形无相而行之义，故可以会通。

九峰道虔禅师“一亘晴空”描述了普贤菩萨如晴空无云般无形无相而广修六度万行，这是佛家的修行功夫。孟子“由仁义行，非行仁义”描述了仁义根于内心，由心而发出仁义，安而行之，不着痕迹，这是儒家的践行功夫。由此可知，两者的会通是功夫层面的会通。马一浮也说：“知为行之质，行是知之验。德性至博而行之则至约。当其行时，全知是行，亦无行相可得。孟子曰‘由仁义行，非行仁义’，即是无行相，佛氏谓之‘行起解绝’”[①]，进一步从知行的角度来谈儒家的无行相之行，又引用永明延寿禅师《宗镜录》“行起解绝”之言进行会通。马一浮的这些会通丰富了儒佛二家的义理，用佛家无相之义阐发孟子“由仁义行，非行仁义”，使得儒家的义理更加深化。

第二节　沩仰宗与儒家的会通

沩仰宗为禅宗五宗之一，是五宗中最早形成的一个宗派，由沩山灵祐禅师开创。沩仰宗得名是由于灵祐禅师和其弟子慧寂禅师先后在湖南省潭州的沩山和江西省袁州的仰山举扬禅宗的宗风，故后世取两个地名中的沩和仰来命名此宗。仰山慧寂传承沩山灵祐之衣钵，并集大成。沩仰宗由禅宗南宗六祖慧能一系开出，其传承脉系如下：六祖慧能、南岳怀让、马祖道一、百丈怀

① 《马一浮全集》第一册，570页。

海、沩山灵祐。

沩仰宗与儒家的会通主要体现在沩山灵祐禅师禅语与儒家义理的会通，如：贵眼正而不贵行履与《大戴礼记》“知明则行无过”的会通，“净除现业流识”与涵养的会通。

一、沩山灵祐禅师贵眼正而不贵行履与《大戴礼记》“知明则行无过”的会通

沩山灵祐禅师（771—853）是南岳怀让禅师下三世弟子，为百丈怀海禅师的法嗣。《五灯会元》记载了沩山灵祐和仰山慧寂的诸多对话，其中一则是关于见地和行履的。仰山慧寂问自己的行履在什么处，沩山灵祐回答说：“只贵子眼正，不说子行履。”[①]“眼正”指对佛法正确的见地，“行履”指佛法中的修行功夫。沩山禅师的话意味着要首先具备正见，有了正见之后才会有恰当的修行功夫。

见地和功夫是佛家的中心问题，诸多经论均在讲解，而禅宗尤其重视见地。马一浮妙悟禅宗，亦赞同禅宗重视见地的作风，他有一封给肇安禅师的书札，以禅语的形式探讨见地和行履：“来书真实相为，可谓及时及节。湛翁小出大遇，亦幸不负所期。向来不顾危亡，也要和尚委悉。岂敢点胸自许，未免妄传消息。如今双放双收，始成正信条直。古云相续大难，吾亦常于此切。眼正行履自端，白足何尝脓滴？为伊俗人乱走，和尚故示足疾。彼此照顾脚下，自来全得他力。料应药病两亡，终日不妨提挈。但可随缘好去，敢保步步踏着。灵云虽是谛当，玄沙道个未彻。庞

① （宋）普济：《五灯会元》，522 页，北京，中华书局，2015。

老遇着马师，犹然弄巧成拙。半肯须半不肯，一抬更与一搦。愿师承当个事，临机不避截舌。虽然唱拍相随，折合归来无得。湛翁重复顶礼，肇庵大善知识。”[①] 其中涉及洞山良价禅师、沩山灵祐禅师、灵云志勤禅师、玄沙师备禅师、庞蕴居士等人的典故，“眼正行履自端”就运用了沩山灵祐禅师之言。

《大戴礼记·劝学》曰：“君子博学如日参己焉，故知明则行无过。”[②] 君子广博地学习，如每日参验于躬行，故所知高明而所行无过。在知行关系中，强调知很重要，对行有很好的指导作用。知行关系是中国哲学中的核心话题之一，历代思想家对此有各种观点，如知先行后、行先知后、知易行难、知难行易、知行合一等。

马一浮非常重视知行问题，在《泰和宜山会语》中曾讲解义理名相，专门讲知能，他说：“知是本于理性所现起之观照，自觉自证境界，亦名为见地。能是随其才质发见于事为之著者，属行履边事，亦名为行。故知能即是知行之异名，行是就其施于事者而言，能是据其根于才质而言。”[③] 从知能的角度去讲知行，指出知就是见地，且认为闻见之知并不亲切，而自己证悟之知方为亲切。他又将《大戴礼记》关于知行的记载与沩山灵祐禅师的话进行会通：

> 《大戴礼·劝学篇》曰：“知明则行无过。”沩山谓仰山

① 《马一浮全集》第二册，456—457 页。

② （清）王聘珍：《大戴礼记解诂》，131 页，北京，中华书局，2011。

③ 《马一浮全集》第一册，34—35 页。

曰："只贵子见地，不贵子行履。"亦此意也。[①]

《大戴礼记》认为知可以指导行，以高明之见地去行履，则行履可靠，可至于无过之地。这意味着知和行均重要，而知尤为重要。沩山禅师对仰山禅师所说的话表明首先看重见地，而行履是第二位的事，以见地去指导行履。两者都强调见地的优先性，因此有会通之处。

马一浮做这样的会通有其原因。他比较重视见地对行履的指导作用，比如他曾说："贵有真实见地，自能真实行履。"[②] 在《孝经大义》中说："修德者，先务知德而后能成德；学道者，先务明道而后能行道"[③]，其中"知德"和"明道"可视为见地，"成德"和"行道"可视为行履，也表明了见地的优先地位和指导作用。儒家和佛家均重视见地和行履，主张以正确的见地去指导行履，都不认同盲目的行动，如佛家忌盲修瞎修炼，故马一浮以沩山灵祐禅师之言和《大戴礼记》"知明则行无过"进行会通。

二、沩山灵祐禅师"净除现业流识"与涵养的会通

"净除现业流识"在沩山灵祐禅师的语录中有记载，其文曰："时有僧问：顿悟之人更有修否？师云：若真悟得本，他自知时，修与不修是两头语。如今初心虽从缘得，一念顿悟自理，犹有无始旷劫习气未能顿净，须教渠净除现业流识，即是修也。不可别

① 《马一浮全集》第四册，97 页。
② 《马一浮全集》第一册，449 页。
③ 《马一浮全集》第一册，185 页。

有法教渠修行趣向。”[①]现业指现前所造作的身、口、意三业。流识指流注不止、起灭不停的心意识，刹那刹那相续不断，如同水之流动不止。以唯识宗义理来说，流识指与生俱来的贪、瞋、痴、慢、疑等习气种子。因此，净除现业流识作为功夫来说，就是要清净身、口、意三业，去除各种习气种子。

涵养是儒家十分重要的功夫，先儒论述颇多。其简要者如曰：“涵养须用敬。”[②]具体阐述涵养内容者如曰：“古之人，耳之于乐，目之于礼，左右起居，盘盂几杖，有铭有戒，动息皆有所养。今皆废此，独有理义之养心耳。但存此涵养意，久则自熟矣。敬以直内是涵养意。言不庄不敬，则鄙诈之心生矣；貌不庄不敬，则怠慢之心生矣。”[③]马一浮亦对涵养有许多论述，将“主敬为涵养之要”作为复性书院四条学规的第一条，可见对涵养的重视。他以涵养之意与净除现业流识相会通：

> 禅家悟处，即是察识；净除现业流识，即是涵养。察识是随缘荐得、忽然瞥地，此有时节，不假用力。学者用力处只在涵养，涵养熟，自能悟，悟后仍要涵养。故彻头彻尾只是一个涵养，而察识自在其中。工夫间断，只是未熟，熟则不忧间断矣。[④]

马一浮认为人心本体原来具有含容深广、虚明照彻之功能，

① （宋）普济：《五灯会元》，521页，北京，中华书局，2015。
② （宋）程颢、程颐：《二程集》，188页，北京，中华书局，2004。
③ （宋）程颢、程颐：《二程集》，7页，北京，中华书局，2004。
④ 《马一浮全集》第一册，490页。

但人因气禀所拘而表现为褊小之量，为物欲所蔽而昏暗、失去觉照。这是外感所致，如同镜子蒙尘而不能鉴照。涵养即为去除外感、恢复原有功能的过程，如同除去镜子上尘垢的过程。涵养的核心是主敬，如“居处恭，执事敬，与人忠”①(《论语·子路》)、“非礼勿视，非礼勿听，非礼勿言，非礼勿动”②(《论语·颜渊》)等则是涵养的具体表现。而“净除现业流识”也表达了清除意识、言行方面染污的意思，故而可与涵养相会通。当涵养得力而私欲尽时，净除现业流识至妄心息时，人之本有功能而得充分显现，自能觉照，此时才有禅宗所谓的悟处，可与察识相参。

第三节　临济宗与儒家的会通

临济宗是禅宗五宗之一，由临济义玄禅师开创。临济宗得名是由于义玄禅师在河北正定临济院传播禅宗的宗风，故后世以地名来命名此宗。临济宗由禅宗南宗六祖慧能一系开出，其传承脉系如下：六祖慧能、南岳怀让、马祖道一、百丈怀海、黄檗希运、临济义玄。在禅宗五宗之中，临济宗成为流传时间长、影响较为深远的宗派之一。临济宗独特的禅法包括“三句”“三玄三要”“四料简”“四宾主”等，为后世经常引用。

马一浮比较重视临济宗，其著述中经常引用和阐发临济宗的禅法和临济宗诸位禅师的语录。比如他说：“大机大用自推临

① （宋）朱熹:《四书章句集注》，北京：中华书局，2011年，第137页。
② （宋）朱熹:《四书章句集注》，北京：中华书局，2011年，第125页。

济”[①]，认为临济宗在弘扬禅宗宗旨境界、接化学人方面体现了极大的作用。比如他写诗《颂临济宾主话》：“良驷追风静不惊，鸾和微动御天行。只因苜蓿添凡骨，日日长楸策下鸣。”[②]诗中涉及临济宗四宾主的内容。他也曾写诗《岁暮得啬庵和诗喜其超妙再酬二律》，第二首为：“不是庄周齐物论，争知临济出常情。空花在眼谁能拨，法性从缘岂有生。怨暑咨寒犹众庶，好风好雨或星精。酣眠未觉阴晴异，那问檐前鹊噪声。”[③]其中“争知临济出常情”即指临济宗的禅道出自常情，这来源于临济宗的禅师石霜楚圆在其师汾阳善昭禅师门下开悟时所讲的一句话：“是知临济道出常情。”[④]

临济义玄禅师（？—867）是南岳怀让禅师下四世弟子，为黄檗希运禅师的法嗣，有《临济录》传于后世。马一浮的著述中经常涉及临济禅师的典故和禅语，比如他曾写诗《前三三曲》二十首，其中一首为：“临济如何是白拈，瞎驴俊鹘要知惭。悟来佛法无多子，只为亲遭痛棒三。”[⑤]诗中涉及“白拈贼”的典故，雪峰义存禅师曾说：“临济大似白拈贼”[⑥]，表明临济禅师善于在无形中打消学人的妄想执着，如同徒手盗物而不留痕迹的人。又涉及临济禅师开悟之典故，他首先在黄檗希运禅师门下参访，三度发问佛法的大意，三度被打，然后在黄檗禅师的指引下去参访高安大愚禅师，在大愚禅师言下大悟，说到：“元来黄檗佛法无

① 《马一浮全集》第一册，436 页。
② 《马一浮全集》第三册，680 页。
③ 《马一浮全集》第三册，318 页。
④ （宋）普济：《五灯会元》，699 页，北京，中华书局，2015。
⑤ 《马一浮全集》第三册，第 641 页。
⑥ （宋）普济：《五灯会元》，662 页，北京，中华书局，2015。

多子”[①]。马一浮也曾写诗《偶成》四首，其中第二首为：“永明宗旨门前水，临济家风肋下拳。忽若有人相借问，更无一法与为缘。”[②]其中“临济家风肋下拳”是指临济禅师在高安大愚禅师言下大悟之后向其肋下打了三拳的典故，诗中也涉及永明延寿禅师门前水的典故，是由延寿偈语“欲识永明旨，门前一湖水，日照光明生，风来波浪起”[③]而来。

马一浮又以临济宗的禅法和诸位禅师之言与儒家进行会通，包括：临济宗三句与《周易》理、德、行业的会通，临济宗“四宾主”与《论语》中孔子教化方式的会通，临济义玄禅师无位真人语与《孟子》“君子所性”章的会通，圆悟克勤禅师禅语与儒家义理的会通。

一、临济宗三句与《周易》理、德、行业的会通

临济宗三句是指临济义玄禅师回答僧人关于佛、法、道的三句话。有僧人请问临济禅师怎样是真佛、真法、真道，临济禅师回答说：“佛者，心清净是；法者，心光明是；道者，处处无碍净光是。三即一，皆是空名而无实有。如真正作道人，念念心不间断。”[④]临济宗三句强调了清净、光明、无碍的修行功夫和境界。

理、德、行业是马一浮对《周易》三方面内容的概括。《周易·说卦传》说：“昔者圣人之作《易》也，将以顺性命之理，是以立天之道曰阴与阳，立地之道曰柔与刚，立人之道曰仁与

① （宋）普济：《五灯会元》，643 页，北京，中华书局，2015。
② 《马一浮全集》第三册，608 页。
③ （宋）普济：《五灯会元》，604 页，北京，中华书局，2015 年。
④ （宋）普济：《五灯会元》，645 页，北京：中华书局，2015 年。

义，兼三才而两之，故《易》六画而成卦。”①《周易·系辞上传》说：“可久则贤人之德，可大则贤人之业。易简而天下之理得矣。”②又说：“夫《易》，圣人所以崇德而广业也。”③马一浮根据上述等内容，总结说：“理得而后有德之名，德著而后有道之名，行成而后有业之名。”④他认为《周易》开显了性命之理，得此理者称为德，具体表现为仁义之德，依此行之即为仁义之道，行而有成可谓之业。可知，马一浮所概括的《周易》理、德、行业即指性命之理、仁义之德、仁义之行业，他以之与临济宗三句进行会通：

> 临济曰：“佛者，心清净是；法者，心光明是；道者，处处无碍净光是。”此语亦谛。彼所谓佛当此所谓理，法当德，道即行业也。⑤

临济禅师说佛是自心清白净洁而没有染污，法是自心光明而能智慧观照、利益众生，佛法之道是处处展现清净光明而通达无碍。《周易》所说性命之理彰显了心之本体，而本体是清净无染的，临济禅师说自心清净即是佛，这道出了佛家本体的清净，故马一浮认为两者可以会通。《周易》以仁义立人之道，仁义之德

① （魏）王弼注，（晋）韩康伯注，（唐）陆德明音义，（唐）孔颖达疏：《周易注疏》，409页，北京，中央编译出版社，2013。

② （魏）王弼注，（晋）韩康伯注，（唐）陆德明音义，（唐）孔颖达疏：《周易注疏》，338页，北京，中央编译出版社，2013。

③ （魏）王弼注，（晋）韩康伯注，（唐）陆德明音义，（唐）孔颖达疏：《周易注疏》，352页，北京，中央编译出版社，2013。

④ 《马一浮全集》第一册，377页。

⑤ 《马一浮全集》第一册，381页。

是性命之理在人道的展现，这是心之本体的作用，临济禅师说自心光明就是法，这是以智慧观照、利益众生来表达自心光明的作用，故马一浮认为两者可以会通。《周易》仁义之行业强调以仁义之行成就仁义之大业，这是性命之理、仁义之德的具体践行和成就，临济禅师说处处展现清净光明而通达无碍就是佛法之道，这是把佛之清净和法之光明具体落实在自度度他而通达无碍的慈悲智慧之行中，故马一浮认为两者可以会通。

临济宗三句表达了佛家的体用，以“佛者，心清净是”展现本体，以“法者，心光明是”和“道者，处处无碍净光是”展现本体之大用。《周易》理、德、行业表达了儒家的体用，以性命之理展现本体，以仁义之德和仁义之行业展现本体之大用。由此可知，临济宗三句和《周易》理、德、行业的会通是在体用方面的会通。

二、临济宗“四宾主”与《论语》中孔子教化方式的会通

“四宾主”是临济宗著名的教化方式，由临济义玄禅师提出。四宾主中的宾是指宾客，代指修学禅宗的学人、修道人；主是指主人，代指禅宗有学德的师家、指导者。四宾主指四种师家和学人相互查勘简别的关系：宾看主，即学人查勘得知师家的情况；主看宾，即师家查勘了知学人的情况；主看主，即师家和学人均具有禅机禅眼而相见；宾看宾，即师家和学人都不具禅机禅眼而相见。临济禅师对四宾主有详细的阐明：“参学之人，大须子细。如宾主相见，便有言论往来。或应物现形，或全体作用，或把机权喜怒，或现半身，或乘师子，或乘象王，如有真正学人便喝，先拈出一个胶盆子，善知识不辨是境，便上他境上作模作样，便

被学人又喝，前人不肯放下，此是膏肓之病，不堪医治，唤作宾看主。或是善知识，不拈出物，只随学人问处即夺，学人被夺，抵死不肯放，此是主看宾。或有学人应一个清净境，出善知识前，知识辨得是境，把得抛向坑里。学人言：大好善知识。知识即云：咄哉！不识好恶。学人便礼拜。此唤作主看主。或有学人，披枷带锁，出善知识前，知识更与安一重枷锁，学人欢喜，彼此不辨，唤作宾看宾。”[①] 后来临济宗的风穴延沼禅师把上述四句话改为宾中主、主中宾、主中主、宾中宾，而其意思相同。

马一浮在其著述中经常引用和阐发临济宗的四宾主，诗集中表现尤为突出。他曾写诗《杂感》十六首，最后一首以除病为宗旨，诗后有一段说明性的文字："临济宾主料简自云，拣魔辨异，盖非得已。若谓建立宗旨，幸莫谤他古人。今曰'除病'，乃欲自除，明其非简人也"[②]，指出临济宗四宾主是为了分辨区别各种修学禅宗的情况，而不能执着四宾主方式本身及其言语。他也写诗《尹石公吴希之见仆往日答问遗诗见称次韵奉答》："捐书绝学已忘年，药病酬机未数然。在彀方容宾主句，无心休拟祖师禅。庭前柏树西来意，溪上桃花旧悟缘。百草头边相见罢，醯鸡土梗总陈编。"[③] 其中"在彀方容宾主句"即指四宾主，诗中又涉及诸多禅宗内容，如赵州从谂禅师以庭前柏树子回答祖师西来意之问的公案，灵云志勤禅师见桃花而悟道的典故，以及夹山善会禅师"百草头荐取老僧"的禅语。马一浮又以临济宗四宾主与《论语》中孔子教化弟子的方式进行会通：

① （宋）普济：《五灯会元》，645—646页，北京，中华书局，2015。
② 《马一浮全集》第三册，169页。
③ 《马一浮全集》第三册，222页。

论《五灯会元》云：此书不可不看。宾主四料检，虽儒书亦可如此会。例如孔子语颜、曾便是主勘主，语子贡便是主勘宾，惟宾勘宾处殊不多见耳。[①]

他认为《五灯会元》作为中国禅宗重要的史书是很值得阅读的书，该书记载了临济宗四宾主的内容，老师和弟子以此相互查勘简别，儒家的书籍也可用四宾主去领会。以《论语》中孔子教化弟子为例，孔子作为老师是主，颜回、曾子、子贡作为弟子是宾，孔子和弟子之间可用四宾主来查勘简别。孔子知道颜回和曾子好学不倦，真积力久，学有所得，故告诉颜回“克己复礼为仁”，告诉曾子“吾道一以贯之”，颜回和曾子均默契孔子之旨，与孔子相应，与道相应。这种老师和弟子的关系是相互认知、彼此相应的关系，临济宗主看主体现了师家和学人均具有禅机禅眼而相见的情况，因此两者可以会通。孔子知道子贡的学习状态，而子贡却不能深刻体认孔子的境界，故子贡不可得闻孔子言性与天道，又以为孔子是多学而识之者，当孔子说一以贯之时，子贡又没有回应。这种老师和弟子的关系是老师了解弟子而弟子却不太了解老师的关系，临济宗主看宾体现了师家查勘了知学人而学人不知师家的情况，因此两者可以会通。

马一浮以临济宗四宾主中的主看主、主看宾与《论语》中孔子的教化方式相会通，是借鉴禅宗内容开发儒家义理的路径。他也曾说：“禅师家接人每以言句勘辨，故有宾主料简。不惟师择

① 《马一浮全集》第一册，596页。

弟子，弟子亦要择师。若学者不具参方眼，师家不辨来机，互相钝置，名为一群瞎汉相趁。儒家问答、接人手眼实与禅师家不别，会者自知，但先儒不显说耳。”① 儒家和禅宗在问答、接人手眼方面虽言语和外在表现有异，但内在的道理是一致的，故能够用会通的方法增进理解。

三、临济义玄禅师无位真人语与《孟子》“君子所性”章的会通

临济义玄禅师有一次上法堂说法曰：“赤肉团上有一无位真人，常在汝等诸人面门出入，未证据者看看。”② 这就是无位真人的出处。无位真人指见到本来面目而得到解脱者，超越凡圣、迷悟等分别，超越各种修行位次，比如超越菩萨五十二阶位等。无位真人语在禅宗广为流传，也用来代指本来面目、真如佛性。马一浮对无位真人曾有阐述：“无位真人，面门出入，离相离名，追之弗及。”③

“君子所性”章是《孟子·尽心上》中的一部分内容，其文曰：“君子所性，虽大行不加焉，虽穷居不损焉，分定故也。君子所性，仁义礼智根于心。其生色也，睟然见于面，盎于背，施于四体，四体不言而喻。”④ 此章指出了性分的真谛，人若知仁义礼智四种本性之德，则可知自己的本分，能够做到不因大行和穷居等顺逆境遇而动心。四种性德源于本心，当蕴积深厚而表

① 《马一浮全集》第一册，48 页。
② （宋）普济：《五灯会元》，662 页，北京，中华书局，2015。
③ 《马一浮全集》第四册，208 页。
④ （宋）朱熹：《四书章句集注》，332 页，北京，中华书局，2011。

现于外，则面部有润泽光明之貌，背部有丰厚盈溢之意，又施行到身体四肢的动作中，不待言说而自能通晓本性的旨趣。《周易・坤・文言》曰“君子黄中通理，正位居体，美在其中，而畅于四支，发于事业，美之至也”①亦表达了此意。

《孟子》“君子所性”章在儒学中占有重要地位，历来受到儒者的重视。马一浮也十分重视此章，在其著述中经常引用和阐发，比如他在《复性书院讲录》中曾用佛家真谛来解读“所性”。他也曾说：“理顺则动静如一，分定则穷达不二”②，其中“分定则穷达不二”即来源于“君子所性，虽大行不加焉，虽穷居不损焉，分定故也”。马一浮又用《孟子》“君子所性”章与临济禅师无位真人语进行会通：

> 知分莫如孟子语好。孟子曰：“君子所性，虽大行不加焉，虽穷居不损焉，分定故也。君子所性，仁义礼智根于心”，“睟然见于面，盎于背，施于四体，四体不言而喻”。此与临济无位真人语一般。不知分者，由于不知性也。分即是性，离性岂别有分？今人只是求分外事，何尝知有分内事？故无一而可安，只缘不曾尽心知性耳。③

马一浮认为《孟子》“君子所性”章是知分之语。孟子说仁义礼智是人的性德，依仁义礼智而行是人的本分，当仁义礼智

① （魏）王弼注，（晋）韩康伯注，（唐）陆德明音义，（唐）孔颖达疏：《周易注疏》，50页，北京，中央编译出版社，2013。

② 《马一浮全集》第二册，100页。

③ 《马一浮全集》第一册，415页。

四德根本于心，则由内而外产生睟面盎背、四体通顺的效验，在生活中能够不因境遇而动心，做到穷达如一。临济禅师说人的身体上有一个无位真人，常在面门出入，意指人人都有真如佛性，若能明心见性，则可以超凡入圣，获得解脱。因此马一浮认为《孟子》“君子所性”章可以和临济禅师无位真人语相会通。此外，马一浮又说人要知道本性之德，才能知道本分，由本性而有本分，若不知分内事而求分外事，不能尽心知性，则人生处处不安。

《孟子》“君子所性”章揭示了儒家的性德及其效验，由仁义礼智四德而见本性，这是对本体的描述；由性德根于心而产生睟面盎背、四体通顺的效验，这是对人生境界的描述。临济禅师无位真人语揭示了佛家的佛性及其征验，无位真人可指真如佛性，这是对本体的描述；无位真人也可指通过明心见性而解脱自在的征验，这是对修行境界的描述。因此可知，临济义玄禅师无位真人语和《孟子》“君子所性”章的会通是在本体和境界方面的会通。

四、圆悟克勤禅师禅语与儒家义理的会通

圆悟克勤禅师（1063—1135），又号佛果禅师，是临济宗杨岐派著名的禅师。临济宗在北宋时期分出杨岐派和黄龙派，圆悟克勤禅师是杨岐派第四世，也是临济宗第十一世，传承脉系为：临济义玄禅师、兴化存奖禅师、南院慧颙禅师、风穴延沼禅师、首山省念禅师、汾阳善昭禅师、石霜楚圆禅师、杨岐方会禅师、白云守端禅师、五祖法演禅师、圆悟克勤禅师。圆悟克勤禅师著有《碧岩录》《击节录》，其嗣法弟子虎丘绍隆等又编了《圆悟佛

果禅师语录》。

（一）圆悟克勤禅师禅语与《礼记》“三无私”的会通

《礼记·孔子闲居》云：“子夏曰：‘三王之德参于天地，敢问何如斯可谓参于天地矣？’孔子曰：‘奉三无私以劳天下。’子夏曰：‘敢问何谓三无私？’孔子曰：‘天无私覆，地无私载，日月无私照。奉斯三者以劳天下，此之谓三无私。’”①《中庸》论述了“与天地参”之义，而《孔子闲居》从另一个角度阐述了“参于天地”。天地覆载万物而无私，日月照临万物而无私，圣人以无私之心勤劳于天下之事，如程颐说：“天地无心而成化，圣人有心而无为。”②圣人并非不为，而是无所为而为，为之而无私。

马一浮运用圆悟克勤禅师之言与“三无私”相会通：

> 圆悟勤曰：“日月运于太虚，未尝暂止，不道我有许多名相。天普盖，地普擎，长养万物，亦不道我有许多功行。得道之人亦复如是，于无功用中施功用，一切违顺境界皆以慈心摄受。”勤虽禅师，此言却与三无私相应。其曰“慈心摄受”，即劳天下之义也。③

圆悟克勤禅师说日月运行不息而无言，天地长养万物而不居功，得道之人于无功用中施功用，在一切顺逆境界中以慈悲心摄受、度化众生，这即与三无私之义相应。关于勤劳于百姓事、天

① （元）陈澔：《礼记集说》，401—402页，南京，凤凰出版社，2010。
② （宋）黎靖德编：《朱子语类》第一册，4页，北京，中华书局，1986。
③ 《马一浮全集》第一册，247页。

下事之义，经典中多有阐述，如《周易·井·象》曰：“君子以劳民劝相。”[①]《论语·子路》说：“子路问政。子曰：‘先之，劳之。’请益。曰：‘无倦。’”[②]《孟子·滕文公上》引尧之言曰：“劳之来之，匡之直之，辅之翼之，使自得之，又从而振德之。”[③]《庄子·天下》引墨子之言曰：“禹，大圣也，而形劳天下也如此。”[④]故而可用慈心摄受众生来理解劳天下之义。

《孔子闲居》所论述的三无私是三王之德，与天地日月同德，此为圣人之境界；圆悟克勤所说得道之人为证悟本体之人，得道之人无功用中显大用，表现出其超越常人的境界。因此圆悟克勤之言与《礼记》“三无私”的会通可看作境界方面的会通。

（二）解黏去缚与解蔽祛惑的会通

禅宗彰显了直下承当的法门，以无门为法门，没有固定的功夫论。圆悟克勤禅师说：“马大师尝举《楞伽经》以佛语心为宗，无门为法门，乃云：诸人要识佛语心么？只尔如今语便是心，心便是佛，故云佛语心乃是宗也。此宗无门乃是法门。”[⑤]然而之所以不能直下承当而明心见性，即在于妄想、执着的障碍。因此禅宗祖师重视随方解缚，因病与药，对治众生的种种习气、毛病，去除各种染污，使本来真性而得显现。

① （魏）王弼注，（晋）韩康伯注，（唐）陆德明音义，（唐）孔颖达疏：《周易注疏》，262页，北京，中央编译出版社，2013。

② （宋）朱熹：《四书章句集注》，133页，北京，中华书局，2011。

③ （宋）朱熹：《四书章句集注》，242页，北京，中华书局，2011。

④ （清）郭庆藩撰，王孝鱼点校：《庄子集释》，945页，北京，中华书局，2013。

⑤ （宋）绍隆等编：《圆悟佛果禅师语录》，见《大正藏》第四十七册，784页，台北，新文丰出版公司，1983。

“解黏去缚”是禅宗常用的一个词，字面意义为解除粘连，去掉系缚。佛家认为因各种执着、黏滞、缠缚形成了障碍，而不能见本心本性，因此须去除障碍。这就是解黏去缚所表达的功夫论方面的意义。运用解黏去缚一语较著者为圆悟克勤禅师，他曾说：“山僧二十七年开个铺席，与一切人解黏去缚，抽钉拔楔，令一个个无窠臼无计校，不作合头语，不作相似语，不依倚一物与他。二十八祖、马师、百丈、黄檗、临济天下大宗师所为所行，全体显露。……唯只凭此一著真实处，于一切人面前直截吐露，承当得底真实悟入，得大受用，更无凝滞。”[①] 禅师们用各种手段显示大机大用，使学人除我执、法执，即为解黏去缚、抽钉拔楔之义。

解蔽出于《荀子》，其意为解除遮蔽、蔽塞。《荀子·解蔽》曰“凡人之患，蔽于一曲而暗于大理”[②]，指出了常人有蔽，蔽于一曲一隅而不见大理、大体。《解蔽》接着论述解蔽之方在于知“道”，“夫道者，体常而尽变，一隅不足以举之”[③]。又说：“人何以知道？曰：心。心何以知？曰：虚壹而静。”[④] 表明了知“道”之术在于虚壹而静。马一浮对解蔽作了阐述：“适道者寥廓通涂，更无所碍。蔽即碍也。以己性为有内外，斯碍矣。此蔽从何来？乃在自私用智，是乃克指其蔽而言。己见犹存，作意安排，总是触涂成滞。若无心应迹，自然冥符。此种境界，唯蔽

① （宋）绍隆等编：《圆悟佛果禅师语录》，见《大正藏》第四十七册，767 页，台北，新文丰出版公司，1983。

② （清）王先谦：《荀子集解》，374 页，北京，中华书局，2012。

③ （清）王先谦：《荀子集解》，381 页，北京，中华书局，2012。

④ （清）王先谦：《荀子集解》，383 页，北京，中华书局，2012。

尽后始能知之。故学者如欲适道，当以解蔽为急。”① 他运用程颢《定性书》之义理，指出人之有蔽是因为自私用智，以自己错误的见解作安排，而解蔽之方在于无心应迹，与荀子的“虚壹而静”有相似之处。

祛惑为儒家所重视，在于疑惑则不智，进而对人生、社会造成损害。《论语》记载孔子四十而不惑，又说智者不惑，也记载了子张、樊迟问“辨惑”的内容，孔子回答子张说：“爱之欲其生，恶之欲其死。既欲其生，又欲其死，是惑也。”② 回答樊迟说：“一朝之忿，忘其身，以及其亲，非惑与？”③ 孔子根据弟子的情况做出了不同的回答，指出了惑的一些表现。各人之惑不尽相同，而惑之存在足以为害，因此要问以辨之，思以辨之，以求祛惑。马一浮将禅宗的解黏去缚与儒家的解蔽祛惑相联系，说：

> 《论语》曰：“智者不惑”，“智者乐”。《乐记》曰：“君子乐得其道，小人乐得其欲。以道制欲，则乐而不乱；以欲忘道，则惑而不乐。”故知乐与惑对，即是明与疑对。佛氏以疑属根本烦恼，实则贪、瞋、疑、慢、邪见俱是痴摄。人之有疑者，必其义理不明也。圣人以明对治之，决去其疑，则复其本然矣。达摩西来，只觅一个不受人惑底人是也。儒者谓之解蔽祛惑，佛氏谓之“解黏去缚”，岂有他道哉？“纳约自牖”，就其本明之不息者，使自明之耳。沩山曰：“从闻入理，闻理深妙，心自圆明，不居惑地。”若闻而不入理，

① 《马一浮全集》第一册，485—486页。

② （宋）朱熹：《四书章句集注》，129页，北京，中华书局，2011。

③ （宋）朱熹：《四书章句集注》，131页，北京，中华书局，2011。

与不闻同，终身住在惑地，自甘系缚，圣人亦无如之何。[①]

《论语》和《礼记·乐记》均记述了乐和惑的关系，人若不明智，则疑惑而不乐。“纳约自牖”出自《周易·坎卦》六四爻辞，表述了因人之本明以除蔽之义。佛家将疑惑判为根本烦恼之一，是需要着力去除的。达摩寻觅不受人惑底人的典故广为流传，如临济义玄禅师曾说：“自达摩大师从西土来，只是觅个不受人惑底人。后遇二祖，一言便了。”[②] 这表明二祖慧可在达摩的指点下断除疑惑，明了本心本性。沩山灵祐禅师的话也表明从闻而入理，明白本心之理，则除疑而不惑。可知，佛家和儒家在解黏去缚与解蔽祛惑方面是相通的。

第四节　曹洞宗与儒家的会通

曹洞宗是禅宗五宗之一，由洞山良价禅师开创。曹洞宗得名是由于良价禅师和其弟子本寂禅师分别在江西省瑞州的洞山和江西省抚州的曹山传播禅宗的宗风，故后世取两个地名中的曹和洞来命名此宗。曹洞宗由禅宗南宗六祖慧能一系开出，其传承脉系如下：六祖慧能、青原行思、石头希迁、药山惟严、云岩昙晟、洞山良价、曹山本寂。在禅宗五宗之中，曹洞宗成为流传时间长、影响较为深远的宗派之一。曹洞宗提倡五位说，成为独具特

① 《马一浮全集》第一册，317—318页。
② （宋）普济：《五灯会元》，645页，北京，中华书局，2015。

色的禅法。

马一浮比较重视曹洞宗，其著述中经常引用和阐发曹洞宗的禅法和曹洞宗诸位禅师的语录。他说："曹洞、法眼颇近义路"[①]，认为曹洞宗和法眼宗的宗风偏重于义理学说的路径。他曾写诗《书石头参同契施与乌尤寺因题一绝》："曹洞儿孙少，青原语脉亲。聊凭飞鸟迹，留与再来人。"[②]诗的名称涉及石头希迁禅师，他曾著《参同契》，诗的内容涉及青原行思禅师和曹洞宗的传承。他也曾写诗《丘里谣》九首，其中第一首为："永嘉酬大鉴，分别谓非意。曹山辞洞山，去亦不变异。后人多自谩，只贪舌头利。恣汝意分别，尽汝从缘去。苦瓠连根苦，甜瓜甜彻蒂。"[③]诗中涉及六祖慧能大师和永嘉玄觉禅师"分别谓非意"的典故，又涉及洞山良价禅师和曹山本寂禅师"去亦不变异"的典故。

洞山良价禅师（807—869）是青原行思禅师下四世弟子，为云岩昙晟禅师的法嗣，创立了曹洞宗，有《五位君臣颂》《宝镜三昧歌》等作品传于后世。马一浮的著述中经常涉及洞山良价禅师的典故和禅语，比如他写诗《佛光》："常寂光中遍满身，谁将物幻误天真？洞山睹影逢渠日，多少痴人认识神。"[④]其中"洞山睹影逢渠日"即指洞山良价禅师过水时看见自己的影子而大悟，并写偈语一首："切忌从他觅，迢迢与我疏。我今独自往，处处得逢渠。渠今正是我，我今不是渠。应须恁么会，方得契如如。"[⑤]马一浮也曾写诗《愚痴斋》："大寂酬机因问疾，但道日面

① 《马一浮全集》第一册，436 页。
② 《马一浮全集》第三册，286 页。
③ 《马一浮全集》第三册，103 页。
④ 《马一浮全集》第三册，175 页。
⑤ （宋）普济：《五灯会元》，779 页，北京，中华书局，2015。

与月面。洞山将行复少住，强为愚痴作斋饭。古来虽有达道人，可奈至今多钝汉。水边林下空优游，荒草寒云长漫漫。狂猿捉月枉劳形，快马窥鞭逝如电。颜回始解叹绝尘，普眼何曾六牙见。百劫千生苦缠缚，形销坐待虚空烂。何人看取三日聋，不惜为君通一线。”[①] 其中诗题“愚痴斋”和“洞山将行复少住”即指洞山良价禅师圆寂时面对众弟子号哭哀痛，吩咐主事之人办愚痴斋，而为停留七日。

马一浮又以曹洞宗的禅法和曹洞宗诸位禅师之言与儒家进行会通，包括：曹洞宗五位君臣说与儒家体用理气的会通，曹洞宗“内绍”与《孝经》“续莫大焉”的会通，曹洞宗“空劫以前自己”与《周易》“原始反终”之说的会通，洞山良价禅师之言与《论语》“三月不违仁”等义理的会通，洞山良价禅师“吾常于此切”与颜回“请事斯语”的会通，洞山良价禅师“善自保任”与儒家圣人“日新其德”的会通。

一、曹洞宗五位君臣说与儒家体用理气的会通

五位君臣说是曹洞宗著名的教义和教化方式，由洞山良价禅师和曹山本寂禅师提出和运用。洞山良价禅师曾作五位君臣颂，提出正中偏、偏中正、正中来、兼中至、兼中到五位。后来曹山本寂禅师以正、偏、兼配合君臣，他说：“正位即空界，本来无物。偏位即色界，有万象形。正中偏者，背理就事。偏中正者，舍事入理。兼带者冥应众缘，不堕诸有，非染非净，非正非偏，故曰虚玄大道无著真宗。从上先德，推此一位，最妙最玄，当详

① 《马一浮全集》第三册，204 页。

审辨明。君为正位，臣为偏位。臣向君是偏中正，君视臣是正中偏。君臣道合是兼带语。”[①]由此而形成完整的五位君臣说：君是正位，臣是偏位，臣向君是偏中正，君视臣是正中偏，君臣道合是兼带。

马一浮比较重视曹洞宗的五位君臣说，其著述中经常引用和阐释，比如他曾写诗《逭暑口占》四十首，其中一首为：“尧夫说《易》信殊伦，盛暑祁寒亦闭门。极数知来无避处，洞山五位是儿孙。”[②]他又用五位君臣说与儒家的体用理气进行会通：

> 洞山禅立君臣五位，必臣奉于君，子顺于父。其言君臣父子，皆以明体用。质言之，则理是君，气是臣；理是父，气是子；理是体，气是用也。体若不立，依世法言之，便是无君。纵有君位，不能统摄群下，则颇僻僭忒纷然并兴，如何能跻于治邪？学者须先明一身之君臣，然后于此理乃可无疑也。（有其君而无其臣，亦不能成化。）[③]

曹洞宗确立君臣五位，以君、父代表真如本体，以臣、子代表万有事相。依照儒家的体用理气来说，理为体，气为用，以君臣父子配合体用理气，即：君、父为体，臣、子为用；君、父为理，臣、子为气。体用关系密切，从体起用，摄用归体，因此说臣奉于君，子顺于父。若体没有确立，则用无法施展，相当于无君则不能统领群臣百姓使国家趋于治理，而可能导致邪佞不正、

① （宋）普济：《五灯会元》，787页，北京，中华书局，2015。
② 《马一浮全集》第三册，587页。
③ 《马一浮全集》第一册，340页。

越礼逾制、心怀疑贰等现象。若有体而无用，相当于有君而没有臣下辅佐，也不能完成德化之治。

体用关系是中国哲学史的重要话题，儒家和佛家都在探讨，儒家主张体用一原，佛家主张体用不二，但都强调从体起用，摄用归体。此外，佛家又用性相表达体用，主张依性起相，会相归性；儒家用理气表达体用，主张理气合一。马一浮进行曹洞宗五位君臣说和儒家体用理气的会通，强调从体起用，摄用归体，就君臣五位来说，着重探讨臣奉于君、子顺于父；就理气关系来说，着重探讨理为主、气从理。他这种会通是对儒佛义理的继承和发扬，丰富了体用学说。

二、曹洞宗“内绍”与《孝经》“续莫大焉”的会通

“内绍”源于五位王子说。五位王子说是曹洞宗的教义和教化方式，由石霜庆诸禅师根据洞山良价禅师五位君臣说而形成。石霜庆诸禅师作五位王子颂，将王子的出生分为诞生、朝生、末生、化生、内生五位，以此为喻来阐述五种修行成佛的阶位。其中，诞生王子和内生王子为内绍君位，比喻顿入佛位；朝生王子为外绍臣种，比喻经过修行而成佛。后来九峰道虔禅师继续阐释内绍外绍，他说：“若不知事极头，只得了事，唤作外绍，是为臣种”[①]，“知向里许承当担荷，是为内绍”[②]。马一浮说：“内绍本石霜五位王子语，与洞山君臣五位相同，其后因有外绍是臣位、内

① （宋）普济：《五灯会元》，304 页，北京，中华书局，2015。
② （宋）普济：《五灯会元》，304 页，北京，中华书局，2015。

绍是王种之说。”[①] 可知，内绍是指具有王种，继承君位，比喻佛性现成，不假修证，顿入佛位。

《孝经·圣治章》说：“父子之道，天性也，君臣之义也。父母生之，续莫大焉；君亲临之，厚莫重焉。”[②] 父母子女以慈孝相亲相爱，这是人的天然本性，又有尊严在其中，生起恭敬之心，因而又具有君臣之义。父母生育子女，人伦爱敬精神的相续在其中；父母像严君一样面对子女，子女严敬父母，恩义之厚以此为重。可知，“续莫大焉”是指人伦亲爱、恭敬精神的传承延绵。

马一浮曾给友人金蓉镜写过一封书信，信中他用曹洞宗“内绍”和《孝经》“续莫大焉”进行会通。金蓉镜晚年得子而子又早夭，马一浮写信进行宽慰。他首先说，金蓉镜做到了儒家为人父止于慈，而佛家认为菩萨视众生如一子地，若能因而大之，可入慈行三昧。他接着引用《史记正义》解释老子名号的内容，以考释老，以孳释子，并加以自己的阐发：“老考子孳，实是古训。盖考表性具，孳表新成。老即本觉，子即始觉，性修合举，始本不二，故号老子。老言寿量难知，子言妙用繁殖。老是德相，子是业用。依此广释，即同如来。老以会寂，子以明照。故洞上立王子，内绍外绍，皆在偏位，是知正位惟属于考。父南面，子北面，亦此义也。体用一源，理行一致，福智一身，故父子一性矣。”[③] 运用佛家性修、本觉始觉、体用、寂照等内容广泛开发老子之义、父子之理，希望金蓉镜能够释怀。马一浮然后又用佛家之理继续引申，其中涉及曹洞宗“内绍”和《孝经》“续莫大焉”

① 《马一浮全集》第四册，201 页。
② （唐）李隆基注，（宋）邢昺疏：《孝经注疏》，34 页，北京，北京大学出版社，1999。
③ 《马一浮全集》第二册，441 页。

的会通：

> 盖古义乃与洞上宗石霜五位王子之说，若出一辙。求之内外经籍，义尽冥符。盖子孙众多云者，实表福德之聚，故王者广继嗣，即显示广修福德。《孝经》说“续莫大焉”乃同于内绍，此纯明法性边事，非情识所到。然则先生今日失子，依世谛则不无，依真谛则不有。若证法身，眷属无量，异日儿孙遍天下。在此乃诚谛之言，非是聊为譬遣。①

他说老子的古义与石霜庆诸禅师的五位王子说十分相似，从儒家、佛家各种经籍来看，其义是暗合的。儒家所说的子孙众多，相当于佛家所说的福德聚集，古代的君王有诸多王子作为继承人，意味着广修福德。《孝经》说“续莫大焉”相当于曹洞宗所说的内绍，这是在讲法性方面的内容，不是情识所能思考和理解。从世俗谛的角度来看，金蓉镜失去了儿子，但从真谛的角度来看，法性不生不灭。若能证得法身，就会有无量眷属，所教导度化的儿孙充满天下。马一浮用儒家和佛家的义理对金蓉镜作了深入的劝慰。

曹洞宗内绍强调向内承当担荷，使法性显现，入于佛位，如同世间王子属于王种，可以继承君位。《孝经》说“续莫大焉”强调人伦亲爱、恭敬精神的延续，而亲爱、恭敬是心性的流露，故“续莫大焉”又可指心性的传续。法性是佛家本体的称谓，心性是儒家本体的称谓，因此两者可以会通，这种会通是本体层面

① 《马一浮全集》第二册，441 页。

的会通。

三、曹洞宗“空劫以前自己”与《周易》“原始反终”之说的会通

佛家用来表述本体的词语众多，如《六祖坛经》中使用过自性[①]、自心、本心、本性、佛性、真性、实性、无二之性等。禅宗又用一些语句来指点学人体认本体、识取自己本来面目，如“空劫以前”“威音王已前”“父母未生以前”“天地未开以前”等。空劫是四劫之一，佛家将世间一大劫划分为成劫、住劫、坏劫、空劫四劫，空劫即世界坏灭以后唯有虚空的时期。“威音王已前”即威音王佛出世以前，威音王佛是过去庄严劫最初的佛名，故用来表示无量无边久远的时期之前。“父母未生以前”和“天地未开以前”也表达了类似的意思。

马一浮选取了曹洞宗禅师表述本体的说法。洞山良价禅师曾用“空劫以前”来指点学人识取本体，又著《功勋五位颂》曰：“迢迢空劫无人识，肯向南询五十三。”[②] 此后，曹洞宗又有多位禅师运用“空劫以前自己”，如芙蓉道楷禅师用来指点鹿门法灯禅师，丹霞子淳禅师用来指点长芦清了禅师，丹霞子淳禅师用来指

① 《六祖坛经》记述慧能大彻大悟时使用过“自性”一词，当时五祖弘忍为慧能解说《金刚经》至“应无所住而生其心”，文曰：“慧能言下大悟：一切万法不离自性，遂启祖言：‘何期自性，本自清净；何期自性，本不生灭；何期自性，本自具足；何期自性，本无动摇；何期自性，能生万法。’祖知悟本性，谓慧能曰：‘不识本心，学法无益；若识自本心，见自本性，即名丈夫、天人师、佛。’”（贾题韬：《贾题韬讲〈坛经〉》，33、38 页，上海，上海古籍出版社，2011。）

② （宋）普济：《五灯会元》，784 页，北京，中华书局，2015。

点天童正觉禅师。

《周易·系辞上传》曰："原始反终，故知死生之说；精气为物，游魂为变，是故知鬼神之情状。"[①] 马一浮认为此段话可与《论语·里仁》"朝闻道，夕死可矣"互参，反映出儒家生死之说的真义。闻道者能以平常心对待生死，做到生顺而死安。《孟子·尽心上》也说"尽其道而死者，正命也"[②]，显示了生死之正。闻道者生死一如，无所谓生，也无所谓死，于生死能顺受，能安忍。《系辞》所谓"原始反终，故知死生之说"，就实理来说，无所谓始，无所谓终；原始则无始而成始，反终则无终而成终；终则有始，始终同时，成始乃所以成终，成终乃所以成始。无始无终是对本体的描述，因此"原始反终"之说是证悟本体的状态。以佛家之义来说，圆悟本体之人了生脱死，生死一也，始终一也。马一浮认为《系辞》"原始反终"之说甚深，而其弟子可能未领会，因此他在给张立民的信中说：

> 《系辞》"原始反终"之说，恐贤辈皆未会。其实，原始即是无始，反终即是无终。老氏所谓"迎之不见其首，随之不见其后"，"吾不知其谁之子，象帝之先"，洞山禅所谓"空劫以前自己"，傅大士《法性颂》用老氏"有物先天地"语，皆不出此意。然此非意识能缘境界，纵饶会得，亦只是义解，不中用。[③]

① （魏）王弼注，（晋）韩康伯注，（唐）陆德明音义，（唐）孔颖达疏：《周易注疏》，347 页，北京，中央编译出版社，2013。

② （宋）朱熹：《四书章句集注》，328 页，北京，中华书局，2011。

③ 《马一浮全集》第二册，809 页。

除了引用儒家和佛家对本体的描述外，马一浮也运用《老子》中的语句进行说明。《老子·四章》曰："吾不知谁之子，象帝之先"①，《老子·十四章》曰："迎之不见其首，随之不见其后"②，《老子·二十五章》曰："有物混成，先天地生。寂兮寥兮，独立而不改，周行而不殆，可以为天地母。吾不知其名，强字之曰道"③，这些语句是对道的描述，而马一浮认为也就是在描述本体。傅大士（497—569），又称善慧大士，是南朝梁代禅师，与达摩祖师、宝志禅师共称为梁代三大士。傅大士有偈曰："有物先天地，无形本寂寥。能为万象主，不逐四时凋。"④亦是对本体的描述。傅大士用此偈语来描述法性，即是来源于老子之言。曹洞宗禅师常用的"空劫以前自己"，与老子之言、傅大士之偈一样，都是对本体的描述，因此可以与《周易》"原始反终"之说相会通。马一浮又说，这些描述均是文字语言层面的理解，而本体是要实证的，非意识所能缘。

四、洞山良价禅师之言与《论语》"三月不违仁"等义理的会通

禅宗祖师对弟子们的功夫指点各种各样，禅师们的语录多有记载。洞山良价禅师有一次在和僧弟子的对话中说："相续也大难。遂示颂云：嗟见今时学道流，千千万万认门头。恰似入京朝

① （魏）王弼注，楼宇烈校释：《老子道德经注校释》，10页，北京，中华书局，2008。
② （魏）王弼注，楼宇烈校释：《老子道德经注校释》，32页，北京，中华书局，2008。
③ （魏）王弼注，楼宇烈校释：《老子道德经注校释》，62—63页，北京，中华书局，2008。
④ （宋）普济：《五灯会元》，119页，北京，中华书局，2015。

圣主，只到潼关即便休。”① 做功夫贵在相续，要持之以恒，而许多人却中道而止，半途而废。涌泉景欣禅师亦有类似的话。涌泉景欣为青原行思禅师下五世弟子，他曾说：“我四十九年在这里，尚自有时走作。汝等诸人莫开大口。见解人多，行解人万中无一个。”② 除表明相续之难，也说出了学人重见解而轻行解的状况。

在《论语》中，孔子对弟子功夫的疏密程度有评论，如《论语·雍也》云：“子曰：‘回也，其心三月不违仁，其余则日月至焉而已矣。’”③ 马一浮的学生对此有疑，并引用《中庸》“至诚无息”之言而进行请教，马一浮在信中回答道：

> “至诚无息”是本体如然，“三月不违仁”与“日月至焉”是功夫疏密。“诚”是言此性体真实不妄，“仁”是就此性中之德显发处说。来书云：“至诚则无息”，中间着一“则”字不得也。瞥尔一念相应，是日月之至；念念相应，方是不违。言“至”与“不违”者，皆与此无息之本体相应也。“三月”但形其久，犹曰“三年无改”，虽终身可也。故曰：“君子无终食之间违仁，造次必于是，颠沛必于是。”所以极言其保任不失也。不成三月以后便有违，时若不到不违，争知无息？禅师家有涌泉欣尝曰：“老僧四十年于此，尚不免走作，汝等诸人慎莫轻开大口。”洞山云：“相续也大难。”此是真实功夫语。学者分上且莫计较如何是不息，如何是不违，须是自验现前一念发动处是仁是不仁。常人亦有

① （宋）普济：《五灯会元》，785—786 页，北京，中华书局，2015。
② （宋）普济：《五灯会元》，307 页，北京，中华书局，2015。
③ （宋）朱熹：《四书章句集注》，84 页，北京，中华书局，2011。

私欲未起时，此心昭昭灵灵，未尝欠缺，或服习圣言，熏发本智，暂与理应，亦是日月之至；及逢缘遇境，私欲一起，人我炽然，依旧打入鬼窟里去，便是违仁。故曰："直须脚下无私去"，"一念万年去"，更无异念，方是不违。此指学地功夫，是修道边事。若"至诚无息"，乃显真常之体，须亲证法身始得，不可揣量。①

马一浮认为"至诚无息"描述了本体，"三月不违仁"与"日月至焉"则表达了功夫。"不违仁"与"日月至焉"的区别在于前者念念与本体相应，后者仅是偶尔一念相应。"君子无终食之间违仁，造次必于是，颠沛必于是"，亦表述了与本体相应的程度，是儒家功夫的标准。而禅宗功夫的一个标准则是"直须脚下无私去"，"一念万年去"，更无异念，表明功夫须念念不间断，持守一念而不动，没有异念。这与颜回"其心三月不违仁"可以相会通。其中"直须脚下无私去"是洞山良价禅师之言，"一念万年去"是禅师们常引用的话语，如石霜庆诸禅师即用来指点弟子修行。马一浮又强调学者应将经典之言引归自身，切己体察。因此，这些学地功夫、修道边事可看作功夫层面的会通。

其中有一点需说明的是，马一浮所引涌泉景欣之言与原文略有出入，但意义无差。由于马一浮记忆力超群，他在著述时常常是靠记忆直接写出或说出典籍原文，而非从典籍中查到原文再引用，所以有时出现和原文略有不同的地方。再者，他处于动乱不安的年代，书籍、资料难以齐备，有时也很难一一核对原典。因

① 《马一浮全集》第一册，404—405页。

此，出现引文和原文略有出入的情况是可理解的，且有出入一般是在文字上，而义理则是没问题的。

五、洞山良价禅师“吾常于此切”与颜回“请事斯语”的会通

“吾常于此切”是禅宗著名的公案，出自洞山良价禅师和一个僧人的对话中。僧人问：“三身之中，阿那身不堕众数？”[①] 洞山良价禅师回答说：“吾常于此切。”[②] 僧人问法身、报身、化身三身中哪个不堕于五阴、十二入、十八界等法中，这是对佛法教理的探讨。但究竟之佛身超越思维理解，是当下现成的，于是洞山良价禅师用“吾常于此切”这种启发式的话语作为回答。

“请事斯语”出自《论语》，是颜回对孔子教诲的应答之辞。《论语·颜渊》曰：“颜渊问仁。子曰：‘克己复礼为仁。一日克己复礼，天下归仁焉。为仁由己，而由人乎哉？’颜渊曰：‘请问其目。’子曰：‘非礼勿视，非礼勿听，非礼勿言，非礼勿动。’颜渊曰：‘回虽不敏，请事斯语矣’。”[③] 颜回问仁，孔子告诉颜回战胜私欲而回复于礼即为仁，且克己复礼在于自己。颜回闻孔子之言，对于天理私欲之际清楚明白，就直接再请问具体的条目。孔子告以非礼勿视、听、言、动，颜回默识其理，又觉得可以做得到，就直下承当，作为自己的修养条目。马一浮以颜回“请事斯语”与洞山良价禅师“吾常于此切”进行会通：

① （宋）普济：《五灯会元》，783 页，北京，中华书局，2015。
② （宋）普济：《五灯会元》，783 页，北京，中华书局，2015。
③ （宋）朱熹：《四书章句集注》，125 页，北京，中华书局，2011。

> 颜子“请问其目”，目犹门也。“请事斯语”，正如洞山所谓“吾常于此切”。好个下功夫处，一切圣贤皆从此入。[①]

颜回在听闻孔子“克己复礼为仁”的教诲之后，又请问具体的门径，孔子答以四勿，颜回便当下认作己事，一力担荷，这就是日用中的践行之路。洞山良价禅师“吾常于此切”之言表明了在佛法在目前，需要当下体认，切实用功，方能合于佛法。马一浮认为二人的话都是下功夫的路径，圣贤正是通过这样的路径而成就，因此有其会通之处。马一浮曾著《颜子所好何学论释义》，对颜回“请事斯语”还有精彩的阐释：“孔子答以‘克己复礼为仁’，颜子便直下不疑。‘请问其目’，再答以四勿，他便道‘回虽不敏，请事斯语矣’。此乃直下承当，全身担荷，看似平淡无奇，实则成就不是小小。此见颜子之学即是以此为事。”[②] 这段话可以对理解颜回和洞山良价禅师之言的会通提供助益。

洞山良价禅师“吾常于此切”是佛家修行的功夫，由此而入佛道，成佛作祖。颜回“请事斯语”是儒家人伦日用中按照非礼勿视、听、言、动而直下承当去修养的功夫，由此而入道，成圣成贤。两者的会通是功夫层面的会通，且这种会通强调对功夫要认得准、行得切，直下承当，全身担荷。

① 《马一浮全集》第四册，98 页。

② 《马一浮全集》第一册，54—55 页。

六、洞山良价禅师“善自保任”与儒家圣人“日新其德”的会通

“保任”是禅宗常见的一个词，是指涵养心性而任持运用。在《五灯会元》中，洞山良价禅师较早说出“善自保任”一词。青林师虔禅师参访洞山禅师，其悟境获得洞山禅师的认可。后来青林师虔禅师辞行，洞山禅师说：“善自保任！”[①]嘱咐青林师虔禅师要涵养心性、保持悟境而善加运用。

“日新其德”出自《周易》。《周易·大畜》彖辞曰：“大畜，刚健、笃实、辉光，日新其德。”[②]大畜卦由乾卦和艮卦组成，乾卦的体性是刚健的，像天一样运行不息，艮卦的体性是笃实的，像山一样静止不动。人若能做到刚健笃实，则所畜逐渐扩大，久之就会充实而有辉光，日日增新其德。“日新其德”本义是通过刚健笃实而有辉光，日日增新其德，但推而广之，凡人可以日新其德，圣人也可以日新其德。马一浮用圣人的“日新其德”与禅宗“善自保任”进行会通：

> “保合太和，乃利贞。”禅家于大彻后，每曰“善自保任”。盖长养法身，尤要潜行密用。故圣人分上仍是“日新其德”，岂曰无事？洞山禅以“无为无事人，犹是金锁难”是也。曰诚则无事矣，夫何为哉？此只是谓行其所无事，非无行也。故老氏亦曰：“为无为，事无事。”在佛氏谓之无相三昧、无作三昧，亦曰：无功用道，方是究竟。一切圣人皆

① （宋）普济：《五灯会元》，802页，北京，中华书局，2015。

② （宋）程颐：《周易程氏传》，112页，北京，中华书局，2016。

如是。此“利贞”乃所以为“元亨”，“元亨”仍须继之以“利贞”也。[1]

《周易·乾》彖辞说保持合会太和之道，则万物得利贞正，这是《周易》保合之义。禅宗修行人在开悟之后仍要善自保养任持，对于法身的生长培养尤其需要专心修行、微妙运用，如同洞山良价禅师对青林师虔禅师嘱咐之言，这是禅宗保任之义。儒家的圣人在悟道之后并非无事可做，也需要善加保任，这种保任体现在日日增新其德。曹洞宗的禅师常说“无为无事人，犹是金锁难”，表明开悟而清静无为的修行人仍可能被开悟的境界束缚，不知善加运用。儒家说达到诚的境界则无事，并非什么事都不做，而是自然而行，不执着而行。《老子·六十三章》说：“为无为，事无事”[2]，表明无所为而为，无所事而事。佛家有通达诸法无相之三昧、无所造作之三昧，又说不假借功用、任运而为之道方是究竟之道，这些都意味着仍要行，但所行所为是无相的，是无所造作的，是不假方便、任运自然的。马一浮认为儒释道的圣人均是如此。《周易·乾》说元、亨、利、贞是乾之四德，利和、贞正能够成就元始、亨通，而元始、亨通也需要利和、贞正去维系。

洞山良价禅师“善自保任”是佛家开悟之后涵养任持的功夫，圣人“日新其德”是儒家悟道之后涵养践行的功夫，两者的会通是在功夫层面的会通。“善自保任”和“日新其德”都是行，同时佛家强调行之而无相、无为、无功用，儒家强调行其所

① 《马一浮全集》第一册，338页。

② （魏）王弼注，楼宇烈校释：《老子道德经注校释》，164页，北京，中华书局，2008。

无事，这是极高的智慧境界。马一浮的会通契合儒佛二家行之真义，同时又可以破除认为开悟成道之后便无所事事的误解。

第五节　云门宗与儒家的会通

云门宗是禅宗五宗之一，由云门文偃禅师开创。云门宗得名是由于云门文偃禅师以广东韶州云门山大觉禅寺为祖庭来传播禅宗的宗风，故后世取云门来命名此宗。云门宗由禅宗南宗六祖慧能一系开出，其传承脉系如下：青原行思、石头希迁、天皇道悟、龙潭崇信、德山宣鉴、雪峰义存、云门文偃。云门宗的宗风以云门三句著称，三句即函盖乾坤、截断众流、随波逐浪。云门宗的公案较多，如云门脚跛、云门话堕、云门干屎橛、云门一字禅等。

马一浮比较重视云门宗，其著述中经常引用和阐发云门宗的禅法和公案。他说："云门亦直下巉绝"[①]，认为云门宗的宗风严峻简要。云门宗一字禅的公案常出现他的诗集中，比如他曾写《续咏古》十首，最后一首曰："李杜文章未是奇，云门一字可除疑。只愁枉费千钧弩，不及街头卖饼师。"[②] 其中"云门一字可除疑"即指一字禅，用一字可除去修行人的疑情。他也曾写诗《谢郑玉书馈奇种茶》："沆瀣难求六气先，未能饮露尚烹泉。醍醐杂毒俱消尽，唯有云门一字禅。"[③] 醍醐代指清净菩提，杂毒代指染污烦恼，指出一字禅可以消尽醍醐杂毒，意味着一字禅能够去除对清

① 《马一浮全集》第一册，436 页。
② 《马一浮全集》第三册，170 页。
③ 《马一浮全集》第三册，357 页。

净菩提和染污烦恼的执着。

云门文偃禅师（864—949）是青原行思禅师下六世弟子，为雪峰义存禅师的法嗣，有《云门匡真禅师广录》三卷传于后世。马一浮的著述中经常涉及云门文偃禅师的典故和禅语，比如他写诗《云门赞》："云门折脚，睦州话堕。跛而能行，还家稳坐。卸却铁枷，德山识他。拈起糊饼，逐恶随邪。巴陵三转，报恩不浅。气宇如王，今也则鲜。"[①] 诗中涉及云门文偃禅师在睦州道明禅师门下折脚而悟入的典故，又涉及到云门糊饼公案，以及巴陵颢鉴禅师以三转语报云门文偃禅师之恩的典故。马一浮也曾写诗《再用前韵成七言律十章六言绝八章寄答无量兼讯其弟万慧法师》，其中一首七言律诗说："久承船子机缘熟，堪与云门法道邻。有气息时还是病，无踪迹处莫藏身。蓋苴深辨来风峻，冷暖方知现量亲。答得吹毛三转语，巴陵元是报恩人。"[②] 诗中涉及云门文偃禅师关于法身两般病以及"子细点检将来，有甚么气息，亦是病"[③] 的禅语，即马一浮"有气息时还是病"的来历，又涉及巴陵颢鉴禅师以吹毛三转语报云门文偃禅师之恩的典故，此外也提到船子德诚禅师度化并嘱咐夹山善会禅师"无踪迹处莫藏身"的典故。

马一浮又以云门宗的禅法与儒家进行会通，包括：云门三句与《中庸》三句的会通，云门三句与《周易》义理的会通。

---

① 《马一浮全集》第三册，187 页。

② 《马一浮全集》第三册，640 页。

③ （宋）普济：《五灯会元》，932 页，北京，中华书局，2015。

一、云门三句与《中庸》三句的会通

云门三句是云门宗著名的教义和教化方式，有两种说法：一是云门文偃禅师提出的函盖乾坤、目机铢两、不涉世缘三句，二是云门文偃禅师的法嗣德山缘密禅师运用的函盖乾坤、截断众流、随波逐浪三句。第二种说法流传较广，马一浮使用的是此种说法。云门三句在佛家颇负盛名，尤其在禅宗影响巨大，成为许多禅师经常运用的内容。云门三句亦传播到佛家之外，宋儒朱熹曾用云门三句来讲解《周易》的内容，宋代文人叶梦得曾在《石林诗话》中用云门三句来论诗。

马一浮比较重视云门三句，其著述中经常引用和阐释，比如他曾写诗《自和》二首，其中一首为："古乐希声已不传，世人甘食但腥膻。欲持函盖乾坤句，休道诸方五味禅。无尽身云随一念，广长舌相覆三千。从来至道离言说，争奈群龙搅夜眠。"[①] 他也曾写诗《啬庵见招北游病未能应用此代简》："拔宅分形愿总乖，入廛垂手费安排。只应独住孤峰顶，未许挽行十字街。每忆京华唯梦到，漫劳青鸟附书来。江湖道术相忘好，函盖乾坤一句该。"[②] 其中"函盖乾坤"即云门三句中的一句。

《中庸》三句是指《中庸》开篇的三句话："天命之谓性，率性之谓道，修道之谓教。"[③] 天赋予人和万物之理称之为性，人和万物遵循天理而行称之为道，圣人调和修正人和万物所行之道进行教化称之为教。马一浮十分重视《中庸》三句，在其著述中经

① 《马一浮全集》第三册，116 页。
② 《马一浮全集》第三册，560 页。
③ （宋）朱熹：《四书章句集注》，19 页，北京，中华书局，2011。

常引用和阐发，比如他曾说："性、道、教三义，《中庸》最说得明白简易。今惟以随顺习气为道，故于率性相违；以增上习气为教，故于修道益远。率性是尽己，不言尽人而尽人在其中；修道是成己，不言成物而成物在其中。"[1]他又用《中庸》三句和云门三句进行会通：

> 一曰函盖乾坤句，谓浑然一理，无分方所也。二曰截断众流句，如抽刀断水，特见力量也（如习性之别，义利之分，辨之至明，剖之入微）。三曰随波逐浪句，谓俯顺来机，从缘施设也。佛氏有三德三身之说，以《中庸》三句配之：性是法身，道是报身，教是应化身。性即法身德，道即般若德，教即解脱德。禅家三玄三要亦即是此三句。"天命之谓性"是函盖乾坤句，"率性之谓道"是截断众流句，"修道之谓教"是随波逐浪句。谈义说理都是教，知性乃是闻道，闻道乃能说教。就性道言，则性为体，道为用；就道教言，则道为体，教为用。以道为用，则教是用中之用；以道为体，则性是体中之体。所谓一句中具三句，三句仍是一句也。[2]

马一浮首先对云门三句进行解释，函盖乾坤句强调理之整全性、普遍性，截断众流句强调分辨力、决断力之强，随波逐浪句强调顺机应变、随缘施教。接着他用佛家法身德、般若德、解脱德三德和法身、报身、应化身三身来解说《中庸》三句，"天命之谓性"是讲法身，属于法身德；"率性之谓道"是讲报身，属

① 《马一浮全集》第二册，779 页

② 《马一浮全集》第一册，595—596 页。

于般若德；“修道之谓教”是讲应化身，属于解脱德。然后他用《中庸》三句与云门三句进行会通，指出“天命之谓性”相当于函盖乾坤句，“率性之谓道”相当于截断众流句，“修道之谓教”相当于随波逐浪句。最后他又分析了性、道、教的体用关系：若性和道相对而言，则性为体，道为用；若道和教相对而言，则道为体，教为用；若以道为用，则教是用中之用；若以道为体，则性是体中之体。这种分析借鉴佛家的玄义，讲出了儒家的奥义。

从儒家来说，“天命之谓性”是在讲天理、本性，意味着在讲本体，本体是绝对的、充遍的，而函盖乾坤句是在讲绝对真理遍布天地之间，强调理之整全性、普遍性，因此两者可以会通。“率性之谓道”是在讲知道天理、本性之后遵循天理、本性而行，这需要决断力、执行力，而截断众流句强调分辨力、决断力之强，因此两者可以会通。“修道之谓教”是在讲根据具体情况调和修正而进行教化，这需要随机应物、善于调整，而随波逐浪句强调顺机应变、随缘施教，因此两者可以会通。云门三句讲到了佛家的体用，《中庸》三句讲到了儒家的体用。由此可知，马一浮以云门三句和《中庸》三句进行会通展现了体用方面的会通。

二、云门三句与《周易》义理的会通

马一浮讲解《周易》而成《观象卮言》，其中有一部分专门释教大理大，阐释《周易》教化和性命之理博大。在阐释理大时，他抽出《周易》中的几句话：“神无方而《易》无体”[①]，“吉

① （魏）王弼注，（晋）韩康伯注，（唐）陆德明音义，（唐）孔颖达疏：《周易注疏》，348页，北京，中央编译出版社，2013。

凶者，贞胜者也”[①]，“天下之动，贞夫一者也”[②]，“仰以观于天文，俯以察于地理”[③]，以此与云门三句进行会通：

> 今准是推之，如“神无方而《易》无体”，是函盖乾坤句。“吉凶者，贞胜者也”，“天下之动，贞夫一者也”，是截断众流句。“仰以观于天文，俯以察于地理”，是随波逐浪句。何谓“顺性命之理”？是一句中具三句，思之。[④]

朱熹曾用云门三句来解说《周易》道理，比如说“以言乎远则不御，以言乎迩则静而正”是函盖乾坤句，“复其见天地之心”和“神者妙万物而为言”是截断众流句，“井以辨义”等句是随波逐流句。马一浮仿照朱熹的做法，以《周易》中的句子与云门三句相会通，认为“神无方而《易》无体”是函盖乾坤句；“吉凶者，贞胜者也”和“天下之动，贞夫一者也”是截断众流句；“仰以观于天文，俯以察于地理”是随波逐浪句。

“神无方而《易》无体”表明神阴阳不测而没有方所、《易》变幻莫测而没有形体，这种没有方所和形体的情况突出了一体性、普遍性，而函盖乾坤句强调浑然一理，无分方所，强调理之整全性、普遍性，因此两者可以会通。“吉凶者，贞胜者也”表

① （魏）王弼注，（晋）韩康伯注，（唐）陆德明音义，（唐）孔颖达疏：《周易注疏》，375页，北京，中央编译出版社，2013。

② （魏）王弼注，（晋）韩康伯注，（唐）陆德明音义，（唐）孔颖达疏：《周易注疏》，375页，北京，中央编译出版社，2013。

③ （魏）王弼注，（晋）韩康伯注，（唐）陆德明音义，（唐）孔颖达疏：《周易注疏》，345页，北京，中央编译出版社，2013。

④ 《马一浮全集》第一册，372页。

明吉凶需由贞正而能克胜，“天下之动，贞夫一者也”表明天下之变动得正在于纯一，这种“贞胜”和“贞夫一”突出了决断性、专一性，而截断众流句强调分辨力、决断力之强，因此两者可以会通。“仰以观于天文，俯以察于地理”表明天地万物是变化的，要去观察天文地理和万物，这种仰观俯察突出了变化性，而随波逐浪句强调顺机应变、随缘而动、不主故常，因此两者可以会通。

第六节　法眼宗与儒家的会通

法眼宗是禅宗五宗之一，由清凉文益禅师开创，其祖庭在江苏南京清凉寺。法眼宗得名是由于南唐中主李璟在文益禅师圆寂后给予“法眼大禅师”的谥号，故后世以“法眼”命名此宗。法眼宗由禅宗南宗六祖慧能一系开出，其传承脉系如下：青原行思、石头希迁、天皇道悟、龙潭崇信、德山宣鉴、雪峰义存、玄沙师备、罗汉桂琛、清凉文益。法眼宗的宗风以“法眼四机”（箭锋相拄、泯绝有无、就身拈出、随流得妙）著称，又强调“般若无知”“一切现成”等。

马一浮比较重视法眼宗，其著述中经常引用和阐发法眼宗的禅法和公案。他说：“法眼颇近义路”[1]，认为法眼宗的宗风偏重于义理学说的路径。他在给学生云颂天的答书中说：“贤向来根器近禅，今能耐分析名相，却可对治儱侗真如之弊，亦是好个入

①《马一浮全集》第一册，436页。

处。法眼一宗，即从此转身，所谓‘也须从这里过’也。”[①]认为法眼宗是从分析佛家名相而转身成就禅宗宗风的。

在“法眼四机”中，马一浮引用和阐发较多的是箭锋相拄和随流得妙，诗集中表现尤为明显。关于箭锋相拄，他曾写诗《喜得啬庵和诗率成一律再呈》：“时闻笙磬下神霄，犹幸真风未寂寥。天路星文通一线，区中忧喜示同条。跨门谁复论凡圣，入耳今疑听海潮。人日题诗俄梦事，箭锋相拄似非遥。”[②]他也曾写诗《与楚禅师同访诸大至因共游湖上谈竟日出此纪之用前寄无量韵并邀大至属和》二首，其中一首曰：“居然宴坐成终日，携得山翁过比邻。万古长空无缝塔，一朝风月意生身。箭锋相拄机能赴，光境俱亡道始亲。扁舟只是闲来往，不见妙高峰顶人。”[③]关于随流得妙，他曾写诗《杂感》十六首，最后一首为：“随流得妙幸无忧，趁块寻言卒未休。一自门庭多建立，水边林下道人愁。”[④]他也曾写诗《杂感》三首，第三首为：“每为斯人惜，常于异类行。随流翻得妙，任俗强安名。山鸟衔花乱，溪鱼出水惊。翛然成独往，太息此时情。”[⑤]其中“随流翻得妙”是对随流得妙的化用。

清凉文益禅师（885—958）是青原行思禅师下八世弟子，为罗汉桂琛禅师的法嗣，有《宗门十规论》《金陵清凉院文益禅师语录》传于后世。马一浮的著述中经常涉及清凉文益禅师的典故和禅语，比如文益禅师曾写关于牡丹花的偈语：“拥毳对芳丛，

① 《马一浮全集》第一册，414 页。
② 《马一浮全集》第三册，160 页。
③ 《马一浮全集》第三册，644 页。
④ 《马一浮全集》第三册，168—169 页。
⑤ 《马一浮全集》第三册，72 页。

由来趣不同。发从今日白，花是去年红。艳冶随朝露，馨香逐晚风。何须待零落，然后始知空。”① 他据此而写诗《郊园看牡丹和法眼韵》：“境缘都似梦，所见与盲同。浅草连山碧，秾花映日红。含晖方泫露，散彩已随风。不待飘零尽，心知毕竟空。”② 他也曾写诗《肇师将如余杭住茶亭庵以此赠其行》：“丛林瞎汉近如麻，古庙香炉去亦佳。遍界收来犹有笠，十方供养可无茶。勤巴曲唱能同调，法眼生缘定一家。他日相逢重下楔，种田博饭有些些。”③ 其中“法眼生缘定一家”涉及文益禅师，文益禅师是杭州人，开创法眼宗，而马一浮的友人肇安禅师亦在杭州，且擅长法眼宗的宗旨，故马一浮如此说。

马一浮又以法眼宗的禅法与儒家进行会通，包括：清凉文益禅师浑然一体之语与程颢“仁者浑然与物同体”的会通，清凉文益禅师不知行脚事之语与孟子集义的会通。

一、清凉文益禅师浑然一体之语与程颢“仁者浑然与物同体”的会通

清凉文益禅师浑然一体之语是对他禅语之意的概括。有僧人问文益禅师每天如何顿息万缘，他回答说：“空与汝为缘耶？色与汝为缘耶？言空为缘，则空本无缘；言色为缘，则色心不二。日用果何物为汝缘乎？”④ 又有人问什么是曹源一滴水，他回答说：

① （宋）普济：《五灯会元》，565 页，北京，中华书局，2015。
② 《马一浮全集》第三册，615 页。
③ 《马一浮全集》第三册，648 页。
④ （宋）惠洪：《禅林僧宝传》，47 页，郑州，中州古籍出版社，2014。

“是曹源一滴水。”[1] 在第一个回答中，文益禅师说空、色等一切法并不与人为缘、为对，因为空本无缘、色心不二。在第二个回答中，他说曹源一滴水就是它本身，不与任何法为缘、为对。这两个回答都表达了浑然一体的意思。马一浮对法眼宗这一宗旨有过阐述，他在给慧诚居士的信中说：“所谓无法当情者，即不见有一法与汝为缘、为对。如是，则万象之中独露身矣。法眼一宗专明此事，本无奇特也。”[2]

“仁者浑然与物同体”出自程颢《识仁篇》，是其中的著名观点，为后世广为流传。程颢说：“学者须先识仁。仁者，浑然与物同体，义、礼、智、信皆仁也。”[3] 马一浮非常重视《识仁篇》，在其著述中经常引用和阐发，比如他在给云颂天的信中说：“须知程子之言识仁，与孟子之言尽心知性一也。”[4] 他在给曹赤霞的信中说：“人之有私己心者，不能浑然与物同体，皆失其所以为水，但守一沤耳。”[5] 把浑然与物同体的状态比喻为整体的水，把因有私己心而不能浑然与物同体的状态比喻为一个水泡。马一浮又用“仁者浑然与物同体”与法眼宗的禅语进行会通：

> “仁者浑然与物同体”，不见有可私者，换言之，是不见有物与之为对也。禅家法眼宗却深明此旨。天台韶在法眼坐下，有僧问：“十二时中，如何得顿息众缘去？”法眼曰：“空与汝为缘邪？色与汝为缘邪？言空为缘，则空本无缘；言色

① （宋）惠洪：《禅林僧宝传》，47 页，郑州，中州古籍出版社，2014。

② 《马一浮全集》第二册，745—746 页。

③ （宋）程颢、程颐：《二程集》，16 页，北京，中华书局，2004。

④ 《马一浮全集》第二册，777 页。

⑤ 《马一浮全集》第二册，417 页。

为缘，则色心不二。日用中果何物与汝为缘乎?”韶闻言有省。又有问者曰：“如何是曹源一滴水?”法眼曰：“是曹源一滴水。”韶于是大悟，平生疑滞，涣然冰释。①

“仁者浑然与物同体”表达了仁者与天地万物浑然一体的境界，不见有可以私自占有者，不见有物与自己相对立者，这是没有私欲而人己无间、物我无间的状态。法眼宗通晓这样的宗旨，其禅语可以与此会通。天台德韶国师在文益禅师门下参学时，听到文益禅师空、色不与汝为缘之语而有省，听到“是曹源一滴水”之语而大悟。文益禅师之语指示了浑然一体之理，不见万法与自己为缘、为对，希望学人悟入此理，而德韶国师正好与此相应，悟入了浑然一体的境界。

程颢“仁者浑然与物同体”是儒家修养境界的著名表述，通过识仁、求仁、行仁而达到浑然与物同体的境界，这种万物一体的境界体现了理一。法眼宗万法不与人为缘、法即法本身之语指出了浑然一体之意，但平常人不识此理而妄生分别、横加执着，故众缘缠绕、处处对立，故需要明白空本无缘、色心不二，由此而悟入一体之义，这是佛家修行境界的体现。可以说，马一浮这种会通是儒佛二家在境界方面的会通。

二、清凉文益禅师不知行脚事之语与孟子集义的会通

行脚是指佛家僧人为寻师求法、自我修行、教化众生等目的而游行四方。不知行脚事之语出自清凉文益禅师和其师罗汉桂

① 《马一浮全集》第一册，246 页。

琛禅师的对话中。当时文益禅师为寻师求法而游方，路过桂琛禅师的地藏院。桂琛禅师问什么是行脚事，文益禅师回答说："不知。"[①] 桂琛禅师接着说："不知最亲切。"[②] 文益禅师不知行脚事之语表达了行脚而不分别执着之义，桂琛禅师进一步认可此语，行而无相、行而不执着是佛家修行的真义。

集义是孟子提出的生发浩然之气的途径。《孟子·公孙丑上》说："其为气也，至大至刚，以直养而无害，则塞于天地之间。其为气也，配义与道；无是，馁也。是集义所生者，非义袭而取之也。行有不慊于心，则馁矣。……必有事焉而勿正，心勿忘，勿助长也。"[③] 浩然之气极其广大刚强，没有限量，不可屈挠，要靠正直去养，又不能有所作为以妨害，则能充塞于天地之间。浩然之气合于道义，以道义为之助发，若不能如是，则其气歉而小。浩然之气的养成生发要靠自反常直，事事都合于义，不是偶尔与义相合便能掩袭于外而获得。若所行不合于义而内心有所不足，则其气歉而小。养气必须以集义为事，但不要预期其效果，既不能忘记集义养气之事，也不能妄有作为以助其增长，如拔苗助长之类。这就是孟子集义养气之义。

马一浮对《孟子》集义养气章十分重视，在其著述中经常引用和阐发，比如他说："秉彝之性人人无缺，浩然之气须待养而后充，不可执性废修。此理本无亏欠，却因气之私小便隐了。集义工夫便是化其私小，使其气之消者复完。"[④] 他也曾给学生云颂

① （宋）普济：《五灯会元》，560 页，北京，中华书局，2015。
② （宋）普济：《五灯会元》，560 页，北京，中华书局，2015。
③ （宋）朱熹：《四书章句集注》，215—216 页，北京，中华书局，2011。
④ 《马一浮全集》第一册，477 页。

天说："养气须用集义工夫，勿忘勿助。忘则散漫，助则急迫，均足为病"[①]，表明集义养气应勿忘勿助，去除散漫和急迫两种毛病。他也曾在给学生王星贤的示语中说："'必有事焉'之'事'字亦难会，凡日用动静无不摄之。而'勿正'句，此'正'字亦当作凿字会。心勿忘勿助，乃是绵密无间功夫，无一毫矫揉造作，实与无相行同义。"[②]认为必有事而勿忘勿助是在日常生活的言行中周到细密而不间断地下功夫，没有不自然的过分做作，相当于佛家不取相不执着而行之义。马一浮又以集义与文益禅师不知行脚事之语进行会通：

平日读书穷理工夫不间断，于不知不觉之中，滓秽日去，清虚日来，气质自然清明，义理自然昭著，此正孟子所谓集义也。才有一毫有所得心，便堕计较，便至急迫，便是义袭而取。故但当用力，不当责效。用力只是集义，责效则是揠苗助长。赵州云："汝但自体究，若三年不悟，割取老僧头去。"朱子尝为学者举赵州此话。然悟与不悟是两头语，克期待悟亦是责效，亦堕急迫。法眼见罗汉琛，琛问云："行脚事如何？"眼云："不知。"琛因云："不知最亲切。"此语胜过赵州。只是俛焉日有孜孜，死而后已。虽圣人分上，日新之功亦只是个不自知、不容已；天地之大化，亦只是个不自知、不容已。[③]

① 《马一浮全集》第一册，751 页。
② 《马一浮全集》第一册，448 页。
③ 《马一浮全集》第二册，780—781 页。

马一浮认为孟子的集义可以通过读书穷理来实现，在坚持读书穷理的过程中进学致知、涵养用敬、返躬体认，久之能够化去污浊，展现清虚，变化气质，彰显义理。若以有所得心、计较心、急迫心来集义，就如同孟子所说偶尔与义相合便希望掩袭于外而获得。需要用力集义，但不能拔苗助长般去求取功效。赵州从谂禅师为鼓励学人而说出的话，体现了他的慈悲心，朱熹也曾为学者引用此语。但马一浮认为以规定时间期待开悟的话也有可能使学人产生急迫之心，过度追求成效。文益禅师和桂琛禅师之语表现了学人行脚而不执着、不责效的状态，孟子之语表现了学者集义而不责效、勿忘勿助的状态，因此两者可以会通。马一浮接着说儒家强调集义、读书穷理应该勤勉，孜孜不倦，死而后已，圣人日新之功是不自知、不容已的状态，天地化育万物也是不自知、不容已的状态。

孟子必有事而勿忘勿助以集义养气是儒家重要的修养方法，马一浮所说读书穷理亦是儒家重要的修养方法，展现了儒家的功夫；文益禅师不知行脚事之语是佛家寻师求法而不执着的修行方法，展现了佛家的功夫。必有事而勿忘勿助强调了儒家功夫的状态，孜孜以求而不拔苗助长，日新不已而自自然然；行脚而不自知强调了佛家功夫的状态，踏破草鞋而不克期待悟，日有所进而平平常常。可知，清凉文益禅师不知行脚事之语与孟子集义的会通是在功夫层面的会通，且这种功夫会通体现了日新日进而自然平常的状态。

第八章 《楞严经》《维摩诘经》《涅槃经》与儒家的会通

《楞严经》，全称《大佛顶如来密因修证了义诸菩萨万行首楞严经》，唐朝时由般剌密帝翻译，公元707年译成，共有十卷。此经阐发了如来修证圆满成就的密因和菩萨在菩提道上的六度万行，对禅宗、华严宗、天台宗、净土宗、律宗等中国佛教流派都有很大的影响。因其义理丰富、文字优美，一千多年中受到佛教界的推重，乃至佛教外的文人学士亦重视此经。佛教界人士经常诵读《楞严经》，依《楞严经》修行，历代关于《楞严经》的注解有一百多种，现存的有五十多种。较重要者有宋朝长水子璇《首楞严义疏注经》、元朝天如惟则《楞严经会解》、明朝交光真鉴《楞严经正脉疏》、明朝曾凤仪《楞严经宗通》等。元代惟则大师在《大佛顶首楞严经会解叙》中说："首楞严经者，诸佛之慧命，众生之达道，教网之宏纲，禅门之要关也。世尊成道以来，五时设化，无非为一大事因缘。求其总摄化机，直指心体，发宣真胜义性，简定真实圆通，使人转物同如来，弹指超无学者，无尚楞严矣。"[①] 阐明了《楞严经》的重要性。

《维摩诘经》，全称《维摩诘所说经》，简称《维摩经》，又称为《不可思议解脱经》《净名经》《说无垢称经》。根据《开元释教录》的记载，此经共有七个中文译本，但其中四个已经佚

① （清）雍正敕修：《乾隆大藏经》第一四八册，2页，北京，中国书店，2007。

失，现存三个：吴支谦译《维摩诘经》2卷，后秦鸠摩罗什译《维摩诘所说经》3卷，唐玄奘译《说无垢称经》6卷。在三个现存译本中，以鸠摩罗什的译本最为流行。《维摩诘经》论述了佛法不离世间法、心净则佛土净、不二法门等大乘佛教思想，是最受人们欢迎、影响最为深远、流传最为广泛的佛经之一。该经文采斐然，对话鲜活，譬喻精妙，极具文学和艺术价值，隋唐以后深刻地影响了中国的诗词、绘画、雕塑、戏剧等方方面面。

《涅槃经》，全称《大般涅槃经》，又称为《大本涅槃经》《大涅槃经》。《涅槃经》曾有多个汉译本，一些已亡佚，常见的译本是北凉昙无谶所译的40卷本。此经的注疏颇多，重要者有梁代宝亮等《大般涅槃经集解》，隋朝慧远《大般涅槃经义记》，隋朝灌顶《大般涅槃经疏》等。

马一浮对《楞严经》《维摩诘经》《涅槃经》都很重视，把这三本佛经列为义学门的必须典籍，他曾说："佛书则《楞严》《圆觉》《起信》《维摩》《肇论》《中论》，皆不厌百读之书，是应反复玩味者也。"[①] 指出《楞严经》《维摩诘经》等经论义理和文采俱佳，值得反复阅读和玩味。他也曾谈及佛学入门途径："先读杨仁山《佛学三字经》及《起信论直讲》《普贤行愿品》，以次及于《华严》《楞严》《法华》《般若》《涅槃》诸经。"[②] 他在著述中经常引用和阐发《楞严经》《维摩诘经》《涅槃经》，并与儒家进行会通，下面分三节加以论述。

① 《马一浮全集》第一册，603页。

② 《马一浮全集》第一册，671页。

第一节 《楞严经》与儒家的会通

《楞严经》是马一浮十分重视的一部佛经，他字一浮、号湛翁即取义于此经，可见此经对他的影响。马一浮不仅熟谙《楞严经》经文，亦阅读过许多相关注解，又曾为《楞严正脉科会》《楞严开蒙》等书作序。马一浮的著述中经常出现“楞严”经名和经中的义理，在《泰和宜山会语》《复性书院讲录》《尔雅台答问》等书中时有表现，在文集和诗集中亦是如此，如《说诗》曰：“孔子家风王者事，如来正眼祖师禅。孤峰独坐观霄汉，万象无言指逝川。自古心如一子地，不辞身现四王天。只愁五色牟尼宝，错判《楞严》十种仙。”[①] 如《寄怀彭安仁》曰：“肘后《楞严》宁已残，画前《易》象少人看。他年布袋重逢日，酒盏应如世界宽。”[②]

虽然《楞严经》颇受推重，但此经曾被质疑，有人对此经的真伪产生怀疑，而民国年间的怀疑批判尤为显著。马一浮也表达了自己的看法，他说：“熟看《楞严》，不但可治此病，亦可渐启悟门。切勿信时人之言，以此为伪经也。”[③] 又说：“《楞严》刊本甚多，求之当不过难。古德多于此发明心地，明赵大洲掌教翰林院，唯教诸庶吉士读是经。先儒中能如此破除情见者殊不易，虽

① 《马一浮全集》第三册，164 页。
② 《马一浮全集》第三册，192 页。
③ 《马一浮全集》第一册，445 页。

阳明犹逊其勇。不解时贤何以必斥其为伪。若得《正脉》或《宗通》读之，尤为易入。《长水疏》简洁，亦不可不看。总之，知解必须荡尽，方有少分相应。”[①] 马一浮所说的“古德多于此发明心地”，如唐代玄沙师备禅师（835—908）因读《楞严经》而入道。在《楞严经》注本中，马一浮比较推崇长水大师、交光大师和曾凤仪的注解。

马一浮对《楞严经》做出上述评价是有根据的。他广泛阅读佛家经论，精通佛家义理，具有考据谨严的态度和善于抉择精义的学养，以《楞严经》和其他未受怀疑的主要经论相参照，至少没有彼此相悖，因此才会推崇《楞严经》。而从佛教史上来考察，《楞严经》流通以后受到许多高僧大德的赞赏。唐宋间诸高僧，如圭峰宗密大师、黄檗希运禅师、云门文偃禅师、永明延寿禅师、杨岐方会禅师、圆悟克勤禅师、大慧宗杲禅师等曾对《楞严经》加以征引。明朝时《楞严经》格外受到重视，相关注解尤多，一些高僧大力称扬《楞严经》。如憨山大师说：“《首楞严经》者，诸佛如来大总持门，秘密心印，统摄一大藏教，五时三乘，圣凡真妄，迷悟因果，摄法无遗。修证邪正之阶差，轮回颠倒之情状，了然目前，如观掌果。可谓彻一心之源，该万法之致，无尚此经之广大总备者。如来以一大事因缘出现世间，舍此别无开导矣。”[②] 蕅益大师认为《楞严经》“是诚一代时教之精髓、成佛作祖之秘要、无上圆顿之旨归、三根普被之方便、超权小之殊胜法

① 《马一浮全集》第一册，552页。

② （明）憨山大师著述：《憨山老人梦游集》上册，343页，北京，北京图书馆出版社，2005。

门、摧魔外之实相正印也”[①]。近代几大高僧，如虚云和尚、太虚大师、印光大师等，也对《楞严经》给予了高度评价。虚云和尚曾几次宣讲《楞严经》，在说法过程中也常引用经中义理，又劝学人熟读《楞严经》以作为学佛修行的善知识。太虚大师除讲解《楞严经》、引用经中义理外，还有《大佛顶首楞严经摄论》《楞严大意》等著述。

马一浮引用《楞严经》的义理有时是为了说明佛家的教义，如讲解经中七处征心义、同异问题、别业妄见和同分妄见、想多则升和情多则沉等；有时是与道家进行会通，如以经中“心闻洞十方”与《庄子·人间世》“无听之以耳而听之以心，无听之以心而听之以气”[②]互相阐发。

马一浮更多的是以《楞严经》与儒家进行会通，包括：《楞严经》音闻法门与儒家《诗》教的会通，《楞严经》“都摄六根，净念相继”与《尚书》“敬用五事”的会通，《楞严经》回向与《尚书》“向用五福，威用六极”的会通，《楞严经》惟妙觉明、远离诸妄与《礼记》“洁静精微而不贼”的会通，《楞严经》“聚缘内摇，趣外奔逸”与《周易》“憧憧往来，朋从尔思”的会通，《楞严经》“反闻闻自性”与《论语》“朝闻道”的会通，《楞严经》“久灭意根，圆明了知，不因心念”与《论语》“子绝四”的会通，《楞严经》六根流逸、循声流转与《韩诗外传》“从物而流，不知所归，五凿为政，心从而坏”的会通。

① （明）智旭:《楞严经文句》，3页，北京，线装书局，2016。
② （清）郭庆藩撰，王孝鱼点校:《庄子集释》，137页，北京，中华书局，2013。

一、《楞严经》音闻法门与儒家《诗》教的会通

《楞严经》中二十五位大菩萨和阿罗汉讲了自己的最初成道方便和修习圆通法门，如来让文殊菩萨挑选适合娑婆世界众生的修行方法。文殊菩萨总结并评论了二十五种方法，选中了观音菩萨的耳根圆通法门[①]。在评述观音菩萨的圆通法门时，文殊菩萨讲到一句话："此方真教体，清净在音闻。欲取三摩提，实以闻中入。"[②] 如来施设教化，是根据各方众生不同的根机和时宜而进行的，如有的佛土以佛光明而进行教化，有的佛土以佛菩提树而进行教化，有的佛土以众香而进行教化等。娑婆世界的众生耳根锐利，能通过闻性通达种种差别的理事，故如来根据此方众生的根机和时宜，以音声做佛事，能够适应众生锐利的闻根。因此，文殊菩萨指出此方娑婆世界真实清净的教化根本体性，在于音声和闻根，欲入正定者，应从耳根闻性而入。领悟事理虽依赖音声和闻性，但闻性是妙心之体现，故修定应从听音之闻性而入。这就是《楞严经》音闻法门之义。

马一浮在复性书院讲学时，曾从《诗》教、《书》教、礼乐

---

① 耳根圆通法门是佛家极为重要的修行法门，受到许多人的重视。马一浮的著述中也常提到观音菩萨的耳根圆通法门，比如他在《观象卮言》附语中说："坎离之用亦不专主视听，用《易》之道亦存乎其人耳。人之视必有所丽，如火之必丽于薪。听则远近无隔，如火有然灭明暗，水则不舍昼夜。此《楞严》所以赞耳根圆通也。"（《马一浮全集》第一册，第361页。）他曾写诗《论诗答伯尹》："观音无正面，相见有多门。若向毛端识，将能巨海吞。心通言自得，赏废理空存。操缦安弦法，求之在耳根。"（《马一浮全集》第三册，671页。）他也曾代谢无量撰写应缅甸释灵光募建观音殿楹帖："具法报化，开甘露门，大用现前观自在；从闻思修，入三摩地，耳根随处证圆通。"（《马一浮全集》第三册，789页。）

② （明）智旭：《楞严经文句》，289页，北京，线装书局，2016。

教、《易》教、《春秋》教等方面阐释《论语》大义。孔子以六艺为教，《论语》中处处展现六艺之义，故马一浮以六艺之教来阐释《论语》圆融周遍之大义。在以《诗》教阐释《论语》大义时，他运用《楞严经》音闻法门与儒家《诗》教进行会通：

> 圣人始教，以《诗》为先。《诗》以感为体，令人感发兴起，必假言说，故一切言语之足以感人者皆诗也。此心之所以能感者便是仁，故《诗》教主仁。说者、闻者同时俱感于此，便可验仁。佛氏曰："此方真教体，清净在音闻，欲取三摩提，要以闻中入。"此亦《诗》教义也。①

圣人开始进行教化，是以《诗》作为先导。《诗》具有感动人心的根本作用，可以让人有所触动，奋发有所作为。《诗》之感动人心是借助言说来实现的，所以从广义上说，一切足以感动人心的言语都可以称为诗。人心能够产生感动，这便是仁，所以说《诗》教以仁为主，注重仁。说《诗》者、听《诗》者同时都有所感发，此时此处就可检验仁心。《楞严经》说"此方真教体，清净在音闻。欲取三摩提，实以闻中入"，这种音闻法门强调音声和闻根，以音声为教，以耳根听闻，闻性出自妙心。由此马一浮认为这是《诗》教之义。

《诗经》是孔子教化的重要内容，《论语·述而》说："子所雅言，诗、书、执礼，皆雅言也。"②《论语·泰伯》说："兴于

① 《马一浮全集》第一册，136 页。
② （宋）朱熹：《四书章句集注》，94 页，北京，中华书局，2011。

诗，立于礼，成于乐。”[①]孔子常说《诗》，原因之一在于人们可以通过《诗》之言语而感发兴起，达到显现仁心的教化作用。仁在《论语》中有时作为一个具体德目——仁慈，有时是指德之总相，代表心之全德。仁心之理有显现发动处，当天理隐藏、仁心被覆盖时，人便无感觉而麻木不仁，如同木石。当人没有私心牵绊时，就会活泼而自然，生动而不呆板，反应灵敏，应机而动，感而遂通，闻彼晓此，达到洒脱迅捷的状态，这就是感发兴起。当人被私心牵绊，便像隔着多重障碍，听到别人言语时麻木无感觉，无法通晓明白，这是心地暗昧粗略，不能感发兴起，此时圣人也无可奈何。需要像迷惑之人忽然觉悟，像睡梦之人忽然醒来，像跌倒之人起来，像患病之人苏醒，这才是感发兴起。感发兴起是人心有所触动，是天理发动处，其发动之机不容停止。《诗》教由此而产生，仁心由此而显现。《诗》教通过言语音声进行教化，人们听闻之后感发兴起，言语音声和听闻相配合，由此彰显仁心，显现实理。在《楞严经》音闻法门中，佛菩萨以说进行教化，众生由闻感发而修行入道，言说者和听闻者相配合，教化由此展现，妙心由此开显。故马一浮指出《楞严经》音闻法门是《诗》教之义。

除在《论语大义》中进行会通外，马一浮又在和学生张德钧的问答中进行《楞严经》音闻法门和《诗》教的会通。张德钧根据《论语》关于《诗》的记载，如“诵《诗》三百，授之以政，不达；使于四方，不能专对，虽多，亦奚以为？”[②]“人而不为《周

① （宋）朱熹：《四书章句集注》，100 页，北京，中华书局，2011。
② （宋）朱熹：《四书章句集注》，135 页，北京，中华书局，2011。

南》《召南》，其犹正墙面而立也与？”[1]“《诗》，可以兴，可以观，可以群，可以怨。迩之事父，远之事君。多识于鸟兽草木之名”[2]，认为《诗》是多闻之学，相当于佛家所说的加行方便。马一浮加以解难释惑，他说：

> 《诗》是声教之大用（“此方真教体，清净在音闻”，一切言语音声总为声教），以语言三昧显同体大悲。圣人说《诗》教时，一切法界皆入于《诗》，自然是实智。来问误以《诗》为多闻之学，只据“多识于鸟兽草木之名”一语断之，乃与上所引一串语无涉矣。当知从初发心至究竟位皆是《诗》（此圆教义，儒家教义唯圆无偏也），不得但以加行方便为说。[3]

《诗》是借助言语音声进行教化的大用，以心止于一处而不散乱的正定状态来使用语言，显现出同体大慈悲心，在此同体大慈悲心中，能够观照众生与己同体，以众生苦为己苦，平等而无条件地拔众生苦、与众生乐。《楞严经》“此方真教体，清净在音闻”之义，表明佛家把一切言语音声作为娑婆世界的教化之体，众生由听闻言语音声而修行入道。圣人说《诗》进行教化时，一切众生、一切事物、一切现象都入于《诗》，依佛家义理来讲，这是觉悟诸法实相、契合实理的智慧。张德钧只根据《论语》“多识于鸟兽草木之名”来判断《诗》是多闻之学，使人见闻广

① （宋）朱熹：《四书章句集注》，166页，北京，中华书局，2011。
② （宋）朱熹：《四书章句集注》，166页，北京，中华书局，2011。
③ 《马一浮全集》第一册，471页。

博，并认为《诗》相当于佛家的加行方便，马一浮指出这是片面而有误的认识。马一浮认为从初发求菩提之心到圆满成就究竟至极的佛果都是《诗》教之义，不能仅仅以入正位之前的加功用行的预备阶段来说《诗》。

《诗》通过言语音声和听闻的结合进行教化，当内心触动，有志于圣贤之道，奋发有为，由此体仁行仁，契入实理，成圣成贤。佛家音闻法门包含了从开始修行到最后成佛的整个过程，通过听闻言语音声而熏修，引发妙悟，由此可入正定，由此可证无生法忍。因此，可以说《诗》揭示了自性功德，《诗》蕴含了种种事理法界，《诗》是儒家的清净教体，触处皆通，立地即真。

二、《楞严经》"都摄六根，净念相继"与《尚书》"敬用五事"的会通

《楞严经》卷五有大势至菩萨念佛圆通章，大势至菩萨讲述自己的修行途径，"都摄六根，净念相继"是其中要义。大势至菩萨说，往劫有佛名超日月光，教其念佛三昧，如同二人相互忆念，诸佛像母亲忆念子女一般怜念众生，若众生心亦能忆念诸佛，则现在当来即可见佛，离佛不远，不需假借其他方便而能心开悟解。然后，他又总结说："我本因地，以念佛心入无生忍，今于此界摄念佛人归于净土。佛问圆通，我无选择，都摄六根，净念相继，得三摩地，斯为第一。"[①] 表明他在本起因地修行时，是以念佛之心而证入无生法忍，如今在娑婆世界摄持念佛人归于净土极乐世界。当释迦牟尼佛询问圆通法门时，他说自己是依照

① （明）智旭：《楞严经文句》，254页，北京，线装书局，2016。

因地念佛法门而没有其他选择，全部收摄六根，六根不动，令一心念佛之净念相继不断，进而心一境性而得定，成就念佛三昧，此为第一圆通法门。可知，“都摄六根，净念相继”是收摄六根令不散乱、一心清净忆念诸佛而相继的修行法门，具体即指总摄眼耳鼻舌身意六根，使之不妄动，而有净念、正念现前，且相续不断，不间不杂。

马一浮对《楞严经》大势至菩萨念佛圆通章比较重视，在其著述中多次引用，他曾写《童蒙箴》，其中有一句：“性具万德，统之以仁，修德用敬，都摄诸根”①，“都摄诸根”就是“都摄六根”。他也曾在给学生王准的信中说：“念佛亦是胜方便，要在‘都摄六根，净念相继’，久久可证念佛三昧。《楞严》第五卷末后‘大势至说圆通’章最精。莲池《弥陀疏钞》亦宜尽心，专看龙舒文不够。念，自是心念，不是口念。若持名则亦出声，总以都摄六根为主，方可得力。梦境不足凭，只是杂念稍减耳。任何法门，决无不下一番功夫而即得相应之理。切勿求速效，只要绵密用功而已。”②指出念佛圆通是殊胜的方便法门，其要点在于“都摄六根，净念相继”，一心忆念，绵密用功，久而行之，可证念佛三昧。

《尚书·洪范》中箕子为周武王陈述洪范九畴，九畴之第二为“敬用五事”，其内容为：“五事：一曰貌，二曰言，三曰视，四曰听，五曰思。貌曰恭，言曰从，视曰明，听曰聪，思曰睿。恭作肃，从作乂，明作哲，聪作谋，睿作圣。”③马一浮在《洪范

① 《马一浮全集》第四册，14页。

② 《马一浮全集》第二册，933页。

③ （宋）蔡沈：《书集传》，143页，南京，凤凰出版社，2010。

约义》中专门阐释了五事，把“敬用五事”看作《洪范》建极最切要的功夫，并认为《论语》中孔子答颜渊问仁之目，曾子告孟敬子三贵之道，孔子言君子之“九思”，《礼记·曲礼》之“毋不敬”，皆与“敬用五事”意旨相同。马一浮以“都摄六根，净念相继”与“敬用五事”相会通，他说：

> 《洪范》“敬用五事”，以五事为万事根本。五事皆尽其理，则万事自无失职。视、听、言、貌、思，一有不敬，此心即便放失，随物而转。故于义理若存若亡，只缘未有主在，纵有见处，亦是客感客尘也。物欲消尽，则自无此病。对治之法，唯是用敬，不是道得一个“敬”字便休。孟子所谓“必有事焉”，“勿忘勿助”，佛氏言“都摄六根，净念相继”，颇为近之。起灭不停，全是妄心。敬则住于正念，不为物转，久久纯熟，则六根门头皆成大用，即是转六识成妙观察智，转前五识成成所作智也。故曰“敬用五事”是尽己之性也。[①]

《洪范》提出敬用五事，将视、听、言、貌、思五事看作万事之根本。五事若不能尽其理而表现出不敬，则人之内心放纵难以约束，跟随外物而转动。内心无有主宰，则对义理若存若亡，即使有一定的见解，也难免尘世的烦恼，这是一种毛病。对治的办法就是实实在在用敬来对待一切事，比如孟子所说的必有事而勿忘勿助和《楞严经》“都摄六根，净念相继”就是用敬的表现。

① 《马一浮全集》第一册，469页。

人之妄心起灭不停，若能用敬，则可住于正念，不被外物转动，用功长久而功夫纯熟，则眼、耳、鼻、舌、身、意六根的功用即为清净大用，如同唯识宗所说的转第六识成为妙观察智，转前五识成为成所作智。敬用五事就是《中庸》所说的尽己之性。

以《洪范》所说视、听、言、貌、思五事与佛家所说眼、耳、鼻、舌、身、意六根比照来说，“视”为眼之功能，“听”为耳之功能，“言”为口舌之功能，“貌”指人之外观、仪表，则为身之威仪表现，“思”为意根之功能。当“敬用五事”时，五事能尽其理，自心能为主宰，不随物转，产生“恭作肃，从作乂，明作哲，聪作谋，睿作圣”之效验；当“都摄六根，净念相继”时，则功夫纯熟，得三摩地，心不散乱而安住一境，由定发慧，六根之大用显现，转六识为妙观察智，转前五识为成所作智。此即为两者可以会通之处。

马一浮所引孟子之言出于《孟子·公孙丑上》，文曰：“必有事焉而勿正，心勿忘，勿助长也。”朱熹注曰：“此言养气者，必以集义为事，而勿预期其效。其或未充，则但当勿忘其所有事，而不可作为以助其长，乃集义养气之节度也。”①集义养气为视、听、言、貌、思五事之运用，也即为六根功能的表现。忘记集义养气之事固然不对，而妄意加以作为亦有害，譬如种田，舍而不耕耘固然不对，但拔苗助长亦有害，这都是不敬之过。正确的途径为“必有事焉”“勿忘勿助”，就是用敬之法。马一浮推崇此用敬之法，敬用五事乃至敬用万事，在五事乃至一切事中用敬，以用敬为事，既不能忘记用敬，也不能妄有作为以助其增长。《楞

① （宋）朱熹：《四书章句集注》，216页，北京，中华书局，2011。

严经》“都摄六根，净念相继”指收摄六根令不散乱，保持清净之念相续不断，即是用敬而住于正念，久久可以息灭妄心。因此，孟子之言可与“敬用五事”“都摄六根，净念相继”互参。

《楞严经》“都摄六根，净念相继”是佛家成就念佛三昧的修行方法，推而广之，是成就三昧定力的功夫。《尚书》“敬用五事”是儒家功夫论的内容，推而广之，可应用于人伦日用中，恭敬一切，保持正念。马一浮说：“敬只是于一切时都摄六根，住于正念，绝诸驰求劳虑。唯缘义理，即为正念。”[①] 由此可知，两者的会通是功夫层面的会通。

三、《楞严经》回向与《尚书》“向用五福，威用六极”的会通

《楞严经》卷八开显了佛家修证的五十五位真菩提路，即干慧位、十信位、十住位、十行位、十回向位、四加行位、十地位、等觉位、妙觉位。又对十回向作了详细的阐述：“是善男子，满足神通，成佛事已，纯洁精真，远诸留患，当度众生，灭诸度相，回无为心，向涅槃路，名救护一切众生离众生相回向；坏其可坏，远离诸离，名不坏回向；本觉湛然，觉齐佛觉，名等一切佛回向；精真发明，地如佛地，名至一切处回向；世界如来互相涉入，得无挂碍，名无尽功德藏回向；于同佛地，地中各各生清净因，依因发挥，取涅槃道，名随顺平等善根回向；真根既成，十方众生皆我本性，性圆成就，不失众生，名随顺等观一切众生回向；即一切法，离一切相，唯即与离，二无所着，名真如相回

① 《马一浮全集》第一册，69页。

向；真得所如，十方无碍，名无缚解脱回向；性德圆成，法界量灭，名法界无量回向。”[①]

《尚书·洪范》九畴之第九为“向用五福，威用六极”[②]。五福六极的内容为：“五福：一曰寿，二曰富，三曰康宁，四曰攸好德，五曰考终命。六极：一曰凶短折，二曰疾，三曰忧，四曰贫，五曰恶，六曰弱。”[③] 马一浮对此加以阐释，并与回向之义相会通，他说：

> 此尽人之性以尽己之性也。《洪范》终篇将以示同民之忧乐，显尽性之极致。故明斯民福极之本，乃己心威向所为，所以施回向于众生，会万物为自己。（回向是佛氏语，其义为回无为心，向涅槃路，以己所行真实，知十方众生皆我本性，随顺等观一切众生而不取众生相，性德圆成，法界量尽。义实与《洪范》此门相应，故取以相发。）摄俗归真，回真入俗，故须广陈诸趣，通贯群伦。有一物之未安，皆自心之未尽。然后真俗双融，物我无间，圆满交彻，更无余事。望前庶徵门，则前是本隐以之显，此是推见以至隐也。或疑福极是报境，何故目之为性？是不明依正不二之理也。已明心外无境，性外无事，则知福极皆由自致，非性而何？岂别有加之者哉？或曰：既由当人自致，何预向威？不知物我一体，吾心之用，用在观民，民之或登衽席，或陷水火，皆系吾此心此理之向背为转移，安则俱安，危则俱殆。故成

① （明）智旭：《楞严经文句》，358页，北京，线装书局，2016。
② （宋）蔡沈：《书集传》，142页，南京，凤凰出版社，2010。
③ （宋）蔡沈：《书集传》，149页，南京，凤凰出版社，2010。

物即所以成己，尽己乃所以尽人，血脉相通，气类相感，为其一性也。若痛痒无关，性于何有？在《易·观》之九五曰：“观我生，君子无咎。”《象》曰：“观我生，观民也。”是知民之福极，皆我所生。故商汤曰：“万方有罪，罪在朕躬。”圣人本无过咎，而引天下之过咎归之于己，故为至德。今人不见己过，每以自己之过咎推之于人，故成怨尤。此由于不知自性，故不能仁以为己任，而终不免为小人也。佛氏之言曰：“如一众生未成佛，终不于此取泥洹。”为是言者，可谓知尽性之道、明向用之旨者矣。[①]

在这段文字中，马一浮运用了儒家尽性、物我无间、万物一体、成己成物、《周易》观卦等义理，又运用了佛家回向、摄俗归真、回真入俗、真俗双融、依正不二等义理，进行了颇为精彩的阐释。“救护一切众生离众生相”“随顺等观一切众生”等十回向显示了佛菩萨的境界，“朕躬有罪，无以万方；万方有罪，罪在朕躬”[②]（《论语·尧曰》）显示了圣人的境界。由上面所运用的义理，可知这种会通体现了本体、功夫和境界层面的会通。另外，“如一众生未成佛，终不于此取泥洹”出于《楞严经》卷三，表述了佛家之大愿，与地藏菩萨“众生度尽，方证菩提；地狱未空，誓不成佛”之大愿相近。

① 《马一浮全集》第一册，327—328 页。
② （宋）朱熹：《四书章句集注》，北京：中华书局，2011 年，第 180 页。

四、《楞严经》惟妙觉明、远离诸妄与《礼记》"洁静精微而不贼"的会通

《楞严经》卷四说："观相元妄，无可指陈"，"观性元真，唯妙觉明"[①]。从字面来说，观察地、水、火、风、空、见、识七大之相，原来是虚妄的，并无实体可以指示陈现；观察七大之性，原来是真实的，就是妙觉圆明之真心。广而言之，一切因缘所显现之相原是虚妄的，似有而非实，但从诸相之性来说，原是一真，远离诸虚妄相，唯是妙觉圆明之真心。《楞严经》卷二说："我今观此觉性自然，非生非灭，远离一切虚妄颠倒，似非因缘，与彼自然，云何开示，不入群邪，获真实心妙觉明性？"[②]此句中的觉性为众生的本性，也即众生真实之本心、妙觉圆明之性，众生本具，自然而有，不是生出来的，不是会坏灭的，也远离一切虚妄颠倒之相。这两处都表达了《楞严经》惟妙觉明、远离诸妄之义。

"洁静精微而不贼"来源于《礼记》。《礼记·经解》开篇引孔子之言，对六经的功能作用和流失进行论述，其中关于《易经》的内容为："洁静精微，《易》教也"，"《易》之失，贼"，"洁静精微而不贼，则深于《易》者也"[③]。通过学习研究《易经》，人可以变得清洁安静专精微密，但若不善于学，则过于追求沉潜思索而蔽于大道，导致害于道的结果。只有善于学《易经》，深入、彻底、周详地研究，得之深，养之固，才能达到洁

① （明）智旭：《楞严经文句》，182 页，北京，线装书局，2016。
② （明）智旭：《楞严经文句》，85—86 页，北京，线装书局，2016。
③ （元）陈澔：《礼记集说》，387 页，南京，凤凰出版社，2010。

静精微而不害于道的状态。马一浮很重视《礼记·经解》中的这部分内容，在其著述中经常引用和阐发，并与《楞严经》惟妙觉明、远离诸妄进行会通：

> 《易》教洁静精微，洁者无垢，静者不动，精者不杂，微者离相，即是显示真心也。其失也贼，则迷真起妄。"元依一精明，分成六和合"，"六为贼媒，自劫家宝"，斯号妄心，乃为贼矣。"洁静精微而不贼"，则惟妙觉明、远离诸妄之谓也。《阴符》曰："天有五贼，见之者昌。"认贼为子，是名不见，见则不能为贼矣。贼犹害也。（宗门曰"识得不为冤"，冤即害也。）[①]

《易经》之教化可以使人洁静精微，洁是没有垢染之义，静是没有躁动之义，精是没有夹杂之义，微是离开形相之义。通过洁静精微的修养可以显示真心，真心正是洁静精微的状态。《易经》之教化可能产生的流失是贼害，按佛家之理来说，即迷惑于真心而产生妄心。《楞严经》卷六说："六根亦如是，元依一精明，分成六和合"[②]，眼、耳、鼻、舌、身、意六根原来是依据专一真精妙明之性（即真心）而发挥功能的，分成隔碍不同的见、闻、觉、知、尝、嗅六种和合的作用。《楞严经》卷四说："则汝现前眼耳鼻舌及与身心，六为贼媒，自劫家宝"[③]，由六根而生的六识成了贼人的媒介，劫取自己家中的宝藏，喻为众生根引识生，把

① 《马一浮全集》第四册，98页。
② （明）智旭：《楞严经文句》，292页，北京，线装书局，2016。
③ （明）智旭：《楞严经文句》，204页，北京，线装书局，2016。

如来藏真心中的功德家宝劫取散失了。这就是妄心的表现，成为真心之贼害。《楞严经》卷一也说：“一切众生从无始来生死相续，皆由不知常住真心、性净明体，用诸妄想，此想不真，故有轮转。”[①]若学《易经》能达到洁静精微而不害于道的状态，即是《楞严经》中妙觉圆明之性、真实之心远离一切虚妄颠倒之相的状态。《阴符经》说：“天有五贼，见之者昌”[②]，上天有贼命、贼物、贼时、贼功、贼神五贼，若能见而识之，则可以昌盛。认贼为子可以称为对贼见而不识，若见而识之而不为贼所害。禅宗常说“识得不为冤”，比如在《五灯会元》有记载，一个和尚向鼎州梁山缘观禅师请问：“家贼难防时如何？”缘观禅师回答说：“识得不为冤。”[③]表明要认识家贼而不被贼所害之义。马一浮引用《阴符经》和禅师之言，是要阐述认识妄心的重要性，认识妄心才能息妄归真，显示真心。

《易经》洁静精微之教化展现了儒家的修养功夫论，通过清洁安静专精微密之功夫而提升人的境界。同时洁静精微也可表达心性的状态，心性是洁静精微的，这是对本体的论述。这就如同《中庸》之“诚”，既可表达本体，亦可表达功夫。《楞严经》惟妙觉明、远离诸妄展现了佛家的本体论、功夫论，惟妙觉明描述了妙觉圆明之心性，此心性远离诸妄，这是对本体的论述；同时，远离诸妄也可视为功夫，通过远离妄心、妄相而回归真心，这是对功夫的论述。因此，马一浮关于《楞严经》惟妙觉明、远离诸妄和《礼记》“洁静精微而不贼”的会通是兼顾儒佛本体和功夫

① （明）智旭：《楞严经文句》，28 页，北京，线装书局，2016。
② （上古）黄帝著，（商）伊尹等注：《阴符经集释》，2 页，北京，中国书店，2019。
③ （宋）普济：《五灯会元》，864 页，北京，中华书局，2015。

的会通。

五、《楞严经》“聚缘内摇，趣外奔逸”与《周易》“憧憧往来，朋从尔思”的会通

《楞严经》卷二说：“晦昧为空，空晦暗中，结暗为色。色杂妄想，想相为身。聚缘内摇，趣外奔逸，昏扰扰相以为心性。”①众生因遗失本来自在解脱、不假修证的心性，于不颠倒中妄认颠倒，迷于心性之明而成晦昧之无明，由无明而变成冥顽昏昧之虚空。所变之顽空和能变之无明结合，结顽空之暗境而成地水火风四大之色，变起山河大地等依报之世界。四大之色夹杂妄想心，妄心妄色结合而变起正报之身。在身中内缘法尘，聚集能缘的气分，摇荡不止，同时向外趣逐五尘境界，奔驰腾逸。聚缘迷惑执着故昏，内摇外奔故扰，遂误认此昏扰者，妄称其为心性，而不知其并非心性。

“憧憧往来，朋从尔思”②，是《周易》咸卦九四爻的爻辞，表明在未能无思无虑时，未能虚中无我而所感以正时，人的意念不定，思虑之心同类相从，往来不绝。马一浮在其著述中多次引用“憧憧往来，朋从尔思”，来阐述人心不定而运动不止的状态，在《泰和宜山会语》中他以《楞严经》“聚缘内摇，趣外奔逸”与《周易》“憧憧往来，朋从尔思”做了会通：

> 学者当知，人心之病莫甚于昏散。《易》所谓“憧憧往

①（明）智旭：《楞严经文句》，69页，北京，线装书局，2016。

②（宋）程颐：《周易程氏传》，138页，北京，中华书局，2016。

来，朋从尔思”，起灭不停，若非乱想，即堕无记。《楞严》所谓“聚缘内摇，趣外奔逸，昏扰扰相以为心性”者是也。散心观理，其理不明，如水混浊，如镜蒙垢，影像不现。故智照之体，必于定心中求之。[①]

人心的毛病突出表现在昏沉和散乱。昏沉是人心昏钝无知、沉坠向下的状态，散乱是人心放逸、执着于六尘之境而流荡不止的状态。《周易》所说“憧憧往来，朋从尔思”，即讲人的思想念头起灭不停，若不是散乱放逸的心想，就是不可记为善不善性的心想。《楞严经》所说“聚缘内摇，趣外奔逸，昏扰扰相以为心性”也是在讲这个道理，向内积聚攀缘法尘而动摇不停，往外趣向追逐五尘而奔驰腾逸，常人却把思想念头内摇外奔的昏扰状态误认为心性。若以散乱心观察事理，则难以察理明晰，就像混浊的水面和蒙垢的镜面难以显现影像。所以智慧观照之体必须在离开昏沉散乱的安定心中求得。

马一浮进行《楞严经》“聚缘内摇，趣外奔逸”与《周易》“憧憧往来，朋从尔思”的会通，是在《泰和宜山会语》中讲解涵养致知与止观时提出的。《楞严经》“聚缘内摇，趣外奔逸”和《周易》“憧憧往来，朋从尔思”均表明了人心动乱不止的状态，这种状态遮蔽了人本来光明的心性。因此佛家主张以止之功夫来获得身心寂静，息诸驰求，心不妄缘，住于正念，由止而观，由定而慧，止观双运，定慧兼修。儒家主张涵养致知，用敬以涵养，穷理以致知，如程颐说：“涵养须用敬，进学则在致知。”[②] 敬

① 《马一浮全集》第一册，68 页。

② （宋）程颢、程颐：《二程集》，188 页，北京，中华书局，2004。

则寂静，止息心之动乱，恢复本心之明。敬则清明，观照天下之理，实现穷理致知。马一浮认为儒家的主敬相当于佛家的止，致知相当于佛家的观，用涵养致知与止观去对治《楞严经》“聚缘内摇，趣外奔逸”和《周易》“憧憧往来，朋从尔思”的状态。这也是涵养致知与止观可以会通之处，体现了儒家和佛家互相助发的一面。

六、《楞严经》“反闻闻自性”与《论语》“朝闻道”的会通

《楞严经》中文殊菩萨拣选二十五种圆通法门，称赞并详细阐明观音菩萨的耳根圆通法门，同时指出世间众生以攀缘心而听闻佛法，迷失了听法的本闻之性，循着音声而颠倒流转，由此劝勉大众善修耳根圆通法门，说：“大众及阿难，旋汝倒闻机，反闻闻自性，性成无上道，圆通实如是。”[①] 文殊菩萨告诉阿难和大众，应旋转平时循着音声颠倒的能闻之用，往内返闻以闻此能闻之自性。此闻性是圆满清净的不生灭性，是菩提涅槃元清净体，是成佛的真正之因，故可由此闻性而成就佛果无上道。这就是熏修闻性而成就的真实圆通法门。

“朝闻道”出自《论语·里仁》，完整的句子为“朝闻道，夕死可矣”[②]，字面意思是若能早晨闻道，虽晚上死可也。这表明孔子对道的尊崇，死生是大事，而闻道更可贵，若能闻道，则生顺没宁，不再有遗憾和悔恨。马一浮经常引用和阐释“朝闻道”，如在《论语大义》中，他用“朝闻夕死”来阐释《易》教生死之

① （明）智旭：《楞严经文句》，293 页，北京，线装书局，2016。
② （宋）朱熹：《四书章句集注》，70 页，北京，中华书局，2011。

大义；如在诗集《避寇集》中，他写道："无复谈空有，从人判醉醒。但吟《枯树赋》，休比子云亭。韦绝朝闻道，鹑居夜见星。浮生劳拟议，山鸟日过庭"[①]，其中"韦绝朝闻道"即运用了孔子读《易》韦编三绝和"朝闻道，夕死可矣"的典故。在给学生张伯衡的示语中，马一浮又以《楞严经》"反闻闻自性"和《论语》"朝闻道"进行会通：

> 《楞严》赞耳根圆通在"反闻闻自性"，于此有省，方知孔子说"朝闻道"之"闻"字实在亲切。此"闻"是自觉自证境界，举似人不得，又非"聪作谋"所能尽也。[②]

《楞严经》称赞观音菩萨耳根圆通法门的关键之处在于往内返闻以闻自己能闻之本性，若能省悟此意，方才知道孔子"朝闻道"之"闻"用得切实准确。此"闻"是自己觉悟、自己体证的境界，难以告诉他人，这也不是"聪作谋"[③]之义所能穷尽。马一浮认为"闻"不是用耳听闻，而是以心去觉悟、体证。马一浮的学生乌以风有《问学私记》一卷，其中记载："或问：'朝闻道，夕死可矣'，是个什么闻？先生曰：心闻。"[④]马一浮认为"闻道"并非通过耳朵听闻道的概念或其他关于道的描述，而是以心契合

① 《马一浮全集》第三册，71 页。

② 《马一浮全集》第一册，479 页。

③ "聪作谋"出自《尚书·洪范》，此篇提出貌、言、视、听、思五事，其中听是耳根的功能，"听曰聪"，"聪作谋"，听觉灵敏，能够明察，兼听广纳，能够通达，善于谋划。"聪作谋"是耳根听闻功能的外在展现，并非向内探究能闻之自性，故马一浮说"朝闻道"之"闻"不是"聪作谋"之义所能穷尽。

④ 《马一浮全集》第一册，771 页。

道，与道为一。

马一浮又用“见性”来阐释“闻道”，他说：“闻道即见性”[①]，“见性”即见到自己的本性。本性为人所同然，道乃人所共由，性外无道，道外无性。[②]“闻道”不是用耳朵听见，“见性”不是用眼睛看见，仅仅是借用了“见”和“闻”两个字，实际上是要通过自觉自证以契合道和本性。马一浮在《蠲戏斋诗编年集》中以“非见闻”为题写了三首诗，阐释了“闻道”和“见性”：

> 闻道非耳闻，见性非眼见。闻见既双非，声色何由现？因缘与自然，万法生乎变。若是未生前，何从着汝面？以我得礼汝，为君通一线。
>
> 闻道非关耳，见性不由目。坐对门前山，不格庭前竹。动境未曾迁，众中唯见独。言语所不到，思虑安能续？若拟相借问，田禾几时熟？
>
> 见性不言见，闻道不言闻。若可从人得，岂惜持赠君？澄潭映秋月，青山生白云。只为勤方便，转以滋泯棼。不如吃茶去，休问麻三斤。[③]

三首诗分别讲到闻道非耳闻、非关耳、不言闻，见性非眼见、不由目、不言见，都在表明闻道、见性不是眼耳之事，而是自觉自悟、冥符默证的内证境界。《楞严经》“反闻闻自性”强调

① 《马一浮全集》第二册，919 页。

② 马一浮在《复性书院讲录》中曾说：“道即是性，故曰性道，亦曰天性，亦曰天道，亦曰天命。”（《马一浮全集》第一册，186 页。）

③ 《马一浮全集》第三册，191—192 页。

不能循声逐响，不是用耳朵去听外面的言语音声，而要向内返闻自己能够听闻的本性。因此马一浮以《楞严经》“反闻闻自性”来阐释《论语》“朝闻道”是切合儒家和佛家义理的会通。

七、《楞严经》“久灭意根，圆明了知，不因心念”与《论语》“子绝四”的会通

《楞严经》卷四讲到眼耳鼻舌身意六根解脱，外不由尘，内不循根，心光遍照，根尘双脱。明照的功用普遍周全，并不依赖于六根，只不过是权且借用六根而显发照明之相，由此成就六根互用之妙。为证实明照不依赖于六根，《楞严经》举了阿那律陀、跋难陀龙、殑伽神女、骄梵钵提、舜若多神、摩诃迦叶六个例子进行说明。其中关于摩诃迦叶的内容是：“诸灭尽定得寂声闻，如此会中摩诃迦叶，久灭意根，圆明了知，不因心念。”[①] 修灭尽定而得到寂灭成就的声闻众，就像摩诃迦叶一样，久远以来断尽俱生我执，不再运用意根，不因思想意念而能圆明了知。这是摩诃迦叶不依赖于意根而能明了观照的例证。

“子绝四”出自《论语·子罕》，完整的句子是：“子绝四：毋意，毋必，毋固，毋我。”[②] 这句话表明孔子绝无四种情况，即没有私意，没有期必，没有固执，没有私我。马一浮曾写诗《绝意篇》，在诗前的序言中，他以“子绝四”与《楞严经》“久灭意根，圆明了知，不因心念”做了会通：

---

① （明）智旭：《楞严经文句》，214页，北京，线装书局，2016。

② （宋）朱熹：《四书章句集注》，105页，北京，中华书局，2011。

> 意为惑本，我乃意根。释氏说八识，染分名为末那。故转识成智，绝意为先，智者不惑，以无意也。孔子绝四，是我法二执俱亡，斯为平等性智，然后应物无方，转虚妄分别为妙观察智。《楞严》谓迦叶“久灭意根，圆明了知，不因心念”，即指此矣。[①]

佛家有八识之分，即眼识、耳识、鼻识、舌识、身识、意识、末那识、阿赖耶识。其中意识是意根对法尘而产生的分别作用，能够分别眼、耳、鼻、舌、身五根所缘的色、声、香、味、触五尘境界的善恶好丑。凡夫因有我而生执着，其意识的分别遂有染污而为虚妄分别，形成迷惑颠倒，故马一浮说意识是迷惑之本，我是意识之根。佛家把第八识的染污分称为末那识，这种染污表现为我痴、我见、我慢、我爱四种迷惑。因此需要转化染污有漏的八识成为清净无漏的四智，这种转化首先应断绝有染污的意识。《论语》中提到的“知者不惑”[②]也是没有私意的结果。孔子没有私意，没有期必，没有固执，没有私我，其中没有私意和没有期必意味着断除了法执，没有固执和没有私我意味着断除了我执。孔子绝四，相当于断除了我执和法执两种执着，这是转第七识成为平等性智的境界，然后能够做到待人接物随机应对，圆融无碍而不墨守成规，转第六识的虚妄分别成为妙观察智。《楞严经》中摩诃迦叶断尽我执，不依赖和运用意根而能圆明了知，这和孔子绝四而智者不惑、应物无方是相通的。

马一浮在这段话中的阐释除了讲到《楞严经》摩诃迦叶“久

① 《马一浮全集》第三册，504页。

② （宋）朱熹:《四书章句集注》，110页，北京，中华书局，2011。

灭意根”和孔子绝四的会通，又涉及唯识宗转识成智的理论。当断除我执和法执之后，第七识转为平等性智，第六识转为妙观察智，此时自他平等，无碍观照一切，成就清净无漏的智慧，慈悲普度众生。以《楞严经》“久灭意根”和唯识宗转识成智的理论来阐发孔子绝四之义，这是对孔子无执、无我、自在、圆融智慧的创造性发挥，彰显了孔子的圣智境界。

八、《楞严经》六根流逸、循声流转与《韩诗外传》“从物而流，不知所归，五凿为政，心从而坏”的会通

《楞严经》卷四讲到眼耳鼻舌身意六根流转纵逸，奔驰于色声香味触法六尘，眼根流逸奔色，耳根流逸奔声，鼻根流逸奔香，舌根流逸奔味，身根流逸奔触，意根流逸奔法。关于眼根流逸奔色，《楞严经》说：“由明暗等二种相形，于妙圆中黏湛发见。见精映色，结色成根，根元目为清净四大，因名眼体，如蒲萄朵，浮根四尘，流逸奔色。”[①] 从真起妄，妄为明觉，因明立所，便有明暗两种色尘互相形显，于妙圆本性中黏住湛然之性而发为见精。能见之见精映照于所见之色尘，能见与所见之色和合，结成眼根，此为清净四大所成的胜义根。眼根有胜义根和浮尘根之分，胜义根是清净四大所成，浮尘根是色、香、味、触四尘所成。依于胜义根为本，方有如蒲萄朵形状的眼球作为眼体。由粗浊四尘所成的浮尘根流转纵逸，奔驰追逐色尘，遂颠倒执着于色尘之境而不能超越。

《楞严经》卷六记载了循声流转之义，原文说：“今此娑婆国，

① （明）智旭：《楞严经文句》，211 页，北京，线装书局，2016。

声论得宣明，众生迷本闻，循声故流转。”[①] 在娑婆世界中，众生耳根较利，因此佛陀用音声语言进行教化，使得经论义理易于宣畅明了。但众生迷于本来能闻之妙明心性，只是顺着所听闻的音声语言，颠倒虚妄，自取流转。因此，循声流转表明了众生依循所闻之音声语言而迷于能闻之本性，故陷于流转。

《韩诗外传》“从物而流，不知所归，五凿为政，心从而坏”出自卷四第三十二章，全章讲述了庸人的状态：“所谓庸人者，口不能道乎善言，心不能知先王之法，动作而不知所务，止立而不知所定，日选于物而不知所贵，不知选贤人善士而托其身焉，从物而流，不知所归，五凿为政，心从而坏，遂不反。是以动而形危，静则名辱。”[②] 庸人言行举止不能依据圣贤之道和先王之法，却选择沉溺于外物，为外物所惑而流荡不止，不知归宿，五情为政致使其心跟从而坏，遂一味向外而无法返回内在。所以庸人动静皆失其所，形体危险，名誉受辱。

马一浮在《蠲戏斋杂著》中讲到《韩诗外传》“从物而流，不知所归，五凿为政，心从而坏”与《楞严经》六根流逸、循声流转的会通，他说：

> 《韩诗外传》曰“所谓庸人者”，“从物而流，不知所归，五凿为政，心从而坏”，“是以动而形危，静则名辱”。此与《楞严》说六根流逸、循声流转义同。[③]

① （明）智旭：《楞严经文句》，291 页，北京，线装书局，2016。
② （汉）韩婴撰，许维遹校释：《韩诗外传集释》，162—163 页，北京，中华书局，2012。
③ 《马一浮全集》第四册，97—98 页。

《楞严经》六根流逸、循声流转均讲明了众生不识本有的圆明心性，妄认外在的尘境为真，遂向外驰求，纵逸奔腾，流转不止，遂不能返回以悟其心性。《韩诗外传》描述了庸人受外物所诱而迷于外物，五情起作用而无节制，内心跟随而败坏，是以形危名辱。因此，《韩诗外传》和《楞严经》的内容具有很大的相似性，可以相会通。

马一浮进行这样的会通，首先是指出庸人和众生迷惑颠倒、动荡流转的状态，需要警醒。其次是儒家强调回归内心，存心养性，佛家强调反闻自性，这就需要扭转从物而流、六根流逸、循声流转的情况，返回向内，以心性为归，通过修养功夫达到亲证心性的境地。

第二节 《维摩诘经》与儒家的会通

《维摩诘经》是马一浮比较推崇的一部佛经，对他影响深远。马一浮常常阅读、书写、体悟此经，其著述中也常引用、阐发经中的义理，尤其是在诗集中表现突出。在书写此经时，他曾写下《维摩诘经写本自跋》《书维摩诘经语跋》等短文，又写下《自题书维摩诘经佛道品横幅》等诗。在诗集中，他曾写过《题维摩诘经》：“已知三界绝跻攀，除病调心自掩关。只为群生多疢疾，虽然洒落不曾闲。”[1] 诗集中引用《维摩诘经》中的义理、典故较多，以维摩诘室无有床座为代表，如《岁暮书怀仍用前韵》：“山中

① 《马一浮全集》第三册，684 页。

黄独带苗锄，宿鸟腾猿并哂予。有酒待邀渔父醉，无心更写礼堂书。不逢关尹言终閟，若比维摩榻并除。樵牧归来霜雪盛，枝头寒蕊未全疏。"[①] 其中，"维摩榻并除"即指维摩诘室无有床座。如《戏答肇师》："维摩一室空诸有，法喜安名特寄焉。昨日片言堪捧腹，径山真说老婆禅。"[②] 其中，"维摩一室空诸有"即指维摩诘室无有床座之意。维摩诘是梵文音译，中文译为净名、无垢称，而马一浮的著述中出现净名的次数亦颇多，在此不一一列举。由此可见《维摩诘经》对马一浮影响之大。

在《维摩诘经》的注解本中，马一浮十分欣赏僧肇的注本，称其契合经旨、义理深奥玄妙、文辞醇厚华美，也劝人阅读此注，比如他劝朋友洪巢林说："欲从义路入，熟看肇公《维摩注》尽佳。"[③] 他不仅经常阅读，还常书写僧肇的《注维摩诘经序》。在书写此序时，他曾写下《维摩诘经注序写本自跋》《维摩诘所说经序写本自跋》等短文。近八十高龄时，他还在读僧肇的《维摩诘经注》，他的日记中曾有记录，在1960年四月六日、七日、八日连续三天记载"阅《维摩诘经注》"[④]。

马一浮经常运用《维摩诘经》中的名相、典故、义理，有时是在阐发佛家义理，如用经中"能善分别诸法相，于第一义而不动"[⑤] 来解释十信心中的慧心，通过精进努力而自然显发纯真之慧[⑥]；有时是在与道家义理进行会通，如用经中"彼自无疮，勿伤

① 《马一浮全集》第三册，136—137页。
② 《马一浮全集》第三册，656页。
③ 《马一浮全集》第二册，362页。
④ 《马一浮全集》第五册，74页。
⑤ （后秦）僧肇等撰：《注维摩诘经》，26页，北京，线装书局，2016。
⑥ 《马一浮全集》第四册，140页。

之也”[①]与《道德经》“果而勿强”[②]互相阐发。

马一浮更多的是运用《维摩诘经》的义理与儒家义理进行会通，包括：《维摩诘经》不二法门与《论语》一贯之道的会通，《维摩诘经》“维摩诘默然无言”与《论语》中孔子无言的会通，《维摩诘经》无生法忍与孔子、颜子、曾子堪忍的会通，《维摩诘经》具足功德与《尚书》五福的会通。

一、《维摩诘经》不二法门与《论语》一贯之道的会通

不二法门是无相之道，是第一义无二之法门，不可思议、无所分别，由此轨范而成就佛道。在《维摩诘经》中，不二法门是非常重要的内容，经中第九品“入不二法门品”专门探讨了不二法门。维摩诘询问诸位菩萨如何入不二法门，有三十一位菩萨做出回答，广说二法，分别讲述生和灭、我和我所、受和不受、垢和净、动和念、一相和无相、菩萨心和声闻心、善和不善、罪和福、有漏和无漏、有为和无为、世间和出世间、生死和涅槃、尽和不尽、我和无我、明和无明、色和色空、四种异和空种异、眼和色、布施和回向一切智、空和无相和无作、佛和法和众、身和身灭、身业和口业和意业、福行和罪行和不动行、我和彼、有所得相、暗和明、乐涅槃和不乐世间、正道和邪道、实和不实，然后又排遣二法，破除种种对待之法。诸位菩萨讲述已毕，询问文殊师利菩萨此问题，文殊菩萨回答说：“于一切法无言无说，无

① （后秦）僧肇等撰：《注维摩诘经》，99页，北京，线装书局，2016。

② （魏）王弼注，楼宇烈校释：《老子道德经注校释》，78页，北京，中华书局，2008。

示无识，离诸问答，是为入不二法门。”[1] 然后文殊菩萨又询问维摩诘此问题，维摩诘默然无言，文殊菩萨赞叹维摩诘没有文字语言是真正的入不二法门。这就是《维摩诘经》中三十一位菩萨、文殊菩萨对不二法门的解说，以及维摩诘对不二法门的示现。其中，三十一位菩萨是通过言说分析法相以说明不二的宗旨，文殊菩萨是通过言说论述无言以说明不二的宗旨，维摩诘是通过默然无言的行为说明不二的宗旨，虽表达方式有浅深，但阐明宗旨则相同。马一浮曾写诗《病榻偶占》：“三界攀缘是病根，人言存在定非存。一期药病消亡后，始入文殊不二门”[2]，提到了文殊菩萨的不二法门。他在给友人朱镜宙的一封信中曾说：“累书未报，以与公同病下利，甚惫，顷始能起。观心无常，观受是苦，维摩默然，乃真入不二法门也”[3]，对维摩诘入不二法门十分赞赏。

一贯之道是《论语》中的重要内容，也是孔子之后历代儒家人物探讨的重要话题。《论语》有两处记载了一贯之道，一是《论语·里仁》：“子曰：‘参乎！吾道一以贯之。’曾子曰：‘唯。’子出。门人问曰：‘何谓也？’曾子曰：‘夫子之道，忠恕而已矣。’”[4] 二是《论语·卫灵公》：“子曰：‘赐也，女以予为多学而识之者与？’对曰：‘然，非与？’曰：‘非也，予一以贯之。’”[5] 从表面来看，一贯之道是孔子启发教育曾子和子贡而讲出的话，实际上一贯之道也是孔子本人境界的描述，亦是对道本身的描述。道体为一，发用则异，一理该贯万事，所谓一本万殊。孔子

① （后秦）僧肇等撰：《注维摩诘经》，261 页，北京，线装书局，2016。

② 《马一浮全集》第三册，456 页。

③ 《马一浮全集》第二册，681 页。

④ （宋）朱熹：《四书章句集注》，71 页，北京，中华书局，2011。

⑤ （宋）朱熹：《四书章句集注》，151 页，北京，中华书局，2011。

体道悟道，其心浑然一理，其用各有不同。在教育弟子时，孔子因材施教，是一贯之道的各种展现。对于曾子，孔子在其没有请问时直接告诉其一贯之道，曾子直下承当而默契其旨；对于子贡，孔子则先启发其疑问，然后告诉其一贯之道，可惜子贡没能如曾子一般相应。

马一浮在其著述中经常引用和阐发一贯之道，对曾子和子贡应对一贯之道有过精彩讲解："如一贯之旨，尝以语子贡，又尝以语曾子，旨义虽同，而所以告之与其所以应之者，均不相同。子贡聪明，故开口虽错，立即自疑其非。然闻一贯之说，竟无下文，可见承当不下。曾子则时机既熟，一呼便唯，啐啄同时，千载一遇，令人欣喜庆快。释氏云：'夜静水寒鱼不食，满船空载月明归。'可惜子贡竟未上钩耳。"[①] 他更多的是从体用角度去谈，圣人之学是一贯之学，理事兼备，体用一源，道本一贯，妙用无方。他也从儒佛会通的角度去谈：

> 《维摩诘经》立不二法门，不二法门正是一贯之道。[②]

认为《维摩诘经》中的不二法门相当于《论语》中的一贯之道，两者有会通之处。为了讲清此理，他先引用《论语·子罕》竭两端之教和朱熹等人的注解来阐释一贯之道。当鄙夫来请教孔子时，孔子就其所问之事的两端而叩问鄙夫，且竭尽事情的两端。孔子之道本末兼赅，孔子之言彻上彻下，对于事情的终始、先后、内外、精粗、远近、微显皆能穷尽，而理则一贯。本

① 《马一浮全集》第一册，587 页。

② 《马一浮全集》第四册，101 页。

末、上下、终始、先后、内外、精粗、远近、微显等皆为两端，相互对待，若只看到两端，则不能明白一贯。须本末兼赅，彻上彻下，知远之近，知微之显，不见有两端，方能明白一贯之道。《维摩诘经》广陈种种相互对待之二法，通过排遣二法、破除对待之法以确立不二法门，而不二法门无言无说，无示无识，超越形相，不属对待。因此，马一浮说《维摩诘经》中的不二法门可以与《论语》中的一贯之道相会通。

《维摩诘经》中的不二法门是佛法的不可思议解脱法门，修行人由此趋向佛道，证悟本体，成就圆满佛果。本体正是超越二法、无法言说、无所分别的。《论语》中的一贯之道是对道的描述，道贯通两端，超越二元。孔子对鄙夫从道之用的角度说“叩其两端而竭”，对曾子、子贡从道之体的角度说“一以贯之”。道需体悟，从洒扫、应对、进退乃至精义入神，一贯之理在焉。儒家的教育法彻上彻下，当下即是，圆满真实。可知，马一浮做出这样的会通，在本体层面彰显了儒家和佛家的一致性。

二、《维摩诘经》“维摩诘默然无言”与《论语》中孔子无言的会通

“维摩诘默然无言”出自《维摩诘经》第九品入不二法门品。当三十一位菩萨和文殊菩萨各各讲说入不二法门之后，文殊菩萨询问维摩诘如何是菩萨入不二法门，此时，“维摩诘默然无言”[①]。维摩诘以默然无言的方式对文殊菩萨的问题作了回应，文殊菩萨赞叹维摩诘默然无言是真正的入不二法门。不二法门表达了佛道

① （后秦）僧肇等撰：《注维摩诘经》，262 页，北京，线装书局，2016。

遣除二法，无有形相，超越语言文字，而维摩诘以默然无言的方式显示了不二法门的真义。马一浮在著述中常运用维摩诘默然无言的典故，如在《尔雅台答问续编》弁言中提到："净名示默于文殊。"① 净名即指维摩诘。他曾写诗《寄答吴希之》："客路何嗟识面迟，十年前已许相知。西湖春好来游近，南国冬暄且住宜。陶令攒眉真有会，维摩杜口是吾师。为君举话无多子，不遇诗人莫献诗。"② 其中，"维摩杜口"即指维摩诘默然无言。

孔子无言出自《论语》。《论语·阳货》记载："子曰：'予欲无言。'子贡曰：'子如不言，则小子何述焉？'子曰：'天何言哉？四时行焉，百物生焉。天何言哉？'"③ 孔子不欲言说，因为天道无言，他期待弟子透过言语去体认无言之道，而不是执着于作为工具的语言文字。可惜子贡并不明白，孔子又以上天无言而四时行、百物生进行阐述。道本无言，孔子体道无隐，不得已用语言文字教化弟子，希望弟子与道相应，实则孔子语默动静均在展现妙道，可惜绝大多数弟子不能察知。就像上天无言，而天象昭然，明白示人，人却不察。

马一浮比较重视《论语》"予欲无言"章，在其著述中常引用和阐发。比如在《论语大义》中曾专门讲解此章，开显性体本寂而神用不穷之义。他曾写长诗《泛舟西溪芦中望法华山赋示同游诸君》，内有一句："缅彼川上叹，独会无言宗"④，"川上叹"指《论语·子罕》中孔子在川上有"逝者如斯夫！不舍昼夜"⑤ 之叹，

① 《马一浮全集》第一册，438页。
② 《马一浮全集》第三册，484页。
③ （宋）朱熹：《四书章句集注》，168页，北京，中华书局，2011。
④ 《马一浮全集》第三册，14页。
⑤ （宋）朱熹：《四书章句集注》，108页，北京，中华书局，2011。

“无言宗”即指《论语·阳货》中孔子无言之宗旨。他也曾写跋《自书瞉音题词》，在文中以孔子无言与“维摩诘默然无言”进行会通：

> 夫法不孤起，仗境方生；教本离言，对机而说。若乃独谣寡和，亦病无憀；不扣自鸣，将疑为好事。是以智者潜形隐曜，灭影收声，何必寄之筌蹄，同于疣赘？乃知生公聚石，谬语诧人；翠岩击鼓，龙天谁听？是皆适人之适，唯以解嘲。孰若玄圣之无言，维摩之一默乎？自今以往，吾其改是。诸子犹欲留斯鸟迹，比之云烟，因缀数语以归之。①

这篇短文是马一浮应友人之邀，为自己的诗作题写的文字。他首先讲述万法并不单独生起，而是各种因缘条件聚合产生的；教化本来不一定依赖言说，但面对合适的机缘时则需言说。若独自歌唱而无人应和，则可能招致没有趣味之讥；不待请益而主动教诲，则或有喜欢多事之嫌。因此智慧之人藏匿踪迹，掩藏光彩，隐蔽形影，停止发声，不必通过语言文字去表达，而让人以为多余无用。他接着用佛家道生法师聚石头说法和翠岩禅师座下无人而自击钟鼓上堂说法的典故，来说明知音稀少、英才难遇、教化不易。由此，马一浮指出孔子无言和维摩诘默然无言可以会通，两人均是体道之人，道本无言，语言文字是显示道的工具，而人们往往执着于语言文字而难以体道，故两人以无言的方式去彰显道，希望人们自悟自得。马一浮十分钦佩孔子和维摩诘，认

① 《马一浮全集》第二册，112—113 页。

为他们展现了高明的境界。

此外，马一浮写有长诗《废言篇》，诗中涉及孔子无言和维摩诘默然无言，亦为理解两者会通之一助。诗曰："我闻维摩诘，深入不思议，语默两难测，神通示游戏。若非过量人，安有如是事？此土唯庄周，逍遥言自恣。后来达道者，玄解并无滞。两镜有交辉，一真忘二谛。直指匪西来，千灯递相继。圣凡见双泯，理极屏情谓。真儒出濂洛，性证良不二。得旨苟逢源，廓然祛蒙蔽。灵龟多拂迹，播糠成目眯。执言昧机用，于中计同异。一且不可说，异复于何计？孰为第二月，不奈末后句。纵复有施设，分别乃非意。时行与物生，无言言所寄。玄圣诏不迁，昼夜川上逝。道以默识存，惑因无住弃。上根信难值，大法亦终閟。繄予秉微尚，哀此众芳秽。末路甘旅泊，伤锋定何济？坐阅一毛尘，空持三尺喙。索居寡俦侣，终日少酬对。隐几听鸣籁，开门见山翠。扶行几屐穿，静卧一榻置。不起自周游，偶谐或三昧。众人不得知，老聃始为贵。回身荆棘林，虚空已粉碎。浮云变朝昏，澄江净无翳。无风匝匝波，解脱即文字。令我思净名，冥然忘真际。法界量无尽，遣此方便慧。挥手谢时哲，吾言自今废。"[1]此诗内容丰富，包含儒释道三家诸多人物和义理，人物有孔子、维摩诘、周敦颐、二程、老子、庄子等，义理有道言关系、同异问题、体道证道、不思议解脱、偶谐三昧等。其中，"我闻维摩诘，深入不思议，语默两难测"，即指维摩诘已经深入不思议解脱法门，或语或默，语默自在，有时用语言文字教化众生，有时以默然无言的方式示现。"时行与物生，无言言所寄"，即指《论语》

① 《马一浮全集》第三册，206—207 页。

“予欲无言”章之义，上天无言而四时行百物生，道本无言，言之运用为载道显道，当不明白此旨时，故孔子以无言之方式去显道。“道以默识存”，即指道需要默契，需要自得自证。

孔子无言和维摩诘默然无言都是对道的表达，道本来没有言说，超越言说，道即是本体，因此两者的会通是本体层面的会通。同时，孔子也有言，通过言说教育弟子；维摩诘亦有言，经由说法度化众生。言以显道，两人的有言都指向道，希望人们通过言说去悟无言的道。孔子语默同致、动静一如，维摩诘语默自在、不思议解脱，为人们彰显了儒佛二家的风采。

三、《维摩诘经》无生法忍与孔子、颜子、曾子堪忍的会通

无生法忍是佛家的重要内容，诸多经论均有表述，《维摩诘经》亦有记载：“生灭为二。法本不生，今则无灭，得此无生法忍，是为入不二法门。”① 这是入不二法门品中法自在菩萨陈述自己入不二法门之途径，他因观诸法的生灭而领悟到诸法本来没有生起，当然不需除灭已生起之法，由此入道，得到观照诸法不生不灭的智慧性，于此堪受不退。简言之，无生法忍就是了达诸法无生无灭，不起妄念，忍可不退，安住于不生不灭之理而不动。马一浮曾有短文《维摩诘经写本自跋》：“写是经已，愿当来世得见此者，生欢喜心，速除病本，深入佛慧，证无生法忍，悉如经说。”② 他在书写《维摩诘经》之后，又撰跋文赞叹经中义理，希望后人契合经义，深入佛之智慧，证得无生法忍。

① （后秦）僧肇等撰：《注维摩诘经》，253 页，北京，线装书局，2016。
② 《马一浮全集》第二册，120 页。

孔子、颜子、曾子之堪忍是马一浮对《论语》中孔子饭疏饮水、颜子箪食瓢饮、曾子启手启足的界定。《论语·述而》记载："子曰：'饭疏食饮水，曲肱而枕之，乐亦在其中矣。不义而富且贵，于我如浮云。'"[①] 表明孔子即使处于困境，吃着粗饭，喝着白水，弯着胳膊做枕头，也自得其乐，当面对不义而来的富贵时，视如浮云，无动于衷。这是孔子堪忍逆境而不动心的境界。《论语·雍也》记载："子曰：'贤哉，回也！一箪食，一瓢饮，在陋巷。人不堪其忧，回也不改其乐。贤哉，回也！'"[②] 表明颜子虽然贫穷，仅有一竹器的饭、一瓢的水，居于狭窄简陋的住处，面对此种常人不堪其忧的状态，他却处之泰然，不以为累，不改其乐。这是颜回堪忍贫窭而不动心的境界。《论语·泰伯》记载："曾子有疾，召门弟子曰：'启予足！启予手！《诗》云："战战兢兢，如临深渊，如履薄冰。"而今而后，吾知免夫！小子！'"[③] 表明曾子一生戒谨恐惧，不敢毁伤身体以辱其亲，亦不敢亏缺德行以辱其亲，至于临终时知免于毁伤，故召集门人弟子察看其保全的手足，叮咛告诫门人弟子亦要戒谨恐惧，全始全终。这是曾子堪忍的境界，一生戒惧，谨言慎行，全身全德，始终如一。

孔颜乐处是儒家的重要话题之一，历代受到学者的重视，宋儒周敦颐尤为推崇。马一浮在著述中常引用和阐发，他曾写诗《除夕罢饮戏作》："箪瓢无改始称贤，猎较随时可与权。会得孔颜真乐处，藜羹不糁亦欣然。"[④] 也曾写诗："孔颜乐处已全乖，唐

① （宋）朱熹：《四书章句集注》，93—94 页，北京，中华书局，2011。
② （宋）朱熹：《四书章句集注》，85 页，北京，中华书局，2011。
③ （宋）朱熹：《四书章句集注》，99 页，北京，中华书局，2011。
④ 《马一浮全集》第三册，593 页。

宋何劳更入怀。自是老夫多谬误，非关诸子欠安排。言成无用书当废，诗漫流传律未谐。我亦从今忘物累，闭门看月当清斋。”[1]两首诗中均提到孔颜乐处，并将其作为人生很高的境界。马一浮认为孔颜乐处是经过修养而达到的状态，其功夫在于戒慎恐惧，他说：“孔颜乐处只是从戒慎恐惧中来，此言为先儒所未发。”[2]指出先儒未曾如此阐发，这是他的创见。孔子从小习礼，谨慎守礼，由《论语·乡党》可见守礼之详，又学《易》以期无大过，自称七十不逾矩。颜子不迁怒，不贰过，无伐善，无施劳，对孔子非礼勿视、听、言、动之教诲谨守奉行。这些内容可看作戒慎恐惧的具体表现，又如《尚书》记言多是戒惧之辞，表现出圣贤得力处，因此马一浮亦是言之有据。此外，佛家主张通过戒定慧的修持达到解脱自在的境界，亦可作为理解马一浮观点之一助。

马一浮曾为学生讲解无生法忍之义，并与孔子、颜子、曾子之堪忍进行会通：

> 说“无生法忍”之义云：有生则有灭，无生则无灭。一切缘生法，缘聚则生，缘离则灭，此生灭义也。性德则法尔如然，不常不断，不来不去，不为尧存，不为桀亡，在圣不增，在凡不减，此无生义也。“忍”字训为“堪忍”，处逆境而安之若素，闻大法而恬然不惊，皆是也。饭疏饮水，孔子之无生法忍也；箪食瓢饮，颜子之无生法忍也；启手启足，曾子之无生法忍也。然堪忍亦非全用老氏之旨，如长沮、桀溺者流。“天下有道，丘不与易”，事有不当默尔而息者，则

① 《马一浮全集》第三册，667 页。
② 《马一浮全集》第一册，772 页。

起而与争，乃是堪忍。[1]

生和灭相对而言，若有生则会有灭，若无生则无灭。因缘法有生灭，当因缘聚合时则有生，当因缘离散则有灭，这是生灭之义。人之性德本来如此，超越常断、来去、善恶、圣凡等两边，这是无生无灭之义。无生法忍之“忍”可以解释为能够忍受、忍耐，比如在逆境中安然处之，就像平常一样，比如听闻大乘佛法而泰然处之，不惊不惧[2]，这些都是堪忍的表现。孔子饭疏饮水，颜子箪食瓢饮，对于逆境安然处之，毫不动心，而性德流出，天理流行，自得其乐，这就是孔子和颜子的无生法忍。曾子一生慎言慎行，谨守于礼，日三省身，动容貌以远暴慢，正颜色以近信，出辞气以远鄙倍，终至于免于毁伤，全身全德，这就是曾子一生堪忍的表现，可谓他的无生法忍。同时，马一浮也指出，道家隐者如长沮、桀溺等绝人逃世，也是忍的一种表现，但儒家不同，儒家强调刚健有为，不敢忘天下，不因天下无道而弃之，奋起争取平治天下，如孔子“天下有道，丘不与易”，“知其不可为而为之”，这是儒家堪忍的表现。

《维摩诘经》中的无生法忍是观照诸法无生无灭而堪忍不动不退的真实智慧，这种智慧是修行过程中的境界，由此智慧境界而证悟佛道，佛道即为无生无灭之法，即为真如实相理体。孔子是知天命、合天道之人，与道为一；颜子闻“克己复礼为

① 《马一浮全集》第一册，666页。

② 《金刚经》中有例证：“佛告须菩提：‘如是，如是！若复有人得闻是经，不惊不怖不畏，当知是人甚为希有。’”［（唐）宗密、（明）智旭等撰，（明）朱棣集注：《金刚经注疏》，83页，北京，线装书局，2016。］

仁”之教，得传孔门心法；曾子闻“吾道一以贯之”之教，契入孔子之道。三人均是体道入道之人，道之体不生不灭，道之用差别多样，故三人之应迹各有不同，体现了他们的人生境界。孔子饭疏饮水，颜子箪食瓢饮，而均能堪忍不动，怡然自乐；曾子谨守于礼，不毁伤身体，不毁伤万物，不毁伤天下，故能刚大弘毅，任重致远，生顺殁宁。因此，《维摩诘经》无生法忍与孔子、颜子、曾子堪忍的会通是本体层面的会通，又展现了体道入道境界的会通。

四、《维摩诘经》具足功德与《尚书》五福的会通

《维摩诘经》第一品佛国品记载：“深心是菩萨净土，菩萨成佛时，具足功德众生来生其国。”[①] 深心是求取无上佛果之心，欲求佛果，需深信正法，心契深理，厚种善根，乐修善行。广修六度万行以上求佛果之深心可以成就菩萨清净国土之行，当菩萨成佛时，一切通过六度万行而具备各种功德的众生能够报生其国，以此因缘而成清净佛国。因此，具足功德即指广修六度万行而具备满足善行之德。

《尚书·洪范》记载了五福：“一曰寿，二曰富，三曰康宁，四曰攸好德，五曰考终命。”[②] 五福指寿命长久、富裕多财、健康安宁、喜好善德、尽享天年。五福在后世广泛流传，成为百姓的常用语。

马一浮在《洪范约义》最后一部分阐释五福六极，阐释的正

① （后秦）僧肇等撰：《注维摩诘经》，37页，北京，线装书局，2016。
② （宋）蔡沈：《书集传》，149页，南京，凤凰出版社，2010。

文之后又有附语，在附语中，他以《尚书》五福与《维摩诘经》具足功德进行会通：

> 《维摩经》云：“深心是菩萨净土，菩萨成佛时，具足功德众生来生其国。”此言福者，即具足功德之谓也。法身流转五道，即是变。[①]

《维摩诘经》中的具足功德指做一切善事、修六度万行而成就善德，如不杀生而放生、无畏布施、持戒忍辱可以获得长寿、康宁、考终命；不偷盗而财布施可以获得富裕；深信佛法、善修禅定、具备正见可以让人喜好善德。因此，五福可与具足功德相会通。此外，马一浮又用“法身流转五道”与“变”进行会通。“法身流转五道”指真如法身随染净之缘而现十界，若随染缘则变生六凡众生，流转于五道。“变”指《尚书·洪范》中的六极，即“一曰凶短折，二曰疾，三曰忧，四曰贫，五曰恶，六曰弱”[②]，是与五福相反的六种情况。众生流转五道是功德不具足的表现，六极之变是五福不具备的表现，因此两者亦可会通。马一浮又将福和极合在一起进行阐释：“福之为言备也，德备则为福；极之为言变也，失德则致变。备乃指其本具，变则简其非常，故福是恒规，而极为变相。心安理得，则无适而非和顺祯祥；相变体殊，则虚受一切身心大苦。”[③]讲出了福和极的真谛，对理解此处的儒佛会通颇有助益。

① 《马一浮全集》第一册，336 页。
② （宋）蔡沈：《书集传》，149 页，南京，凤凰出版社，2010。
③ 《马一浮全集》第一册，329 页。

《维摩诘经》具足功德强调广修六度万行以成就佛果，这是佛家的修行路径；《尚书》五福注重以喜好善德、广行善事以获得幸福，这是儒家人伦道德中的行为指引，亦可视为儒家的修养功夫。因此,《维摩诘经》具足功德与《尚书》五福的会通可看作在功夫层面的会通。

第三节 《涅槃经》与儒家的会通

《涅槃经》是马一浮比较重视的一部佛经。《涅槃经》阐明涅槃常乐我净四德之义，称扬“法身常存”、“一切众生悉有佛性”、一阐提亦当成佛等思想。马一浮经常引用和阐释《涅槃经》的典故和义理，比如多次运用常乐我净四德，又说：“《涅槃》扶律谈常，实为末后之教。”[①] 此外,《涅槃经》又阐述许多具体义理，如“视诸众生犹如一子”，如涅槃之寂灭义，马一浮运用这两项义理进行儒佛会通。

一、《涅槃经》“视诸众生犹如一子”与《诗经》“恺悌君子，民之父母”的会通

“视诸众生犹如一子”在《涅槃经》中有多处阐述，指佛菩萨将一切众生视为自己的子女，如同父母对待子女一样来平等对待一切众生。如曰:“如来等视一切众生犹如一子”[②]，“菩萨摩诃

① 《马一浮全集》第一册，160 页。

② （南朝宋）道生等撰:《大般涅槃经集解》上册，219 页，北京，线装书局，2016。

萨亦复如是，视诸众生犹如一子”[1]，“于诸众生其心平等，犹如父母等视一子”[2]。经中又阐述了菩萨修行时得住一子地，即菩萨处于等视众生如一子的阶段。其文曰：“菩萨摩诃萨修慈悲喜已，得住极爱一子之地。善男子，云何是地名曰极爱、复名一子？善男子，譬如父母见子安隐，心大欢喜，菩萨摩诃萨住是地中亦复如是，视诸众生同于一子，见修善者生大欢喜，是故此地名曰极爱。善男子，譬如父母见子遇患，心生苦恼，愍之愁毒，初无舍离，菩萨摩诃萨住是地中亦复如是，见诸众生为烦恼病之所缠切，心生愁恼，忧念如子，身诸毛孔血皆流出，是故此地名为一子。善男子，如人小时拾取土块、粪秽、瓦石、枯骨、木枝置于口中，父母见已，恐为其患，左手捉头，右手挑出，菩萨摩诃萨住是地中亦复如是，见诸众生法身未增，或行身口意业不善，菩萨见已，则以智手拔之令出，不欲令彼流转生死，受诸苦恼，是故此地复名一子。善男子，譬如父母所爱之子舍而终亡，父母愁恼，愿与并命，菩萨亦尔，见一阐提堕于地狱，亦愿与俱生地狱中，何以故？是一阐提若受苦时，或生一念改悔之心，我即当为说种种法，令彼得生一念善根，是故此地复名一子。”[3]这里以譬喻的方式阐明了一子地的内容，也是对“视诸众生犹如一子”作了较具体的阐述，因用日常生活中父母子女的亲情表现加以比拟，便于理解和领会。

儒家对父母子女的亲情作了许多论述，也论及亲情的扩展，如《孟子·梁惠王上》曰：“老吾老，以及人之老；幼吾幼，以

① （南朝宋）道生等撰：《大般涅槃经集解》下册，278页，北京，线装书局，2016。
② （南朝宋）道生等撰：《大般涅槃经集解》下册，385页，北京，线装书局，2016。
③ （南朝宋）道生等撰：《大般涅槃经集解》下册，28—29页，北京，线装书局，2016。

及人之幼。”儒家又有论及“民之父母”的内容，如《诗经·大雅·泂酌》曰：“岂弟君子，民之父母”[①]，这是被广为征引和阐发的一句话，表明修养极高的君子对待民众就像父母对待子女一样。马一浮以这句话与“视诸众生犹如一子”相会通。他说：

> 佛言菩萨视众生如一子地，即《诗》“恺悌君子，民之父母”之谓也。孟子曰：伯夷、伊尹、孔子不同道，“得百里之地而君之，皆能以朝诸侯，有天下；行一不义，杀一不辜，而得天下，皆不为也。是则同”。天下之为父母者，苟非溺爱不明，其爱子之心亦无不同者，未有贼杀其子而可为父母之道者也。[②]

关于“民之父母”，《尚书·洪范》亦有相关表述：“天子作民父母，以为天下王”[③]，马一浮解释说：“天子之于民，犹父母之于子，夫然后天下归往之。非建极，其孰能与于此？然当知建极不必定居天子之位，凡圣人皆能建极者也。”[④]表明他是从圣人境界的角度来理解“天子作民父母”之义。而伯夷、伊尹、孔子等人可称为“恺悌君子，民之父母”，即展现了圣人的境界。佛家“视诸众生犹如一子”表述了佛菩萨的境界，即是证悟本体之后的境界。因此，这种会通可视为本体层面的会通。

---

① （宋）朱熹：《诗集传》，231 页，南京，凤凰出版社，2007。
② 《马一浮全集》第一册，306 页。
③ （宋）蔡沈：《书集传》，145 页，南京，凤凰出版社，2010。
④ 《马一浮全集》第一册，304 页。

二、涅槃之寂灭义与艮卦之止义的会通

“涅槃”一词来源于梵文，以前的翻译者曾将其义译为灭、寂灭、圆寂等。灭者，灭除烦恼，灭除生死之苦。寂灭者，寂有空寂、安稳之义，灭即灭除生死之患。圆寂者，圆满具备一切德相，灭除烦恼、生死之业。《涅槃经》曰：“诸行无常，是生灭法”①，“生灭灭已，寂灭为乐”②，对寂灭之义作了解说。烦恼、生死皆为生灭法，“生灭灭已”即是灭除烦恼、生死，此寂灭状态即为涅槃，而“寂灭为乐”是指涅槃之常乐、真乐。

马一浮以《周易》艮卦之止义与涅槃之寂灭义相会通。《周易·艮》曰：“艮其背，不获其身。行其庭，不见其人，无咎。”③其彖辞曰：“艮，止也。时止则止，时行则行，动静不失其时，其道光明。艮其止，止其所也。上下敌应，不相与也。是以‘不获其身，行其庭，不见其人，无咎’也。”④程颐加以注解：“人之所以不能安其止者，动于欲也。欲牵于前而求其止，不可得也。故艮之道，当艮其背。所见者在前，而背乃背之，是所不见也。止于所不见，则无欲以乱其心，而止乃安。‘不获其身’，不见其身也，谓忘我也。无我则止矣。不能无我，无可止之道。‘行其庭，不见其人’，庭除之间，至近也。在背，则虽至近不见，谓不交于物也。外物不接，内欲不萌，如是而止，乃得止之道，于止为无咎也。”⑤马一浮认为止有二义，一是寂灭义，二是不迁义。

① （南朝宋）道生等撰：《大般涅槃经集解》上册，526页，北京，线装书局，2016。
② （南朝宋）道生等撰：《大般涅槃经集解》上册，528页，北京，线装书局，2016。
③ （宋）程颐：《周易程氏传》，232页，北京，中华书局，2016。
④ （宋）程颐：《周易程氏传》，233页，北京，中华书局，2016。
⑤ （宋）程颐：《周易程氏传》，232—233页，北京，中华书局，2016。

寂灭是指息灭妄心，不迁则显示了真心常住不变。在解释寂灭义时，他说：

> 何谓寂灭义？佛氏云："诸行无常，是生灭法。生灭灭已，寂灭为乐。"常人闻寂灭则相顾而骇，不知所言止者，就妄心止息义边说，名为灭，非断灭之谓也。《圆觉》云："幻灭灭故，非幻不灭。譬如磨镜，垢尽明现。"《楞严》喻："亦如瞖人，见空中花，瞖病若除，花于空灭。""生死涅槃，皆即狂劳颠倒花相。""根结若除，尘相自灭。诸妄销亡，不真何待？"百丈海曰："但了诸法不自生，皆从自己一念妄想颠倒取相而有。知心与境本不相到，当处解脱，一一诸法当处寂灭。"儒者所谓"人欲净尽，天理流行"，即"生灭灭已，寂灭为乐"也。"上下敌应，不相与"，即明根境不相到之义。艮者，所以成终而成始也。不觉以止而终，觉以止而始。"狂心顿歇，歇即菩提"，断尽无明，方成觉道。此与"一日克己复礼，天下归仁"并无二致。所谓"不用求真，唯须息妄"，妄息为灭，息妄名真。故谓止是寂灭义也。①

平常人听到或看到"寂灭"一词，往往产生误解，以为是断灭之义，马一浮进行澄清，首先指出寂灭是去除虚妄思想之义，即止息妄心之义，而妄心正是烦恼、生死的根源。《圆觉经》《楞严经》和百丈怀海禅师之言均阐述了去除妄心则真心显现之义。因此说，儒家所说的"人欲净尽，天理流行"即相当于佛家所说

① 《马一浮全集》第一册，70—71 页。

的“生灭灭已，寂灭为乐”，而“一日克己复礼，天下归仁”也可与“‘狂心顿歇，歇即菩提’，断尽无明，方成觉道”相会通。

去除妄想（即息妄）的过程展现了佛家的功夫，净除人之私欲、“克己复礼”则表现了儒家的功夫，所以这种会通主要是功夫层面的会通。而止息妄心之后则真心显现，人欲净尽以后则天理流行，克己复礼则天下归仁，即表现了证悟本体的境界，所以这种会通又离不开本体层面的内容。

第九章　《大乘起信论》《肇论》与儒家的会通

《大乘起信论》是一部重要的大乘佛教概要性的论著，据记载为印度马鸣造，梁朝真谛翻译为一卷，此译本为通行本，计一万一千字左右。另有唐朝实叉难陀重译本，作两卷。关于《大乘起信论》的真伪，古人曾有存疑，而近代怀疑尤甚。但是该论在佛教界颇受重视，影响很大，不少高僧进行注解加以提倡，如隋朝慧远著《大乘起信论义疏》、新罗元晓著《大乘起信论疏》、唐朝华严宗三祖贤首法藏著《大乘起信论义记》和《大乘起信论义记别记》、明朝憨山德清著《大乘起信论直解》，蕅益智旭著《大乘起信论裂网疏》。应该说，《大乘起信论》的义理符合大乘佛教的精神，是可信的。

《肇论》是僧肇的代表作，义理和文采俱佳，在中国佛教史乃至整个中国哲学史上具有重要地位。《肇论》比较系统地阐发了大乘佛教般若性空的思想，由《宗本义》《物不迁论》《不真空论》《般若无知论》《涅槃无名论》和两封书信组成。《肇论》注疏较多，比如陈朝慧达《肇论疏》、唐朝元康《肇论疏》、宋朝遵式《注肇论疏》、宋朝净源《肇论中吴集解》《肇论集解令模钞》，以及宋悟初、道全集《梦庵和尚节释肇论》、元朝文才《肇论新疏》《肇论新疏游刃》、明朝憨山德清《肇论略注》。

第一节 《大乘起信论》与儒家的会通

马一浮对《大乘起信论》比较重视，其著述中常谈及该书，也常运用其中义理。比如他说："《起信》直抉性相"[①]，也曾写《大乘起信论疏序写本自跋》。他还曾向友人推荐该书作为学佛之入门书，这在著名词学家夏承焘的日记中有记载。1937年3月19日，夏承焘去拜访马一浮，他后来在日记中写道："与印西（法师）同过马所巷十三号访马一浮先生，问读佛典，彼谈甚有兴。谓入世、出世非二事。……古今为学异同，只务内、务外二事。又谓佛经为词赋体，故多排场。学佛先看《大乘起信论》，禅宗先看《六祖坛经》《五灯会元》。"[②]在《大乘起信论》的众多注解中，马一浮比较注重贤首大师的注解，他说："看贤首《起信论疏》，可并检《起信论义记》，别有《起信论疏记》。"[③]

《大乘起信论》以如来藏为中心理论，其中一心二门、体相用三大等观念在学术界具有重大影响。马一浮在其著述中多次征引《大乘起信论》的义理，其中包括以一心二门、体相用三大与儒家义理相会通。

① 《马一浮全集》第二册，511页。

② 夏承焘：《夏承焘集》第五册，501页，杭州，浙江古籍出版社、浙江教育出版社，1997。

③ 《马一浮全集》第二册，556页。

一、《大乘起信论》一心二门与张载“心统性情”的会通

《大乘起信论》提出一心二门的观点，一心为如来藏心，二门指心真如门和心生灭门。心性不生不灭，心真如是无相的，离言说、名字、心缘等相。关于心生灭门，文曰：“心生灭者，依如来藏故有生灭心。所谓不生不灭与生灭和合，非一非异，名为阿梨耶识。此识有二种义，能摄一切法，生一切法。云何为二？一者觉义，二者不觉义。所言觉义者，谓心体离念。离念相者，等虚空界，无所不遍，法界一相，即是如来平等法身。依此法身说名本觉。何以故？本觉义者，对始觉义说。以始觉者，即同本觉。始觉义者，依本觉故而有不觉，依不觉故说有始觉。”①此处之阿梨耶识即是唯识宗常说的阿赖耶识。

“心统性情”说是儒学中的重要命题，由张载提出，其后许多学者进行了阐发。张载说：“心统性情者也。有形则有体，有性则有情。发于性则见于情，发于情则见于色，以类而应也。”②《张载集》又有较详细的论述，如曰：“性者理也。性是体，情是用，性情皆出于心，故心能统之。统如统兵之统，言有以主之也。”③马一浮依据这些论述，认为“心统性情”说与《大乘起信论》一心二门相似，可加以会通，他在给学生的示语中说：

> 依《起信论》一心二门，性是心真如门，情是心生灭门，乃有觉与不觉二义。随顺真如，元无不觉，即是性其

① （梁）真谛译，高振农校释：《大乘起信论校释》，25—27页，北京，中华书局，2009。
② （宋）张载：《张载集》，374页，北京，中华书局，2008。
③ （宋）张载：《张载集》，339页，北京，中华书局，2008。

情；随顺无明，乃成不觉，即是情其性。真如离言说相，故明道云："才说性时，便已不是性了。"从来说性，只是说个"继之者善"，是即生灭门中觉义也。一体二相义与生灭门二义相应，然横渠本意则是说一心二门也。①

在心真如门，心之本体为真如，是离言说相的，此时之性不可言表，如程颢所说"才说性时，便已不是性也"②。在心生灭门，有觉与不觉之分，情为心之用，发用中节即为觉，即是随顺真如，即是性其情；发用不当即为不觉，即是随顺无明，即是情其性。"继之者善"是发用中节之表现，即是始觉，即为生灭门中之觉义。

《大乘起信论》所说的如来藏心、真如均为本体的表述，儒家说性即理，性为体，这是本体层面的会通；佛家说心生灭门有觉与不觉，又说随顺真如与随顺无明，儒家说情为用，有发而中节与不中节之区分，这是功夫层面的会通。

二、《大乘起信论》体相用三大与三易之义的会通

《大乘起信论》提出大乘佛法有三种义，即体相用三大："一者体大，谓一切法真如平等不增减故；二者相大，谓如来藏具足无量性功德故；三者用大，能生一切世间出世间善因果故，一切诸佛本所乘故，一切菩萨皆乘此法到如来地故。"③体大指真如体

① 《马一浮全集》第一册，459 页。
② （宋）程颢、程颐：《二程集》，10 页，北京，中华书局，2004。
③ （梁）真谛译，高振农校释：《大乘起信论校释》，12 页，北京，中华书局，2009。

性平等，含摄一切法而无限量，相大指真如本体包含无量功德之相，用大指真如本体有生一切诸法善因果的大作用。

马一浮以三易之义与体相用三大进行会通，他说："三易之义，亦即体、相、用三大：不易是体大，变易是相大，简易是用大也。"[①] 真如本体平等，不增不减，无有变异，故可用不易之义来理解；真如本体所包含的功德之相多种多样，千变万化，故可用变易之义来理解；真如本体起用神妙，如《周易·系辞上传》所说"寂然不动，感而遂通"，故可用简易之义来理解。

马一浮在《观象卮言》中曾赞叹《易》道之大义，并略说了十重大义，又以三易之义与体相用三大相配合而进行了具体阐发：

> 不易，故大是显其理之常也，真常绝待，故非断，即当于佛氏之言体大。变易，故大是显其气之变也，缘起无碍，故非常，即当于佛氏之言相大。简易，故大是显其用之神也，于不易中示变易，于变易中见不易，不舍一法，不立一法，乃许"随处作主，遇缘即宗"，"言满天下无口过，行满天下无怨恶"，虽大用繁兴而其体恒寂，"是故可与酬酢，可与祐神"，即当于佛氏之言用大。[②]

这里又运用佛家不常亦不断、真常绝待、缘起无碍、不舍一法、不立一法、"随处作主，遇缘即宗"等义理，以及儒家理气、《孝经》"言满天下无口过，行满天下无怨恶"、《周易·系辞上传》"是故可与酬酢，可与祐神"等义理，对三易之义和体相用

① 《马一浮全集》第一册，158—159页。

② 《马一浮全集》第一册，364页。

三大做了精彩阐释。

《大乘起信论》提出体相用三大，心真如为体大，代表本体，相大和用大代表功用，体相用三大阐发了佛家的体用观。三易之义中，不易代表本体，变易和简易代表功用，三易之义阐发了儒家的体用观。因此可以说，马一浮以体相用三大与三易之义进行会通即为体用方面的会通。

第二节 《肇论》与儒家的会通

马一浮比较重视《肇论》，对《肇论》的作者僧肇赞誉有加。马一浮指出《肇论》是不厌百读之书，又认为僧肇是中国的龙树，而在玄言方面超过王弼，他说："贤于辅嗣者，其肇公乎？自肇公之后，摄玄言于义学，如两镜交辉，真百代之宗匠也。(《肇论》《维摩诘经注》意味甚深，此土之龙树也。)"[①] 又说："什公门下四哲，睿、肇尤长于文，故《大论》及三论之成，其序皆出二子。玄味渊然，其词畅朗，信为美矣。余游心大乘，笃好般若，最录四序，以备省览。"[②] 对僧肇的推崇可见一斑。

马一浮常引用《肇论》的义理和名句，比如："旋岚偃岳而常静，江河竞注而不流，野马飘鼓而不动，日月历天而不周。"[③] 又如："道远乎哉？触事而真。圣远乎哉？体之即神。"[④] 在儒佛

① 《马一浮全集》第二册，554 页。
② 《马一浮全集》第二册，130 页。
③ （东晋）僧肇著，张春波校释：《肇论校释》，17 页，北京，中华书局，2010。
④ （东晋）僧肇著，张春波校释：《肇论校释》，60 页，北京，中华书局，2010。

会通方面，马一浮运用的是《肇论》中的“会万物以成己”和不迁。

一、《肇论》“会万物以成己”与儒家义理的会通

《肇论》有言：“会万物以成己者，其唯圣人乎?”[①]马一浮以之与儒家成己成物、万物一体的思想进行会通。《中庸》曰：“诚者非自成己而已也，所以成物也。成己，仁也；成物，知也。性之德也，合外内之道也，故时措之宜也。”《礼记·礼运》曰：“圣人耐以天下为一家，以中国为一人。”[②]这些均表现了成己成物的思想。关于两者的会通，本书第一章第三节在论圣人的标准时作了一些阐述，此外还有一些例证，如曰：“成己可以自至，成物则须待缘。物我一体，成物元是性分内事。但物之气有不齐，不得不谓之命。然圣人尽性至命，故知其不可而为之。”[③]又曰：“理无差别，气有差别。性是物我所共，命乃万有不齐。气质之性亦是命。圣人会万物为自己者，不唯因其一理，故即此不齐之气亦是一气也。”[④]马一浮义引《肇论》之言，从性命、理气的角度进行了深入的说明。

此外，马一浮也曾引用僧肇《注维摩诘经》的内容来阐释成己成物、万物一体，可助于理解“会万物以成己”与儒家义理的会通。僧肇曾注解《维摩诘经》，马一浮比较推崇其注及序文，他说：“肇公此文与郭象《庄子注序》并美。其注精微畅朗，或

① （东晋）僧肇著，张春波校释：《肇论校释》，227页，北京，中华书局，2010。
② （元）陈澔：《礼记集说》，176页，南京，凤凰出版社，2010。
③ 《马一浮全集》第一册，381页。
④ 《马一浮全集》第一册，381页。

过子玄。后生不读二书，真同面墙。余每好书之。”[①]又说：“肇公注《维摩》，无异郭象注《庄》。妙得玄旨，而文辞醇美，后莫能及。”[②]《维摩诘经》曰：“众生之类是菩萨佛土。所以者何？菩萨随所化众生而取佛土，随所调伏众生而取佛土”[③]，僧肇注曰：“群生万端，业行不同”，“美恶自彼，于我无定。无定之土，乃曰真土。然则土之净秽，系于众生，故曰‘众生之类是菩萨佛土’也。”[④]“佛土者，即众生之影响耳。夫形修则影长，形短则影促，岂日月使之然乎？形自然耳。故随所化众生之多少，而取佛土之广狭也”[⑤]。马一浮说：“若不能成物者，己亦无成。换言之，即若无众生，亦无佛土也。圣人以天下为一家，中国为一人。若以民物为外，则如造屋于空，不成其为圣德矣。”[⑥]圣人之所以为圣人，即在于其达到了成己成物、物我一体的境界，这种境界是证悟本体之后的境界，马一浮引用儒佛义理作了很好的阐发。

二、《肇论》不迁与儒家义理的会通

《肇论》中有一篇文章《物不迁论》，集中体现了僧肇的不迁思想。马一浮以不迁与《周易》艮卦之止义进行会通，又与《论语》“子在川上”章进行会通。

艮卦之止义深广，马一浮对其有多种阐释，前面曾论述了他

① 《马一浮全集》第二册，110 页。
② 《马一浮全集》第二册，121 页。
③ （后秦）僧肇等撰：《注维摩诘经》，33—34 页，北京，线装书局，2016。
④ （后秦）僧肇等撰：《注维摩诘经》，33 页，北京，线装书局，2016。
⑤ （后秦）僧肇等撰：《注维摩诘经》，34 页，北京，线装书局，2016。
⑥ 《马一浮全集》第一册，336 页。

以艮卦之止义与涅槃之寂灭义的会通，下面所引为另一种理解：

> 学者当知，止者必离二边分别，即无去来、动静二相，如是则不迁之旨明矣。若不知即动是静，而舍动以求静，则其所谓止者亦动也。悟即动而静，则知动静之时者，其动亦止也。故肇公云："旋岚偃岳而常静，江河竞注而不流，野马飘鼓而不动，日月历天而不周。"故谓"谈真有不迁之称，顺俗有流动之说"，"谈真则逆俗，顺俗则违真。违真故迷性而莫返，逆俗故言淡而无味"也。"梵志出家，白首而归，邻人见之曰：'昔人尚存乎？'梵志曰：'吾犹昔人，非昔人也。'"大鉴在南海法性寺，暮夜风飏刹幡，闻二僧对论，一曰"幡动"，一曰"风动"。大鉴曰："可容俗流辄预高论否？直以风幡非动，动自心耳。"于此荐得，亦可无疑于斯言。肇公又曰："人之所谓动者，以昔物不至今，故曰动而非静；我之所谓静者，亦以昔物不至今，故曰静而非动。动而非静，以其不来；静而非动，以其不去。然则所造未尝异，所见未尝同。逆之所谓塞，顺之所谓通。苟得其道，复何滞哉？伤乎人情之惑也久矣，目对真而莫觉。既知往物不来，而谓今物而可往。往物既不来，今物何所往？何则？求向物于向，于向未尝无；责向物于今，于今未尝有。于今未尝有，以明物不来；于向未尝无，故知物不去。覆而求今，今亦不往。是谓昔物自在昔，不从今以至昔；今物自在今，不从昔以至今。""既曰古今，而欲迁之者，何也？""今若至古，古应有今；古若至今，今应有古。今而无古，以知不来；古而无今，以知不去。""事各性住于一世，有何物而可去来？"不迁之致，义极于此。是谓"动静不失其时"，是谓"止其

所”。故曰：“智者观其彖辞，则思过半矣。”艮卦只恁么看，一部《周易》亦只恁么看。[1]

马一浮运用《物不迁论》中的一些语句说明止之义、不迁之义，又引用六祖慧能“不是风动，不是幡动，仁者心动”[2]的典故进行说明。不仅阐明了艮卦之止义，又认为《易》之变易、不易之义亦当如此理解。从下面不迁之义与《论语》“子在川上”章的会通也可看出。

《论语·子罕》说：“子在川上，曰：‘逝者如斯夫！不舍昼夜。’”[3]马一浮解释说：“此即于迁流中见不迁，于变易中见不易也。‘逝者如斯夫’是法、喻并举。‘逝’言一切法不住也，‘斯’指川流相。”[4]一切法像水流动一样处于变化之中，即体现了变易之义；而宇宙大化的生生不已，如同流水的昼夜不息，即体现了不易之义。这也即《周易》变易即不易的旨意。

马一浮重视《肇论》不迁之义，《周易》止之义、不易之义，在于它们均可用来描述本体的特性。性为心之本体，按佛义来说，即是真心、真如，具有“不生亦不灭，不常亦不断，不一亦不异，不来亦不去”的特点，也就是说具有不迁、不易的特点。这是从真谛之理的角度来说的。

① 《马一浮全集》第一册，72—73页。
② 贾题韬：《贾题韬讲〈坛经〉》，48页，上海，上海古籍出版社，2011。
③ （宋）朱熹：《四书章句集注》，108页，北京，中华书局，2011。
④ 《马一浮全集》第一册，158页。

第十章　马一浮学术思想的特色和意义

第一节　马一浮学术思想的特色

自古圣贤强调知行合一，言行一致，其学术和人生是相符的，马一浮亦是如此。他的人生贯彻了其学术思想，而其学术也是其人生的一种展现。马一浮对自己的人生和学术有过评价，这反映在他暮年所作的自题墓辞中。1958 年，七十六岁的马一浮为自己在祖坟旁已营造好的生圹刻石立碑，碑文为自撰的《预制自题墓辞》。墓辞共 126 字，其文曰：

> 孰宴息此山陬兮，昔有人曰马浮。老而安其茕独兮，知分定以忘忧。学未足以名家兮，或儒墨之同流。道不可为苟悦兮，生不可以幸求。从吾好以远俗兮，思穷玄以极幽。虽笃志而寡闻兮，固没齿而无怨尤。惟适性以尽年兮，若久客之归休。委形而去兮，乘化而游。蝉蜕于兹壤兮，依先人之故丘。身与名其俱泯兮，曾何有夫去留？[①]

由于马一浮自期于进德修业，暗然自修，不自表显，不求人知，故墓辞之语亦是如此，是对自己一种比较谦抑的评价，虽揭示了自己人生和学术的重要方面，但有所保留，如对自己的佛

① 《马一浮全集》第二册，279 页。

学修为并未提及，对自己的诗学亦未提及。即使如此，从中也可对马一浮的为人为学有一个大致的了解，其中所透露的安然、谦冲、旷达、玄远对人们是一种启迪。

由墓辞也可归纳出马一浮学术的一些特色。首先，宗趣明确与意境圆融。马一浮的学术以道为归，以自性为归，笃志于知分尽分、知性尽性，这可表述为通过功夫证悟本体，即是宗趣明确的体现。意境圆融表现为“安其茕独”“知分定以忘忧”“没齿而无怨尤”“适性以尽年”“身与名其俱泯兮，曾何有夫去留”等语。其次，墓辞体现了理想主义的特色，如“道不可为苟悦兮，生不可以幸求”“从吾好以远俗兮，思穷玄以极幽”等语所说。

结合墓辞之语、儒佛会通思想等内容，以及其他著述，可将马一浮的学术总结为两个特色，一是宗趣明确与意境圆融，二是直抉根源的理想主义与超越的现实关怀，下面分别进行阐述。

一、宗趣明确与意境圆融

宗趣明确在马一浮的学术中贯彻始终，这个宗趣就是通过功夫证悟本体。成圣、成道、成佛等语都是对证悟本体的表述，而马一浮归宗于儒家，因此“成圣”一词是他常说的，“成圣”可视为其学术宗趣的代名词。前面几章对此问题作了诸多论述，这里不再赘述。

马一浮有十分明确的学术宗趣，从形式上看，是因为他判断能力强，眼光锐利，对圣贤通过功夫证悟本体的学术宗趣认得准确，始终坚持；从实质上看，在于他的生命是通过功夫证悟本体的历程，他以之安身立命。关于马一浮的判断能力，熊十力曾有评价。20 世纪 30 年代初，熊十力曾评述当时学术人物的判断能力，他说："试问当代所谓名人学者有几个有判断能力？勉强言之，只有梁漱溟先生还有一部分学问，够得上判断。欧阳竟无先生于唯识法相够得上判断，但也只在考据方面，思想方面犹不能。马一浮先生能判断的方面则比较多点，三礼是他的绝学，有如欧阳先生之于唯识法相，于宋明儒周、程、张、朱、陆、王诸大家皆精，较梁先生只于阳明及明道有独得处犹过之，于禅家亦精，般若、华严以及晚周诸子皆不差。至于章太炎，只与他'时有善言'四字，此外不能增一字"①，对马一浮评价尤高。此外，熊十力又说："马一浮道高识远"②，这亦可看作称赞马一浮判断能力强的一种表述。关于马一浮的锐利眼光，刘梦溪曾说："上一个世纪大师级的人物中，眼光最锐利的一个人是马一浮。……学养之深和悟慧之高，在 20 世纪百年中国的学苑里似少有与之相匹敌之人。"③ 正因为有很强的判断能力和极锐利的眼光，马一浮在当时怀疑、批判、打倒儒佛道等传统学术的风潮中不迷惑、不盲从，认准圣贤的学术宗趣而加以继承发扬，并坚守不移，可谓智及之而仁能守之。

从实质上看，马一浮的人生是努力践行其学术宗趣的过程：作为一个学者，他博览群书，学养深厚，身体力行，黾勉进德，以立德、立言的方式来为大众作表率。从马一浮的德行修养来说，他既仁且智，知分尽分，学而不厌，诲人不倦，可谓是安而行之；从他的著述来说，是对圣贤学术的继承和发扬，到处体现着爱人之深，为人之切，如徐复观评价《尔雅台答问》"针对问

① 萧萐父主编：《熊十力全集》第八卷，390 页，武汉，湖北教育出版社，2001。
② 萧萐父主编：《熊十力全集》第四卷，269 页，武汉，湖北教育出版社，2001。
③ 刘梦溪：《中国现代学术要略》，99 页，北京，生活·读书·新知三联书店，2008。

者作具体而深切的指点提撕，其中无一句门面话、夹杂话及敷衍应酬话，可以说真是‘月印万川’的人格与思想的表现，对读者最为亲切而富有启发的意味”[①]；从他因讲学事宜而与蔡元培、陈大齐、竺可桢等人的交往中，可看出他遵循圣贤出处进退的准则，不苟且，不幸求，时行则行，时止则止。马一浮在讲述复性书院学规时有一段话可作为他将学术和生命融为一体的说明：“全体起用，全用归体，此乃圣学之宗要，自性之法门，语语从体验得来，从胸襟流出，一字不敢轻下。要识圣贤血脉，舍此别无他道。”[②]这是他对四条学规的阐述，实际上这段话也可看作对他整个学术的描述，亦是他学术宗趣明确的很好说明。

在展现宗趣明确的同时，马一浮的学术又是意境圆融的典范。意境圆融的突出表现是儒佛会通，他的儒佛会通思想非泛泛而谈，而多是称性称理之说；非偏执一隅，而多观其大体，以通达无碍的态度表述之。与宋明儒较多地辟佛老相比，马一浮更有包容性、开放性，如他说：“朱子说：‘二氏只是一个不耐烦底人。他事事想逃避，此便是自私。’清谈末流任诞废务，却是如此。若大乘一类机发大心，负荷众生，却骂他自私不得。”[③]又说：“先儒每斥佛氏怖畏生死，欲求解免，只是为利。此语校驳斥求福报者转深。然大乘教义实不然，不见有生死可出。故曰：‘众魔乐生死，菩萨于生死而不舍；外道乐诸见，菩萨于诸见而不动。’生死涅槃等同一相，方为究竟，安有所谓出世间法邪？此非为佛

① 徐复观：《如何读马浮先生的书》，见徐复观：《中国知识分子精神》，51页，上海，华东师范大学出版社，2004。

② 《马一浮全集》第一册，101页。

③ 《马一浮全集》第一册，221页。

氏回护，理实如然。”[1] 马一浮对儒佛精义均有很好的把握，故对先儒之辟佛老作了恰当的辨析，体现了学术的圆融。

从马一浮经常阐述的儒佛义理也可看出意境圆融的特色，下面分别予以说明。在儒家义理中，他强调孔子“从心所欲不逾矩”之义，比如他说：“事事无碍之谓圣，睿之所作，从心所欲，更不逾矩”[2]；强调《论语》中的一贯之道；强调《周易》之时义，专门以“时大”作为《易》十种大义之一进行论述，又常阐述与时偕行、随时变易以从道等义；强调《周易》“内文明而外柔顺”；强调《周易》“乐天知命故不忧”“遁世无闷”等义，此为自证之真实境界，而又指出圣人悯时念乱，以天下之忧患为忧患，故“吉凶与民同患”，即相当于佛家所说的悲智双运；强调“仁者浑然与物同体”。在佛家义理中，强调第一义谛真俗双融，于法自在；强调天台宗的修性不二、依正不二；强调华严宗四法界中的事事无碍法界；强调禅宗所说偶谐三昧以及“不舍一法，不立一法，随处作主，遇缘即宗”等；强调《维摩诘经》中的不二法门。这些义理体现了儒佛二家各自的圆融意境，马一浮加以继承，经常运用，与其相应，乃至成为自己学术思想的特色。

从对待儒家内部宗派之争的态度，也表现出马一浮意境圆融的特色。在儒家内部，程朱陆王之争是学者聚讼不已的话题，马一浮对其表达了自己的看法：“义理之学最忌讲宗派、立门户，所谓‘同人于宗，吝道也’。先儒临机施设，或有抑扬，皆是对治时人病痛，不可执药成病。程朱陆王并皆见性，并为百世之师，不当取此舍彼。但其教人之法亦有不同，此须善会，实下工

①《马一浮全集》第一册，337 页。
②《马一浮全集》第一册，284 页。

夫。若能见地透彻，自然无疑矣。”[①] 将程朱陆王之争视为儒者的临机施设，根据各种状况而或抑或扬，是应病与药的做法，各人的教育法不同是正常的，并且指出程朱陆王均为百世之师，可供后世取法。这种看法是通达圆融的见解，对破除宗派、门户之争多有助益。可以看出，马一浮意境圆融的学术特色与他融会贯通儒佛义理之学养是密切相关的。

二、直抉根源的理想主义与超越的现实关怀

用理想主义来描述马一浮的学术其实并不太贴切，但便于现代人理解，也可加以借用。马一浮的学术从体验得来，从胸襟流出，阐述了人人性分内事，通过功夫证悟本体，此为实理，他本人即依此践行，是知行合一的典范，但一般人以此为难事，故将其视为理想主义。马一浮学术的理想主义是直抉根源的，是从根本上来说，从第一义来说，从究竟意义上来说。徐复观在评价马一浮的学术特色时说：“马一浮的立论便常是从殊相以直探全相，汰夹杂以直显纯真。所以他对古典的解释常是直举其究极之义。……扣紧中国文化精神纯真的本质及全相以立论，把中国文化精神从历史的夹杂与拘限中超脱出来，因而使读者能与其本来应有的面目照面。”[②] 徐复观主要从义理的角度阐述马一浮学术的直抉根源性，可谓是十分恰当的说法。此外，从马一浮学术中所推崇的人物、典籍来看，亦表现了直抉根源性。下面按义理、人

① 《马一浮全集》第一册，412—413 页。

② 徐复观：《如何读马浮先生的书》，见徐复观：《中国知识分子精神》，52—53 页，上海，华东师范大学出版社，2004。

物、典籍三方面略加说明。

从义理角度来说，马一浮对儒佛二家均注重从根源、至极的角度进行阐发，如他认为儒家以至诚无息为究竟，天地人物总为一性，一尽一切尽，无欠无余，于一理中见分殊，于分殊中见理一，全事即理，全人即天；佛家以一真一切真为极则，总该万有，即是一心，悟入一真法界则一即一切，一切即一，如性融通，重重无尽。从他所强调的一些具体义理来看，亦是直抉根源。如在《论语》中，他常引用“克己复礼为仁。一日克己复礼，天下归仁焉。为仁由己，而由人乎哉”，“天何言哉？四时行焉，百物生焉。天何言哉”等；在《大学》中，他常引用“大学之道，在明明德，在亲民，在止于至善”等；在《中庸》中，他常引用“致中和，天地位焉，万物育焉”，“至诚无息”和“君子笃恭而天下平”等；在《孟子》中，他常引用“行有不得者，皆反求诸己”，“万物皆备于我矣”等；在《孝经》中，他常引用“爱亲者，不敢恶于人；敬亲者，不敢慢于人”，“孝弟之至，通于神明，光于四海，无所不通”等；在《诗经》中，他常引用“民之秉彝，好是懿德”；在《尚书》中，他常引用“钦明文思安安，允恭克让，光被四表，格于上下”；在《礼记》中，他常引用“毋不敬”，“清明在躬，气志如神”等；在《周易》中，他常引用“穷神知化，德之盛也”，“穷理尽性以至于命”等。在三论宗中，他拈出真俗二谛、八不中道等；在唯识宗中，他拈出五位百法、转识成智等；在天台宗中，他拈出止观、修性不二、依正不二等；在华严宗中，他拈出一真法界等；在禅宗中，他拈出慧能、庞蕴、赵州从谂、沩山灵祐、临济义玄、洞山良价、云门文偃、清凉文益等人根本性的禅义禅语；在《楞严经》中，他拈出“都摄六根，净念相继”“反闻闻自性”，等；在《维摩诘经》中，他拈出不二法门、“维摩诘默然无言”等；在《涅槃经》中，他拈出“视诸众生犹如一子”、寂灭义等；在《大乘起信论》中，他拈出一心二门、体相用三大等；在《肇论》中，他拈出“会万物以成己者，其唯圣人乎”，“道远乎哉？触事而真。圣远乎哉？体之即神”，“法身无象，应物而形；般若无知，对缘而照”等。

从马一浮所推崇的人物[①]来说，儒家除孔子外，还有孟子、荀子、董仲舒、郑玄、邵雍、周敦颐、张载、程颢、程颐、朱熹、陆九渊、王阳明等。他将这些人的著述列为复性书院学生首先必读的儒家典籍。马一浮推崇的佛家人物除佛陀外，还有马鸣、龙树、僧肇、玄奘、智𫖮、法藏、澄观、慧能、庞蕴、赵州从谂、沩山灵祐、临济义玄、洞山良价、云门文偃、清凉文益等。马一浮曾为复性书院的学科安排作出计划，打算设立玄学、义学、禅学、理学四学，其中玄学以王弼为祖，义学以僧肇为祖，禅学以慧能为祖，理学以周敦颐为祖。他对四学代表人物的选择也显示出了直抉根源的眼光。

从学术典籍的角度来说，在儒家方面，马一浮提出六艺论而以六经为标准，此为直抉根源的做法。六经是中国传统学术的源头，回归六经是回归经典，也就是把握了根源。在论述六艺时，他引用郑玄之言，指出《孝经》为六艺之总会。六艺阐明性道，陈述德行，而《孝经》之义以立身为终，立身之旨在于继善成性，圣人以天地万物为一身，孝为至德要道，可统摄一切德、行、教、政等，故以《孝经》为六艺之总会是直抉根源的阐述。在佛家方面，他略举了一些佛经作为义学的基本书

① 这里仅举出有重要著述传世的人物，而马一浮还推崇那些没有著述传世的圣人，如尧、舜、禹、汤等。

目，如《法华经》《华严经》《大品般若经》《涅槃经》《解深密经》《楞伽经》《楞严经》《圆觉经》《大宝积经》《维摩诘经》《梵网经》《六度集经》《密严经》《仁王般若经》《金刚经》《心经》等；又略举一些论著书目，如《大乘起信论》《肇论》《大智度论》《中论》《十二门论》《百论》《瑜伽师地论》《百法明门论》等；又略举《传法正宗记》《五灯会元》《指月录》《六祖坛经》《黄檗传心法要》《百丈广录》《碧岩集》《请益录》《从容录》《正法眼藏》《智证传》《林间录》《禅林僧宝传》《大慧杲语录》《洞上古辙》《永嘉集》《永嘉证道歌》等作为禅宗应读书目。由这些书目可看出他抉择之精，直达本源，这也为大家提供了阅读典籍根本切要的方向。

马一浮的学术以直抉根源的理想主义为特色，体现了他的仁心和智慧。他博览群书，尽阅四库全书，又遍阅佛教三藏十二部，他深知中国传统学术的博大精深，深知典籍的浩瀚无涯，深知皓首穷经有形劳神弊之虞，如《庄子・养生主》所说："吾生也有涯，而知也无涯。以有涯随无涯，殆已。"[①] 若无所折中，不善抉择，则劳而少功，反而被学术所蔽。如《汉书・艺文志》曰："古之学者耕且养，三年而通一艺，存其大体，玩经文而已，是故用日少而畜德多，三十而五经立也。后世经传既已乖离，博学者又不思多闻阙疑之义，而务碎义逃难，便辞巧说，破坏形体，说五字之文，至于二三万言。后进弥以驰逐，故幼童而守一艺，白首而后能言；安其所习，毁所不见，终以自蔽。此学者之大患也。"[②] 马一浮所处时代的学术问题相当严重，除考据之学的

① （清）郭庆藩撰，王孝鱼点校：《庄子集释》，108页，北京，中华书局，2013。
② （汉）班固：《汉书》，1365页，北京，中华书局，1999。

弊端外，当时又是国外各种学说、主义进入中国而呈现纷纭复杂、莫衷一是的局面，因此马一浮有感于学者迷惑不觉的状况，以其超卓的判断能力和眼光来提出一个统类，指向自性，回归经典，为人们展现了学术上直抉根源的理想主义。

说马一浮的学术为理想主义，并不意味着他脱离现实，实际上他也有显著的现实关怀。但是他不囿于现实，不为现实所转，即现实而超现实，关注现实问题而又提出理想的解决方法，此解决方法是根本的、彻底的，是从高标准来说的，因此是不容易实现的，一般人也难以奉行。从这个角度来说，他的学术显示了超越的现实关怀。《孟子·尽心上》曰："大匠不为拙工改废绳墨，羿不为拙射变其彀率。君子引而不发，跃如也。中道而立，能者从之。"① 马一浮的现实关怀遵循了一定的"绳墨""彀率"，而不是一味承认现实，为现实所屈，故而他是超越的。

马一浮所处的时代是怀疑、批判、打倒传统学术的时代，当时许多学者将圣贤的道德教化视为封建时代的思想，将经籍记载看作古代的伦理学说，仅是研究历史文化的材料，又认为家族起源于竞争掠夺，以私欲为万事根本，由此诬蔑圣贤、经籍、史实。马一浮对这些学术现象很关注，他提出了自己的看法："《孝经》始揭父子天性，在《诗》曰'秉彝'，在《书》曰'降衷'，在《易》曰'各正性命'，在《中庸》曰'天命之谓性'。孟子曰：'尽其心者，知其性也。知其性则知天矣。'此而不知，故于率性之道、修道之教，皆莫知其原，遂以万事万物尽为爱恶攻取之现象，而昧其当然之则，一切知解但依私欲、习气展转增上，

① （宋）朱熹：《四书章句集注》，339页，北京，中华书局，2011。

溺于虚妄穿凿，蕴之为邪见，发之为暴行，私其身以私天下，于是人生悉成过患矣。夫以身为可私，是自诬也，私天下是诬民也。安于自诬者，必敢于诬民，是灭天理而穷人欲也。率天下以穷人欲，于是人之生也，乃儳焉不可终日矣。如或患之，盍亦反其本邪？曷为反其本？由六艺之道，明乎自性而已矣。曷由而明之？求之《孝经》斯可明矣。性外无道，事外无理。六艺之道，即吾人自性本具之理，亦即伦常日用所当行之事也。"[1]他指出应从《孝经》、从六艺之道来入手，认明自性本具之理，则人伦日用应行之事亦明矣。虽然一些人不一定认可他的观点，但他秉承圣贤之教而作此阐发，正体现了超越的现实关怀。

马一浮所处的时代又是战乱不安的时代，尤以抗日战争为大变局。他对战祸自然十分关注，且作了深邃的思考。他在1938年给弟子的一封信中说："今天下大患，惟在徇物肆欲而不知率性循理。此战祸之所由来，不独系于一国家一民族也。孟子当战国之时，举世言利而独称仁义、道性善，故时人以为迂阔而远于事情。孰知彼所谓迂阔者，乃是切近；彼所谓事情者，乃是虚妄。（彼时所谓事情，即纵横家所言利害，如今之外交政策。）此佛氏所谓众生颠倒见也。……祸烈至此，而朝野上下曾不一悟，出言行事，无反躬自责之意，无寅畏惕厉之心，犹是虚憍夸饰，行险徼幸。丧乱无日，民力垂尽，泄沓荒湎，不知忧恤。谁为为之，孰使致之？此董生所以说春秋之世，亡国破家相随属，为失其本也。……吾曹虽处极困，无裨于时，须于此理认得端的，讲之在己，行之无违。无以饥渴害志，无以患难自沮，无以无朋为戚，

① 《马一浮全集》第一册，178页。

无以不知为悔。须知仁以为己任者，曾子本为士言之，不必其在位也。造次、颠沛必于是，尤贵于处变时验之，不期于世之治也。”①可以看出，马一浮对现实社会的治乱有深切的关怀，但他对治乱问题的思索以先贤的智慧为基础，吸取了孟子、董仲舒、胡宏等人的论述，对当时的战祸原因进行了深入分析。他又阐述了个人在战乱中的自处之道，须仁以为己任，造次必于是，颠沛必于是。他的分析和阐述并不同于一般世俗的观点，显示出了他超越的一面。

从现实社会中所使用术语、词汇的辨析方面，也可看出马一浮学术中超越的现实关怀。他曾对帝、王、封建等术语做出辨析，他说：“今人每以帝、王为封建时代之名号，不知其本义也。中土三代封建，以亲亲尊贤为义，与欧洲封建制绝不同。柳子厚作《封建论》，全以私意窥测圣人，已近于今之言社会学，正是失之诬也。如今人所指斥之帝国主义，乃是霸者以下之事，以霸者犹不利人之土地也。今以侵略兼并号为帝国，是夷狄之道。皇帝一名已被秦始皇用坏，今言帝国尤天壤悬殊。然古义须还他古义，不得乱以今名致疑，学者当知。”②马一浮从典籍出发，指出帝、王为表德之称，如《尚书》中帝之名称是用于尧、舜等有圣德之人的，而《洪范篇》也说“天子作民父母，以为天下王”③。《易纬·乾凿度》对典籍中帝、王等语的表德义作了描述：“《易》有君人五号也。帝者，天称也；王者，美行也；天子者，爵号也；大君者，与上行异也；大人者，圣明德备也。变文以著名，题德

①《马一浮全集》第二册，845—846页。

②《马一浮全集》第一册，141页。

③（宋）蔡沈：《书集传》，145页，南京，凤凰出版社，2010。

以别操。王者，天下所归往。”① 马一浮对帝、王等词语的辨析表明了他回归古义的学术追求，而回归古义代表了回归经典、回归圣贤之教。这是正名的做法，如孔子所说“名不正，则言不顺；言不顺，则事不成；事不成，则礼乐不兴；礼乐不兴，则刑罚不中；刑罚不中，则民无所措手足。故君子名之必可言也，言之必可行也。君子于其言，无所苟而已矣。”② 虽然正名不为时人所重视，但马一浮遵循孔子之教，深契正名之义，在自己的学术中也作了不少正名方面的阐述。

直抉根源的理想主义与超越的现实关怀贯穿于马一浮的著述中，但不同的著述有不同的侧重，如直抉根源的理想主义在《复性书院讲录》中有比较集中的体现，而超越的现实关怀更多地反映在书信和诗作等著述中。如果用理事关系来说直抉根源的理想主义与超越的现实关怀，则直抉根源的理想主义主要是从理的角度来谈的，而超越的现实关怀则是由事显理，亦表现了理想主义。因此，马一浮的学术可称为理事双融，理事不二。

第二节　马一浮学术思想的意义

马一浮的学术是对圣贤思想的继承和发展，亦有圣贤思想所具备的意义。圣贤思想的意义可从本和迹两方面来考察，从本垂迹，由迹显本，其本为心性，儒家强调识仁行仁知天命、尽心知

① 林忠军：《〈易纬〉导读》，87 页，济南，齐鲁书社，2002。
② （宋）朱熹：《四书章句集注》，134 页，北京，中华书局，2011。

性知天，佛家强调明心见性成佛，即表明通过功夫证悟本体是永恒的追求，此为常道，体现了不易之义；其迹则随时间、地点等因素而有变动，体现了变易之义。以儒家的礼乐教化为例来说，礼乐之核心为诚、敬，此诚、敬是心性本有的，应由礼乐去体认本心本性，这是礼乐之本；礼乐之迹则如各种礼仪，这些形式多种多样，随时代、地域等条件而变化。因此可以说，圣贤思想中阐明心性之本的内容具有永恒的意义，而关于形迹、现象的内容，则应以随时变易以从道的态度，根据不同的条件而具体对待。

马一浮所继承和发展的圣贤思想主要表现为儒学和佛学。儒学和佛学是中国传统文化的两大组成部分，在历史中曾发挥巨大作用，在今天亦有其价值，可谓影响深远。儒学是本土文化，扎根于中华大地，生生不息，塑造着中国人，虽有浮沉，曾遭遇低谷，但作为中国主流文化之一的地位并未改变。佛学是外来文化，源自印度异土，从东汉时期传入以来逐渐为中国人接受，在中国化、本土化的过程中变成中国文化的一大分支。在儒学和佛学的发展历程中，两者各自演进，互有借鉴，但亦彼此争鸣，乃至互相诋斥。马一浮以儒为宗，深契儒学，又精通义学，妙悟禅宗，故主张儒佛会通，成为其学术的鲜明特色。

在马一浮所作的儒佛会通中，包括三论宗、唯识宗、天台宗、华严宗、禅宗与儒家的会通，亦涉及《楞严经》《维摩诘经》《涅槃经》与儒家的会通、《大乘起信论》《肇论》与儒家的会通。这些会通涵盖了中国哲学的诸多重要话题，如本体论、功夫论、体用关系、理事关系、知行关系等，马一浮进行了创造性的阐释，多发前人所未曾发，刊落枝叶，直抉根源，从胸襟自然流出，如理如量而说，树立了儒佛会通的典范。

马一浮进行儒佛会通体现了其学术宗趣。他以证悟本体为归，在其著述中处处透露。从儒学来看，他推崇成圣成贤之说，经常阐发成己成物、见性尽性、见道行道、天人合一、物我一体等内容；从佛学来看，他注重义学、禅宗悟道之言，经常阐发真俗双融、转识成智、止观双运、一真法界、诸法实相、直指人心、见性悟道、性修不二、体用不二等内容。这些内容体现了儒佛二家的本体、功夫、境界，概括而言，通过功夫证悟本体即为马一浮的学术宗趣。他曾说："物我不二，仁智相成，在儒方为尽性，在佛氏谓之成佛。"[①] 其中尽性、成佛分别是儒佛二家证悟本体的展现。他又说："儒佛周孔等是闲名，不有证悟，总为糟粕。"[②] 这是对通过功夫证悟本体的强调。

马一浮的学术始终贯彻通过功夫证悟本体的宗趣，更多地阐发圣贤思想中"本"的一面，因而在许多方面表现出超越时代、地域的意义。这对现代社会也有着现实的意义。根据马一浮的学术宗趣，结合他所作儒佛会通的具体内容，以及其他著述内容，可将马一浮学术思想的意义归纳为两点：第一，指向心性，彰明本体；第二，引归自己，力倡功夫。这两个角度又是围绕着其学术宗趣而展开的，以证悟本体为归，以指点功夫为要。

一、指向心性，彰明本体

马一浮说："无论儒佛，凡有言教，皆以明性道为归。"[③] 其中"明性道"即为彰明本体之义。在马一浮所作的儒佛会通中，指

① 《马一浮全集》第一册，457页。
② 《马一浮全集》第一册，664页。
③ 《马一浮全集》第一册，546—547页。

向心性、彰明本体是宗旨之一，亦是其学术的价值所在，于其著述中时常透露。举例而言，在三论宗真俗二谛与《论语》“天何言哉”章的会通中，真谛之理指出了本体无形无相、亡言绝虑，“天何言哉”指出了天无言说，意味着性体本寂，均是对本体的彰明。在唯识宗色法、心法、心所有法、无为法和儒家“道、器”的会通中，无为法可用来指称佛家的本体，道可用来代表儒家的本体，皆呈现了本体。在华严宗法界说与太极阴阳、皇极的会通中，法界为佛家本体之称谓，太极是儒家本体之名号，皇极是体用兼备之用语，均揭示了本体。在六祖慧能和程颢论心性的会通中，直抉心性根本，且强调心性本体的超越性，具有离名字相、离言说相的特点。在临济义玄禅师无位真人语和《孟子》“君子所性”章的会通中，无位真人是禅宗代指真如本体的词语，所性是儒家描述性德本体的名言，都是对本体的表达。在《楞严经》“反闻闻自性”和《论语》“朝闻道”的会通中，自性是佛家本体的代名词，道是儒家本体的常用语，皆显示了本体。在《维摩诘经》不二法门与《论语》一贯之道的会通中，不二法门超越二法，是无相之道，又是证悟本体之门，一贯之道贯通两端，超越二元，均展现了本体。在《大乘起信论》一心二门与张载“心统性情”的会通中，《大乘起信论》所说的如来藏心、真如均为本体的表述，儒家说性即理，性为体，这都是对本体的揭示。

马一浮的学术指向心性、彰明本体也是在突出万物一体思想，实证本体后可展现万物一体的境界。万物一体表明人与天地万物是一体、同体的。马一浮在其所做的儒佛会通中，多次彰显了一体、同体的境界。在华严宗一真法界与儒家天人学说的会通中，他强调了一真法界的无二纯一性和程颢的天人不二说，体现了一体不二的境界；在清凉文益禅师浑然一体之语与程颢“仁者浑然与物同体”的会通中，他强调了浑然一体的境界；在《肇论》“会万物以成己”与儒家义理的会通中，他对成己成物、万物一体、物我一体作了阐发，亦指明了一体、同体的境界。

马一浮突出万物一体思想是对儒佛精义的继承和发扬。先儒关于万物一体的论述有不少，如孟子称伊尹“思天下之民匹夫匹妇有不被尧舜之泽者，若己推而内之沟中”[①]，张载说“乾称父，坤称母；予兹藐焉，乃混然中处。故天地之塞，吾其体；天地之帅，吾其性。民吾同胞，物吾与也。……凡天下疲癃残疾、惸独鳏寡，皆吾兄弟之颠连而无告者也。”[②]而圣人是实证万物一体境界的人，故能做到“吉凶与民同患”[③]。因此马一浮提出应立志学圣人，圆成万事万物，使天下之人、事、物各得其所，就像孔子所言“老者安之，朋友信之，少者怀之”[④]。在佛家中，马一浮主要吸收了华严宗著作、禅宗著作、《肇论》等关于一体、同体的表述，而这些内容是佛家关于至极之理、至极境界有代表性的表述。

在马一浮的著述中，万物一体有多种表达，如天地万物一体，天地人总为一体，物我一体，万物一理，天人一理，天人一性，“以天下为一家，以中国为一人”，“宇宙内事即吾性分内事”，“圣人无己，靡所不己”，“情与无情，犹共一体”。前面几章对此有一些阐述，此外马一浮在讲解《论语大义》之礼乐教时亦论述了万物一体之义，如曰：“天地万物本是一体，即本此一

① （宋）朱熹：《四书章句集注》，290页，北京，中华书局，2011。

② （宋）张载：《张载集》，62页，北京，中华书局，2008。

③ 《周易·系辞上传》。

④ 《论语·公冶长》。

理，本此一性，本此一命。不知性者，迷己为物，徇物丧己，执有物与己为对，于是有取之心生而以物为外。以其有外，则物我间隔，不能相通，遂成睽乖之象，此‘睽’之所以继‘家人’也。唯赤子之心，其爱敬发于天然，视其父母兄弟犹一体，无有能所之分、施报之责，此其情为未睽。以父母之性为性，以父母之命为命，而己无与焉，此谓全身奉父，无一毫私吝于其间，序之至，和之至也。”[①] 马一浮引用《周易》《礼记》等经典中的义理对万物一体思想作了透彻的发挥。

需要指出的是，万物一体思想是实理，是可以实际达到的境界，圣人实臻此理，实证此境，因此不能将其看成一种缥缈的理想，不能将其仅当作一种知识而不求通过功夫去证悟。虽然达到万物一体之境有难度，但这正是圣贤之教的意义，正是人生的意义。人们在努力求证万物一体境界之时，人与人和谐相处、人与天地万物和谐相处才有可能真正实现。

二、引归自己，力倡功夫

马一浮说：“儒佛禅教等是闲名，古圣为人，唯有指归自己一路是真血脉。”[②] 强调引归自己是儒佛二家通过功夫证悟本体的方向问题、路径问题。他又说：“儒佛等是闲名，自家心性却是实在。尽心知性亦得，明心见性亦得，养本亦得，去障亦得，当下便是亦得，渐次修习亦得，皆要实下功夫。”[③] 既指出儒佛二家

① 《马一浮全集》第一册，144—145 页。
② 《马一浮全集》第二册，435 页。
③ 《马一浮全集》第一册，537 页。

所揭示的心性本体是实实在在的，又认为二家所提出的尽心知性、明心见性、养本、去障、当下便是、渐次修习是切实的功夫。此外，闲名之言表明马一浮不执着于名相，而看重儒佛二家引归自己、通过功夫证悟本体的旨趣。

引归自己、力倡功夫是儒佛二家均一贯强调的重点，马一浮继承了这一传统，于其著述中处处凸显，他念兹在兹，以此为一大事，心诚语切，耳提面命，希望学人返躬实践，切己用功。他所作的儒佛会通亦是如此，举例而言，在唯识宗别境之“念”和儒家“心缘义理”的会通中，他指出以心缘对境而引生禅定是佛家的功夫，以心缘义理而住于正念是儒家的功夫，这是对功夫的提倡。在天台宗止观与《礼记》洁静精微、程颐涵养致知用敬的会通中，突出了天台宗止观双修的核心修行功夫，昭示了儒家洁静精微、涵养致知用敬的功夫路径。在赵州从谂禅师“与伊下载”和程颢“我这里只有减法”的会通中，强调了佛家减少乃至断除我执、法执的功夫和儒家减少乃至消除私欲、习气的功夫。在洞山良价禅师“吾常于此切”和颜回“请事斯语”的会通中，重视当下日用中的功夫；在洞山良价禅师“善自保任”和“日新其德”的会通中，重视涵养任持、践行的功夫。在清凉文益禅师不知行脚事之语和孟子集义的会通中，彰显了日新日进而自然平常的功夫。在《楞严经》“都摄六根，净念相继”与《尚书》“敬用五事”的会通中，阐述了佛家收摄六根令不散乱、保持清净之念相续不断以成就念佛三昧的修行功夫，也发挥了儒家敬用五事乃至恭敬一切的修养方法。

引归自己也就是指归自己、反求诸己之义，这是儒家、佛家等学问极为重要的一项内容，典籍中相关论述比比皆是，如《论语·颜渊》中孔子回答颜渊问仁曰：“克己复礼为仁。一日克己复礼，天下归仁焉。为仁由己，而由人乎哉？”《中庸》曰：“射有似乎君子，失诸正鹄，反求诸其身。”《孟子·离娄上》曰：“行有不得者，皆反求诸己。其身正，而天下归之。”佛家经典亦有许多相关论述，如《楞严经》曰：“反闻闻自性，性成无上道。”[①]《维摩诘经》曰：“若菩萨欲得净土，当净其心；随其心净，则佛土净。”[②]《六祖坛经》曰：“学道常于自性观，即与诸佛同一类。”[③]又曰：“佛向性中作，莫向身外求。自性迷即是众生，自性觉即是佛。”[④]马一浮对这些典籍很熟悉，也继承了圣贤反求诸己的思想，他说“不自反而责人者，必至丧己”[⑤]，又说“从上圣贤，唯有指归自己一路是真血脉”[⑥]。

马一浮在其著述中对引归自己时时透露，处处指点，不过所用语言多种多样，而其含义是一致的。有学者对马一浮著述中关于指归自己的表述作了大致统计，说：“所谓自己体取、向内体究、真实体究、反躬体认、收敛内向、自勘自验、反情合性、指归自性、体究自心、见取自心、引到自心上来、就己勘验等等，与指归自己都是同意异词。”[⑦]这些语言虽侧重点略有不同，但都包含引归自己、反求诸己之意。此外，类似的表述还有“自家着实体究”“自家严密勘验，反覆省察”“随事察识，语语销归自性”“体究自性”等。

① （明）智旭：《楞严经文句》，293页，北京，线装书局，2016。

② （后秦）僧肇等撰：《注维摩诘经》，43页，北京，线装书局，2016。

③ 贾题韬：《贾题韬讲〈坛经〉》，153页，上海，上海古籍出版社，2011。

④ 贾题韬：《贾题韬讲〈坛经〉》，95—96页，上海，上海古籍出版社，2011。

⑤ 《马一浮全集》第一册，556页。

⑥ 《马一浮全集》第一册，424页。

⑦ 罗义俊：《学问方向之扭转与生命进路之展示——读马一浮先生〈尔雅台答问〉》，见罗义俊：《生命存在与文化意识：当代新儒家史论》，139页，上海，学林出版社，2009。

前面所说万物一体是证悟本体之后的境界，而要达到万物一体之境就须引归自己，于自己身心切实做功夫，而不是向外驰求。马一浮在其著述中十分强调引归自己的重要性，他说："所谓'引归自己'者，即'为仁由己，而由人乎哉'之意。此乃对治向外驰求之失，只是教人体究自心，先除过患。过患既除，本体自显。"[①]引归自己为证悟本体指明了方向，在自心做功夫以除过患，则证悟本体可期，若向外驰求，本体永无显现之期。

虽然自古以来的圣贤均对引归自己、反求诸己之理不惮赘言，再三申述，可大多数人依然向外驰求，并不能深切领会圣贤之意。马一浮描述了时人向外驰求的状况，他说："余病今人无论学儒学佛，并逐名言，求之在外，将谓可从人得。不知体究自性，于自己日用动静中全无干涉。业识茫茫，何时顿了？"[②]又说："今日学子只知求知，以物为外，其结果为徇物忘己；圣贤之学乃以求道，会物归己，其结果为成己成物。一则向外驰求，往而不反；一则归其有极，言不离宗。此实天地悬隔。"[③]向外驰求是与圣贤之学背道而驰的，学儒学佛而不知目标、方向，走上南辕北辙之路，就谈不上变化气质、进德修业而成己成物，只能是枉费心力，甚至是增长习气、毛病。

向外驰求是自古以来大多数人的通病，现代社会尤为明显。首先，现代人几乎不知有自性，几乎不知通过功夫证悟本体，几乎不知"行有不得者，皆反求诸己"；其次，现代不少人反对中国传统学术，轻易怀疑、批判圣贤及经典，可谓是"不知天命而

① 《马一浮全集》第一册，426 页。
② 《马一浮全集》第二册，120 页。
③ 《马一浮全集》第一册，45 页。

不畏也，狎大人，侮圣人之言”[①]，而引归自己、反求诸己等道理正是圣贤之教的重点，因此，现代人在排斥圣贤之教的情况下缺乏反求诸己的思维；再次，现代人崇尚科学技术，注重向外探索和开发，追求经济利益，贪图物质享受，这些向外驰求的种种表现不断引诱、刺激着人们，使许多人养成了向外驰求的习惯，造成的结果之一就是“逐万物而不反，是穷响以声，形与影竞走”[②]，进而积非成是，积重难返。有向外驰求之病并不可怕，若求医觅药，依方服药，则病愈可期。而马一浮擅长于对引归自己、反求诸己之理的阐述，正是对治现代人向外驰求之病的良药，这就是马一浮的学术对现代社会的一项重要意义。

在古代典籍及马一浮的著述中，引归自己、反求诸己不仅是通过功夫证悟本体的方向，也包含了具体的功夫问题。功夫可分为三类，一是直指本体，当下见自本心本性，此为直下承当、当下便是的类型，上根利智之人能做到，是十分罕见的类型；二是依性德的具体德目而行，如按照儒家仁义礼智信五常去力行，如遵循佛家“诸善奉行”之教去实行；三是去除对性德的遮蔽和染污，如儒家所说的“克己”、祛除气质之偏和物欲之弊，如佛家所说的除习气、息妄心，而“诸恶莫作”也表达了此意。《礼记》所说“释回增美”“长善救失”“领恶而全好”等语以及周敦颐所说“自易其恶，自至其中”[③]可作为理解第二、第三种功夫的助益。马一浮的学术就主要阐述了第二、第三种类型的功夫，前面对此已做了诸多论述，而他关于除习气、对治病痛还有不少精辟

① （宋）朱熹：《四书章句集注》，北京：中华书局，2011年，第161页。
② （清）郭庆藩撰，王孝鱼点校：《庄子集释》，北京：中华书局，2013年，第975页。
③ （宋）周敦颐：《周敦颐集》，20页，北京，中华书局，2010。

的阐述，可供现代人参考，这也正是其学术现实意义的体现。下面以对治“私小”之病痛为例进行论述。

“私小”指自私而狭小，是一种常见的病痛，先儒如程朱对此论述颇多，马一浮也有很多阐述。杨士青曾请求题斋额，马一浮为其书写，并在示语中说：“今时学者根本病痛只是私小，故规模、局量展拓不开。今取义于拓，即孟子‘扩而充之’之意。”[1]将“私小”看作学者的根本病痛，而对治之方在于“扩而充之”，马一浮又作《为士青名橐斋说》，详细阐述“扩而充之”之意：

> 凡有志于学者，须开拓万古之心胸，不为一世所汩没，方具刚大气分，可与入德，否则徒为空言。所谓“充扩得去，则天地变化，草木蕃；充扩不去，则天地闭，贤人隐”也。习俗之人，忧乐唯局于一身，情志不通于朋友，盖由一念私小，障覆性德，视天下皆途人，无与于己，而求其万物一体，安可得乎？士青乞为名其斋，因举是相勖，期有以自拔于流俗，确然知有性分内事，扩而充之，在己而已。[2]

通过“扩而充之”的功夫，使“私小”之病痛渐除，最终达到正常无病的状态。正常无病的标准是无私而广大，即为万物一体的境界。圣人做到了无私而广大，与天地同其大，如《礼记·孔子闲居》说三王奉三无私（天无私覆，地无私载，日月无私照）以劳天下，其德参于天地，是真正的无私。如《中庸》所说“仲尼祖述尧舜，宪章文武，上律天时，下袭水土。辟如天地

① 《马一浮全集》第四册，26页。

② 《马一浮全集》第四册，26页。

之无不持载，无不覆帱；辟如四时之错行，如日月之代明。万物并育而不相害，道并行而不相悖，小德川流，大德敦化。此天地之所以为大也”，是真正的广大。而这种无私、广大是人人性分内事，但大多数人因“一念私小，障覆性德”而未能达到，却只是溺于流俗，因此需要借助于圣贤之教以显发之。

对治“私小”之病痛对现代人有切实的意义。现代社会信息大爆炸，专业分科越发细密，许多人局限于自己所研究的学科而对学科之外的事理所知甚少，或仅知晓某学科内有限的研究领域而对本学科的其他领域所知甚少，由此出现坐井观天之弊。这是“私小”之病痛在学术方面的一些表现，而在人生、社会方面的表现更是不胜枚举。所以，马一浮的学术可以指导学者引归自己，重视功夫，体认性德，拓宽心量，趋向于无私而广大的理想境界——万物一体之境。

参考文献

一、著述类

（一）马一浮著述

［1］马一浮 . 马一浮全集 . 杭州：浙江古籍出版社，2013.

（二）研究马一浮的论著

［1］毕养赛，主编 . 中国当代理学大师马一浮 . 上海：上海人民出版社，1992.

［2］马镜泉、赵士华 . 马一浮评传 . 南昌：百花洲文艺出版社，1993.

［3］陈星 . 隐士儒宗：马一浮 . 济南：山东画报出版社，1996.

［4］陈星 . 君子之交：弘一大师、马一浮、夏丏尊、丰子恺交游实录 . 北京：中国友谊出版公司，2000.

［5］滕复 . 马一浮思想研究 . 北京：中华书局，2001.

［6］滕复 . 一代儒宗——马一浮传 . 杭州：杭州出版社，2004.

［7］高迎刚 . 马一浮诗学思想研究 . 济南：齐鲁书社，2006.

［8］陈锐 . 马一浮与现代中国 . 北京：中国社会科学出版社，2007.

［9］许宁 . 六艺圆融：马一浮文化哲学研究 . 北京：中国社会科学出版社，2008.

［10］邓新文 . 马一浮六艺一心论研究 . 上海：上海古籍出版社，2008.

［11］吴光，主编．马一浮研究．上海：上海古籍出版社，2008.

［12］吴光，主编．马一浮思想新探：纪念马一浮先生诞辰 125 周年暨国际学术研讨会论文集．上海：上海古籍出版社，2010.

［13］陈锐．马一浮儒学思想研究．上海：上海古籍出版社，2010.

［14］刘炜．六艺与诗：马一浮思想论衡．北京：中国社会科学出版社，2010.

［15］李国红．马一浮思想研究：以性命与六艺为中心．北京：中国社会科学出版社，2012.

［16］丁敬涵，编著．马一浮交往录．杭州：浙江大学出版社，2013.

［17］吴光、徐立望，主编．海纳江河·树我邦国：马一浮先生诞辰 130 周年纪念大会暨国学研讨会论文集．杭州：浙江大学出版社，2013.

［18］刘炜．从孔子到马一浮．北京：中国社会科学出版社，2014.

［19］滕复．马一浮和他的大时代．厦门：鹭江出版社，2015.

［20］刘乐恒．马一浮六艺论新诠．上海：上海古籍出版社，2015.

［21］徐小飞．黄宾虹、马一浮信札诗稿选注．杭州：浙江古籍出版社，2015.

［22］丁敬涵．永怀集：怀念一代儒宗、舅祖马一浮．成都：西南财经大学出版社，2016.

［23］刘乐恒．马一浮．西安：陕西师范大学出版总社，2017.

［24］刘梦溪．马一浮与国学（增订版）．北京：生活·读书·新知三联书店，2018.

［25］王毓．儒佛融摄视野下的马一浮、熊十力思想比较研究．成都：巴蜀书社，2018.

［26］吴光，主编．马一浮国学会讲．杭州：浙江大学出版社，2019.

［27］徐儒宗．六艺论：马一浮六艺学研究．杭州：浙江大学出版社，2019.

［28］何俊，编著．马一浮论学书信选读．成都：四川人民出版社，2020.

（三）其他重要参考书目

［1］（宋）朱熹．四书章句集注．北京：中华书局，2011.

［2］（梁）皇侃．论语义疏．北京：中华书局，2013.

［3］（魏）何晏注，（宋）邢昺疏．论语注疏．北京：北京大学出版社，1999.

［4］（汉）赵岐注，（宋）孙奭疏．孟子注疏．北京：北京大学出版社，1999.

［5］（唐）李隆基注，（宋）邢昺疏．孝经注疏．北京：北京大学出版社，1999.

［6］（汉）毛亨传，（汉）郑玄笺，（唐）孔颖达疏．毛诗正义．北京：北京大学出版社，1999.

［7］（汉）孔安国传，（唐）孔颖达疏．尚书正义．北京：北京大学出版社，1999.

［8］（汉）郑玄注，（唐）孔颖达疏．礼记正义．北京：北京大学出版社，1999.

[9]（汉）郑玄注，（唐）贾公彦疏．仪礼注疏．北京：北京大学出版社，1999.

[10]（汉）韩婴撰，许维遹校释．韩诗外传集释．北京：中华书局，2012.

[11]（宋）朱熹．诗集传．南京：凤凰出版社，2007.

[12]（宋）蔡沈．书集传．南京：凤凰出版社，2010.

[13]（元）陈澔．礼记集说．南京：凤凰出版社，2010.

[14]（魏）王弼注，（晋）韩康伯注，（唐）陆德明音义，（唐）孔颖达疏．周易注疏．北京：中央编译出版社，2013.

[15]（宋）程颐．周易程氏传．北京：中华书局，2016.

[16]（清）王聘珍．大戴礼记解诂．北京：中华书局，2011.

[17]（清）王先谦．荀子集解．北京：中华书局，2012.

[18]（清）苏舆．春秋繁露义证．北京：中华书局，1992.

[19]（宋）邵雍．邵雍集．北京：中华书局，2010.

[20]（宋）周敦颐．周敦颐集．北京：中华书局，2010.

[21]（宋）张载．张载集．北京：中华书局，2008.

[22]（宋）程颢、程颐．二程集．北京：中华书局，2004.

[23]（宋）朱熹．朱子全书．上海：上海古籍出版社，合肥：安徽教育出版社，2002.

[24]（宋）黎靖德编．朱子语类．北京：中华书局，1986.

[25]（宋）陆九渊．陆九渊集．北京：中华书局，2010.

[26]（明）王守仁．王阳明全集．上海：上海古籍出版社，1992.

[27]（清）黄宗羲原著，（清）全祖望补修．宋元学案．北京：中华书局，2011.

[28]（魏）王弼注，楼宇烈校释．老子道德经注校释．北京：

中华书局，2008.

［29］（清）郭庆藩撰，王孝鱼点校．庄子集释．北京：中华书局，2013.

［30］（上古）黄帝著，（商）伊尹等注．阴符经集释．北京：中国书店，2019.

［31］（汉）司马迁．史记．北京：中华书局，2013.

［32］（汉）班固．汉书．北京：中华书局，1999.

［33］（南朝宋）范晔．后汉书．北京：中华书局，1999.

［34］萧萐父主编．熊十力全集．武汉：湖北教育出版社，2001.

［35］贺麟．五十年来的中国哲学．北京：商务印书馆，2002.

［36］徐复观．中国知识分子精神．上海：华东师范大学出版社，2004.

［37］颜炳罡．当代新儒学引论．北京：北京图书馆出版社，1998.

［38］罗义俊．生命存在与文化意识：当代新儒家史论．上海：学林出版社，2009.

［39］陈来．现代中国哲学的追寻：新理学与新心学》（增订版），北京：生活·读书·新知三联书店，2010.

［40］（后秦）僧肇等撰．注维摩诘经．北京：线装书局，2016.

［41］（南朝宋）道生等撰．大般涅槃经集解．北京：线装书局，2016.

［42］（唐）澄观．大方广佛华严经疏．北京：线装书局，2016.

［43］（唐）宗密、（明）智旭等撰，（明）朱棣集注．金刚经

注疏 . 北京：线装书局，2016.

[44]（明）智旭 . 法华经会义 . 北京：线装书局，2016.

[45]（明）智旭 . 楞严经文句 . 北京：线装书局，2016.

[46] 贾题韬 . 贾题韬讲〈坛经〉. 上海：上海古籍出版社，2011.

[47]（明）憨山德清 . 大乘起信论疏略 · 大乘起信论直解 . 上海：上海书店出版社，2018.

[48]（梁）真谛译，高振农校释 . 大乘起信论校释 . 北京：中华书局，2009.

[49]（东晋）僧肇著，张春波校释 . 肇论校释 . 北京：中华书局，2010.

[50]（唐）玄奘译，韩廷杰校释 . 成唯识论校释 . 北京：中华书局，1998.

[51] 中国佛学院三论学教研组，编 .《中论》基础教程 . 北京：宗教文化出版社，2013.

[52] 中国佛学院唯识学教研组，编 .《大乘百法明门论》基础教程 . 北京：宗教文化出版社，2014.

[53] 中国佛学院华严学教研组，编 .《华严五教章》基础教程 . 北京：宗教文化出版社，2014.

[54]（梁）僧祐 . 弘明集 . 北京：中华书局，2011.

[55]（隋）智𫖮述 . 天台八部 . 西安：西北大学出版社，2007.

[56]（隋）智𫖮，著，李安校释 . 童蒙止观校释 . 北京：中华书局，1997.

[57]（唐）慧立、彦悰 . 大慈恩寺三藏法师传 . 北京：中华书局，2000.

[58]（唐）宗密．禅源诸诠集都序．郑州：中州古籍出版社，2008.

[59]（唐）文远记录，张子开点校．赵州录．郑州：中州古籍出版社，2001.

[60]（宋）普济．五灯会元．北京：中华书局，2015.

[61]（宋）惠洪．禅林僧宝传．郑州：中州古籍出版社，2014.

[62]（明）憨山大师著述．憨山老人梦游集．北京：北京图书馆出版社，2005.

[63]（明）蕅益大师著述．灵峰宗论．北京：北京图书馆出版社，2005.

[64] 释广定，编辑．印光大师全集．台北：佛教出版社，1991.

[65]《弘一大师全集》编委会．弘一大师全集．福州：福建人民出版社，1992.

[66] 释太虚．太虚大师全书．北京：宗教文化出版社，2005.

[67] 净慧，主编．虚云和尚全集．郑州：中州古籍出版社，2009.

[68] 黄忏华．中国佛教史．北京：东方出版社，2008.

[69] 汤用彤．汉魏两晋南北朝佛教史．北京：商务印书馆，2015.

[70] 汤用彤．隋唐佛教史稿．南京：江苏教育出版社，2007.

二、论文类

（一）研究马一浮的博士、硕士学位论文

[1] 许宁.圆融的意蕴：马一浮文化哲学研究.北京：中国人民大学博士学位论文，2003.

[2] 邓新文.马一浮六艺一心论研究.中山：中山大学博士学位论文，2004.

[3] 高迎刚.马一浮诗学思想研究.济南：山东大学博士学位论文，2005.

[4] 李国红.马一浮思想研究：以性命与六艺为中心.南京：南京大学博士学位论文，2006.

[5] 王党辉.马一浮之心学理学融合论.上海：复旦大学博士学位论文，2006.

[6] 刘炜.马一浮的六艺论与诗学思想.上海：华东师范大学博士学位论文，2006.

[7] 王毓.儒佛融摄视野下的马一浮、熊十力思想比较研究.南京：南京大学博士学位论文，2013.

[8] 吕春瑾.马一浮宗教思想研究.武汉：武汉大学博士学位论文，2013.

[9] 彭战果.马一浮"正名在于正心"命题分析.兰州：兰州大学硕士学位论文，2006.

[10] 姚祎.马一浮心学思想述评.昆明：云南师范大学硕士学位论文，2006.

[11] 郑晓伟.马一浮"六艺论"研究.南昌：南昌大学硕士学位论文，2007.

[12] 唐锦锋.马一浮"复性"思想研究.武汉：湖北大学硕

士学位论文，2007.

［13］郭泗昌．马一浮的六艺论及其价值．哈尔滨：黑龙江大学硕士学位论文，2009.

［14］邱明涛．马一浮“六艺论”考论：以普遍主义问题为视角．上海：华东师范大学硕士学位论文，2011.

［15］孙文文．马一浮对中国传统思想的阐释．哈尔滨：黑龙江大学硕士学位论文，2012.

［16］周丽莎．论马一浮的易之三义思想．湘潭：湘潭大学硕士学位论文，2013.

［17］程波．马一浮易教统摄观研究．济南：山东大学硕士学位论文，2014.

［18］吴思瑶．马一浮新儒家诗学思想发微．长沙：湖南师范大学硕士学位论文，2016.

［19］江巨浪．马一浮〈论语〉解读方法初探．杭州：浙江大学硕士学位论文，2017.

［20］彭正．马一浮圆融佛学观研究．杭州：中国计量大学硕士学位论文，2018.

［21］洪德取．多样的统一：马一浮礼乐思想研究．杭州：杭州师范大学硕士学位论文，2018.

［22］何晓楠．马一浮以“感”为体的诗学思想研究．石家庄：河北师范大学硕士学位论文，2019.

［23］朱越．马一浮易学思想研究．保定：河北大学硕士学位论文，2021.

（二）研究马一浮的期刊论文

［1］马镜泉．马一浮理学思想浅析．杭州师范学院学报，

1993（1）.

［2］陈来 . 马一浮的理气体用论 . 哲学研究，1993（2）.

［3］罗义俊 . 学问方向之扭转与生命进路之展示——读马一浮先生《尔雅台答问》. 中国文化月刊，1993（11）.

［4］郭齐勇 . 马一浮的人格境界与哲理诗 . 中国文化，1994（1）.

［5］李明友 . 马一浮的儒佛会通观 . 孔子研究，1995（3）.

［6］滕复 . 从义理名相之关系看儒、释、道的分别——马一浮的义理名相论解析 . 浙江学刊，2001（5）.

［7］刘梦溪 . 马一浮的学术精神和学问态度 . 文艺研究，2003（6）.

［8］许宁 . 马一浮的本体功夫论 . 西安电子科技大学学报（社会科学版），2004（3）.

［9］高迎刚 . 论马一浮“六艺之学”视野中的易学研究 . 周易研究，2005（2）.

［10］刘梦溪 .“花开正满枝”——马一浮的佛禅境界和方外诸友 . 文艺研究，2005（7）.

［11］邓新文 . 从马一浮再思士之为士 . 中国人民大学学报，2005（5）.

［12］彭战果 . 由德性之知与闻见之知的关系看马一浮的儒学修养体系 . 社科纵横，2006（3）.

［13］邓新文 . 马一浮之学及其定位问题 . 学术界，2006（4）.

［14］滕复 . 马一浮以儒融佛与调停朱陆之说评析 . 杭州师范学院学报（社会科学版），2007（1）.

［15］陈永革 . 马一浮的般若会及其“知性佛学”取向 . 杭州师范学院学报（社会科学版），2007（2）.

［16］李国红．略论马一浮以禅宗自性观念会通三教．社科纵横，2007（3）．

［17］许宁．回归真实的义理——马一浮义理名相论的再阐释．孔子研究，2007（3）．

［18］罗义俊．“从习气中解放出来”——马一浮儒学的系统性格及其旨要．杭州师范学院学报（社会科学版），2007（4）．

［19］宋志明．《复性书院讲录》述要．杭州师范学院学报（社会科学版），2007（4）．

［20］刘梦溪．马一浮和“六艺论”．中国文化，2008（2）．

［21］邓新文．理解马一浮的障难试析．浙江学刊，2008（4）．

［22］邓新文．马一浮“六艺一心论”对经学的整合．杭州师范大学学报（社会科学版），2008（6）．

［23］罗义俊．“王者以道治天下”——马一浮儒家古典名言的政治观．杭州师范大学学报（社会科学版），2008（6）．

［24］龚鹏程．马一浮国学观及其特色．杭州师范大学学报（社会科学版），2008（6）．

［25］韩焕忠．马一浮的佛学观．五台山研究，2009（1）．

［26］林安梧．马浮经学的本体诠释学．杭州师范大学学报（社会科学版），2009（2）．

［27］许宁．心性圆融——马一浮心性论体系的建构与展开．中国哲学史，2009（3）．

［28］韩焕忠．马一浮的易佛融通论．大理学院学报，2009（11）．

［29］周山．马一浮的易学研究——读《观象卮言》有感．周易研究，2009（6）．

［30］韩焕忠．马一浮对《论语》的佛学解读．苏州大学学报

（哲学社会科学版），2011（1）.

［31］李国红.马一浮论三教同归性命之理.广西社会科学，2011（3）.

［32］史怀刚.以易摄佛：马一浮易学思想探析.船山学刊，2011（3）.

［33］韩焕忠.马一浮对《孝经》的佛学解读.湖北工程学院学报，2015（1）.

［34］刘梦溪.马一浮的“义理名相论”.文史哲，2015（2）.

［35］许宁.马一浮对《论语》的现代诠释.浙江社会科学，2017（10）.

［36］于文博.从《易》之三易到心之三易——论马一浮易学思想及其对朱陆之学的取舍.周易研究，2018（3）.

［37］韩焕忠.马一浮对儒家经典的华严学解读.中国文化，2019（2）.

（三）其他重要参考论文

［1］程曦.明代儒佛融通思想研究.上海：复旦大学博士学位论文，2007.

［2］彭战果.方以智儒、佛、道三教会通思想研究.济南：山东大学博士学位论文，2009.

［3］吕玉霞.魏晋时期儒佛道思想互动研究.济南：山东大学博士学位论文，2011.

［4］颜炳罡.儒家思想与当代环境意识.社会科学，1995（10）.

［5］蒙培元.儒、佛、道的境界说及其异同.世界宗教研究，1996（2）.

［6］李勇．儒佛会通与现代新儒家、人间佛教的形成．社会科学战线，1998（4）．

［7］程恭让．现代新儒学的佛教学缘．学术月刊，1998（8）．

［8］李广良．近代儒佛关系史述略．学术月刊，2000（2）．

［9］方立天．儒、佛以心性论为中心的互动互补．中国哲学史，2000（2）．

［10］李维武．儒学生存形态的历史形成与未来转化．中国哲学史，2000（4）．

［11］付长珍．宋儒境界论——以儒释道会通为视角．华东师范大学学报（哲学社会科学版），2002（3）．

［12］洪修平．儒佛道三教关系与中国佛教的发展．南京大学学报（哲学·人文科学·社会科学版），2002（3）．

［13］李申．传统的儒、佛、道三教观．中国社会科学院研究生院学报，2002（6）．

［14］牟钟鉴．儒、佛、道三教的结构与互补．南京大学学报（哲学·人文科学·社会科学版），2003（6）．

［15］郭齐勇．现代新儒家的易学思想论纲．周易研究，2004（4）．

［16］王新春．邵雍天人之学视野下的孔子．文史哲，2005（2）．

［17］赵行良．梁漱溟论儒佛异同与会通．湖南科技大学学报（社会科学版），2007（4）．

［18］刘立夫．朱熹的儒佛之辨．哲学研究，2008（11）．

［19］唐明贵．文化冲突、文化融合与文化演进——以中国历史上的儒佛会通为例．聊城大学学报（社会科学版），2009（1）．

［20］辛凉．现代新儒学的佛学诠释——概论儒佛会通与现

代新儒学的理论建构 . 湖南科技大学学报（社会科学版），2009（4）.

［21］向世陵 . 宋代儒佛的“一心”说辨 . 中国人民大学学报，2009（5）.

［22］颜炳罡 . 孔子“道”的形上学意义及精神价值 . 贵州社会科学，2010（2）.

［23］鲍希福 . 试论陆九渊的儒释道三教会通思想 . 江汉论坛，2010（3）.

［24］蒋国保 . 方东美论儒释道会通 . 中国社会科学院研究生院学报，2010（3）.

［25］洪修平 . 儒学、中国文化与世界多元文明——以儒佛道三教关系为视角 . 孔子研究，2010（4）.

［26］向世陵 . 中国哲学的“本体”概念与“本体论”. 哲学研究，2010（9）.

［27］李四龙 . 论儒释道“三教合流”的类型 . 北京大学学报（哲学社会科学版），2011（2）.

［28］张岂之 . 论中华文化的“会通”精神 . 中国文化研究，2011（2）.

［29］陈来 . 宗教会通、社会伦理与现代儒佛关系 . 世界宗教研究，2011（4）.

图书在版编目（CIP）数据

马一浮儒佛会通思想研究 / 李永亮著 . -- 北京：民族出版社，2023.11

ISBN 978-7-105-17144-6

Ⅰ . ①马… Ⅱ . ①李… Ⅲ . ①马一浮（1883-1967）－儒家－哲学思想－研究②马一浮（1883-1967）－佛教－哲学思想－研究 Ⅳ . ① B261

中国国家版本馆 CIP 数据核字（2023）第 240287 号

马一浮儒佛会通思想研究

策划编辑　刘海涛
责任编辑　欧　泽
封面设计　金　晔
出版发行　民族出版社
地　　址　北京市和平里北街 14 号
邮　　编　100013
网　　址　http://www.mzpub.com
印　　刷　北京中石油彩色印刷有限责任公司
经　　销　各地新华书店
版　　次　2023 年 12 月第 1 版　2023 年 12 月北京第 1 次印刷
开　　本　880 毫米 ×1230 毫米　1/32
字　　数　294 千字
印　　张　12.125
定　　价　65.00 元
书　　号　ISBN 978-7-105-17144-6 / B · 891（汉 306）

该书若有印装质量问题，请与本社发行部联系退换
编辑室电话：010-58130039　发行部电话：010-64224782